相続法の
立法的課題

水野紀子 編著

有斐閣

はしがき

　1898年に立法された明治民法の家督相続は，約50年後の1947年に戦後民法改正によって廃止された。その後約70年間，2016年の現在まで戦後改正された相続法が大規模な改正をされないまま，現在に至っている。しかし日本社会は，この間に大きく姿を変えた。近代化に離陸したとはいえ，戦後改正が行われた頃の日本では，農業人口が過半数を占めていたが，現在はわずか4％台にすぎない。人口ボーナスを利用した高度成長期に，多数派となったサラリーマン階層は，預金と持家で資産を蓄積して，銀行は銀行規制を受けながらリスクをとって資産を管理した。しかしこのような体制もバブル崩壊の中で壊れてしまい，若年者の雇用も崩壊して，少子化が深刻な状況となっている。

　こうした状況の中で，かつて日本が豊かな時代に蓄積された1700兆円という個人資産が注目されている。金融庁は2015年9月に発表した金融行政方針で，この資産を活用するために家計もリスクテイクする必要があると述べ，そのためにフィデューシャリー・デューティーの徹底をはかると謳っている。もっともこの英米法由来のフィデューシャリー・デューティーという言葉が，裁判所の機能などが制度的に異なる日本の文脈の中で，何を意味するのかは定かではない。現在，開催されている法制審議会民法（相続関係）部会では，遺言の要式性の自由化がひとつの論点となっているが，それにも個人資産の活用というこの文脈の要請という側面を認めることができるだろう。しかし経済学で「自由の最大の敵は，自由放任主義である」（岩井克人）といわれるように，資産活用の自由を健全に発揮するためには，ルールと体制が必要である。

　高齢者の個人資産の行方を決めるものとして，相続法は，極めて重要な法領域である。しかし現在の日本の相続法は，運営に必要なルールと体制が十分に整っているとはいえない。民法学においても，相続法に関する研究は最も開拓の遅れている領域である。もとより戦後改正から約70年間の膨大な量の実務の集積はあり，それらをめぐる学説も存在する。しかし「相続法に

おける基本的な法的ルールを明確にするという法律学において最も基本的な作業は，いまだ十分ではなかったのではないか」（「現代相続法の課題――企画の趣旨」論究ジュリスト10号〔2014年〕より引用）。

　2014年度の私法学会シンポジウム「現代相続法の課題」の問題意識は，この基本的な法的ルールを明確にしようというものであった。本書のもととなったのは，このシンポジウムのために，論究ジュリスト10号に書き下ろされた諸論文であり，その各論文の著者は，それぞれ本書のために論究ジュリスト掲載論文に大幅に加筆修正を加えた（*1, 2, 7, 8, 11*）。また，一部については，今回，まったく新たに異なる内容で執筆されている（*6*）。さらに，シンポジウムの際にコメンテーターを務めてくださった松原正明さんと大村敦志さんのお二人にも本書に論文を寄稿してもらうとともに（*12, 13*），以下に触れるように，新たな執筆者にも加わってもらい，相続法に関するより多くの問題をカバーすることが実現できた（*3〜5, 9, 10*）。

　シンポジウムでは，現行法の解釈論的な検討にとどまらず，必要とあれば立法論についても触れることとした。「現行民法の相続法が，戦後の改正の中で，主として家督相続の廃止とそれに伴う（従前は周辺的なものにすぎなかった）遺産相続の一般化に際して，財産関係の承継をめぐる法律関係についての十分な制度的な手当てがなされていなかったのではないか，それゆえに，場合によっては，一定の基本的なルールの提示については立法提案も必要となるのではないかという認識」（同上「現代相続法の課題――企画の趣旨」）をシンポジウムメンバーが共有していたからである。

　このシンポジウムの後，嫡出でない子の相続分についての最高裁違憲決定を受けて，具体的に民法改正の立法作業が進められている。本書には，それらの違憲決定や立法作業について，また論究ジュリストには採り上げきれなかった相続法の重要な論点について，シンポジウム運営に協力してもらった若手メンバーなどを中心に，新たに執筆してもらうことができた。シンポジウムの準備研究会などを通じて執筆者間で議論をする機会は多かったが，もとより論文の内容については，執筆者本人のみが責任を負う個人の自由な見解である。シンポジウム開催時点よりも立法に関する比重が重くなったため，本書の表題を「相続法の立法的課題」とした。

とはいえ，現在進められている立法作業によって相続法の抱える問題が画期的に解決するとは，到底思われない。相続法は，被相続人という法主体の消失を市民社会が受け止めて消化する手続であり，その手続を運営するための技術的なルールを整えるものではあるが，同時に，家族イメージの哲学に関わる一国の価値体系でもある。配偶者相続権の強化という今回の改正の課題は少なくとも共有されているが，それについてさえ西論文（3）が言うように内実は「同床異夢」である。被相続人の自由の限界をどう設定するか，配偶者相続権の根拠をどのようなものと考えているか，遺産を承継する家族の権利をいかに設計するかについて，コンセンサスを作ることは，容易ではない。さらに家族に関する哲学や価値観から中立的な，技術的なルールについても，白紙から立法するのではなく，ある種の矛盾に満ちた，これまでの実務の蓄積や管轄裁判所などの制度的条件を前提としなくてはならない。したがってここでも，現実的な妥協の合理的な一線を見出すのは至難である。それでも我々の社会を少しでもよいものにするために，協力・連帯して思考の努力を続けるしかない。本書は，著者たちのそのような努力の成果である。

　私法学会シンポジウム「現代相続法の課題」は，松川正毅さんを責任者とするものであったが，法制審議会民法（相続関係）部会の立法作業などの内容も含めて企画された本書には，部会にも参加しているシンポジウムメンバーのうち最年長者である私が，編者を名乗ることになった。しかし実質的には，私と同様にシンポジウムと部会のメンバーを兼ねている潮見佳男さんと窪田充見さんと協力して，すべての作業を行った。ご助力頂いたお二人に，また我々からの依頼を受けて，お忙しい中，貴重な論文を寄稿してくださった著者の皆さんに，友情と連帯の意を込めて，深く感謝する。

　最後になってしまったが，特に謝意を表したいのは，本書を企画して編集の労にあたってくださった，有斐閣の亀井聡さん，三宅亜紗美さんである。お二人の励ましとアドバイス，丁寧な校正のご助力がなければ，本書はとても形をなさなかった。心から御礼を申し上げる。

2016 年 1 月

水野紀子

目次

第1章 総論

1 日本相続法の形成と課題　　　　　　　　　　　　　　　水野紀子
　　　　　　　　　　　　　　　　　　　　　　　　　　　　　　3
　　Ⅰ. はじめに——最高裁昭和58年3月18日判決の示す混乱 …… 3
　　Ⅱ. 民法の継受とインフラの相違 ……………………………… 6
　　Ⅲ. 戦後改正後の相続法の運営 ………………………………… 11
　　Ⅳ. 最高裁判例にみる負担付贈与・死因贈与の解釈 ………… 19

2 信託法と相続法——同時存在の原則，遺言事項，遺留分　沖野眞已
　　　　　　　　　　　　　　　　　　　　　　　　　　　　　　24
　　Ⅰ. 信託法の制定と相続法 ……………………………………… 24
　　Ⅱ. 同時存在の原則 ……………………………………………… 28
　　Ⅲ. 遺言事項——遺言による財産の「処分」………………… 37
　　Ⅳ. 遺留分 ………………………………………………………… 44
　　Ⅴ. 小括 …………………………………………………………… 50

第2章 相続分

3 配偶者相続権——相続法改正の動向と課題　　　　　　　西　希代子
　　　　　　　　　　　　　　　　　　　　　　　　　　　　　　57
　　Ⅰ. はじめに ……………………………………………………… 57
　　Ⅱ. 改正の動向と問題点 ………………………………………… 59
　　Ⅲ. 改正の意義の再検討 ………………………………………… 67
　　Ⅳ. 今後の課題 …………………………………………………… 75

4　婚外子相続分違憲決定に関する一考察　　　木村敦子
81

Ⅰ．はじめに …………………………………………………………… 81
Ⅱ．民法 900 条旧 4 号ただし書前段について …………………… 82
Ⅲ．平成 25 年決定の概要 ………………………………………… 87
Ⅳ．平成 25 年決定の検討 ………………………………………… 89
Ⅴ．審査基準・ルールの変化 ……………………………………… 93
Ⅵ．区別目的・内容の動揺・変容 ………………………………… 97
Ⅶ．結びに代えて …………………………………………………… 108

5　具体的相続分が抱える問題　　　宮本誠子
114

Ⅰ．序 ………………………………………………………………… 114
Ⅱ．具体的相続分と遺産分割 ……………………………………… 117
Ⅲ．具体的相続分の算定における問題 …………………………… 121
Ⅳ．結び ……………………………………………………………… 129

第 3 章　遺産をめぐる法律関係

6　相続不動産取引に潜むリスク──買い手からみた相続不動産　　　小粥太郎
133

Ⅰ．はじめに …………………………………………………………… 133
Ⅱ．様々なリスク …………………………………………………… 138
Ⅲ．結びに代えて …………………………………………………… 147

7　金銭債務と金銭債権の共同相続　　　窪田充見
151

Ⅰ．問題の所在 ……………………………………………………… 151
Ⅱ．金銭債務の相続をめぐる問題 ………………………………… 153
Ⅲ．金銭債権の相続をめぐる問題 ………………………………… 159

第4章　遺言と遺留分

8　包括遺贈と相続分指定——立法的課題を含む　　　　　潮見佳男
　　　　　　　　　　　　　　　　　　　　　　　　　　　　171

　　Ⅰ．課題の提示 ……………………………………………………… 171
　　Ⅱ．現在の制度・理論状況の確認 ………………………………… 171
　　Ⅲ．包括遺贈と相続分指定の交錯 ………………………………… 173
　　Ⅳ．問題の波及 —— 特定遺贈・「相続させる遺言」と相続分指定 … 178
　　Ⅴ．立言 —— 制度間競合からの解放 ……………………………… 179
　　Ⅵ．結びに代えて …………………………………………………… 183

9　受遺者の処分権行使の制限——負担付遺贈の一考察　　石綿はる美
　　　　　　　　　　　　　　　　　　　　　　　　　　　　186

　　Ⅰ．はじめに ………………………………………………………… 186
　　Ⅱ．フランス法の検討 ……………………………………………… 189
　　Ⅲ．日本法の検討 …………………………………………………… 199
　　Ⅳ．おわりに ………………………………………………………… 207

10　遺留分制度の意義について——裁判例の分析による一考察　青竹美佳
　　　　　　　　　　　　　　　　　　　　　　　　　　　　210

　　Ⅰ．はじめに ………………………………………………………… 210
　　Ⅱ．権利の濫用が問題とされた事例の分析 ……………………… 213
　　Ⅲ．遺留分を侵害する遺言・生前贈与をした理由の分析 ……… 220
　　Ⅳ．おわりに——現代における遺留分制度の積極的意義について … 234

11　フランス法における遺留分　　　　　　　　　　　　　松川正毅
　　　　　　　　　　　　　　　　　　　　　　　　　　　　237

　　Ⅰ．序 ………………………………………………………………… 237
　　Ⅱ．自由分と遺留分 ………………………………………………… 239
　　Ⅲ．遺留分と充当の具体的な分析 ………………………………… 250
　　Ⅳ．むすび …………………………………………………………… 257

第5章　総括

12　実務における可分債権の処理　　　　　　　　　　　　松原正明
　　　　　　　　　　　　　　　　　　　　　　　　　　　　　　263

　　Ⅰ．はじめに ……………………………………………………… 263
　　Ⅱ．可分債権についての学説 …………………………………… 264
　　Ⅲ．可分債権についての判例 …………………………………… 267
　　Ⅳ．学説・判例の検討 …………………………………………… 273
　　Ⅴ．権利行使後の法律関係 ……………………………………… 277
　　Ⅵ．私見 …………………………………………………………… 281

13　偶感・現代日本における相続法学説　　　　　　　　　大村敦志
　　　　　　　　　　　　　　　　　　　　　　　　　　　　　　282

　　Ⅰ．はじめに——民法学の末子？ …………………………… 282
　　Ⅱ．私法学会シンポジウムを素材に …………………………… 284
　　Ⅲ．穂積重遠『相続法』を素材に ……………………………… 292
　　Ⅳ．おわりに——協働の場としての相続法 ………………… 299

事項索引 …………………………………………………………… 302
判例索引 …………………………………………………………… 305

凡例

■判決文等の引用
判決文等を「　」で引用してある場合は，原則として原典どおりの表記としているが，字体等の変更を行ったものがあるほか，当該判決文等の趣旨を示したものもある。

■法令名の略語
法令名の略語は，原則として有斐閣『六法全書』巻末掲載の「法令名略語」による。

■書誌の略語

民録…………大審院民事判決録	論ジュリ…………論究ジュリスト
民集…………大審院，最高裁判所民事判例集	法教……………法学教室
	曹時……………法曹時報
集民…………最高裁判所民事裁判集	法協……………法学協会雑誌
高民集………高等裁判所民事判例集	論叢……………法学論叢
下民集………下級裁判所民事裁判例集	法時……………法律時報
家月…………家庭裁判月報	民商……………民商法雑誌
裁時…………裁判所時報	金判……………金融・商事判例
判時…………判例時報	金法……………金融法務事情
判評　　……判例評論	法セ……………法学セミナー
（判時□号）（判例時報□号添付）	速判解…………速報判例解説
判タ…………判例タイムズ	リマークス………私法判例リマークス
ジュリ………（月刊）ジュリスト	ひろば…………法律のひろば

最判解民事篇平成（昭和）〇年度
　　　…………最高裁判所判例解説民事篇平成（昭和）〇年度
平成（昭和）〇年度重判解（ジュリ□号）
　　　…………平成（昭和）〇年度重要判例解説（ジュリスト□号）
セレクト〇〇（法教□号別冊付録）
　　　…………判例セレクト〇〇（法学教室□号別冊付録）

編著者・執筆者紹介

(50音順)

青竹美佳（あおたけ みか）　　　　　広島修道大学法学部准教授

石綿はる美（いしわた はるみ）　　　東北大学大学院法学研究科准教授

大村敦志（おおむら あつし）　　　　東京大学大学院法学政治学研究科教授

沖野眞已（おきの まさみ）　　　　　東京大学大学院法学政治学研究科教授

木村敦子（きむら あつこ）　　　　　京都大学大学院法学研究科准教授

窪田充見（くぼた あつみ）　　　　　神戸大学大学院法学研究科教授

小粥太郎（こがゆ たろう）　　　　　一橋大学大学院法学研究科教授

潮見佳男（しおみ よしお）　　　　　京都大学大学院法学研究科教授

西 希代子（にし きよこ）　　　　　慶應義塾大学大学院法務研究科准教授

松川正毅（まつかわ ただき）　　　　大阪大学大学院高等司法研究科教授

松原正明（まつばら まさあき）　　　早稲田大学大学院法務研究科教授

水野紀子（みずの のりこ）　　　　　東北大学大学院法学研究科教授

宮本誠子（みやもと さきこ）　　　　金沢大学大学院法務研究科准教授

本書のコピー，スキャン，デジタル化等の無断複製は著作権法上での例外を除き禁じられています。本書を代行業者等の第三者に依頼してスキャンやデジタル化することは，たとえ個人や家庭内での利用でも著作権法違反です。

第1章

総論

1

日本相続法の形成と課題[1]

水野紀子

Ⅰ．はじめに——最高裁昭和 58 年 3 月 18 日判決の示す混乱
Ⅱ．民法の継受とインフラの相違
Ⅲ．戦後改正後の相続法の運営
Ⅳ．最高裁判例にみる負担付贈与・死因贈与の解釈

Ⅰ．はじめに——最高裁昭和 58 年 3 月 18 日判決の示す混乱

　最高裁昭和 58 年 3 月 18 日判決（家月 36 巻 3 号 143 頁）は，一般に「後継ぎ遺贈」といわれる遺言に関する判決で，この判決を契機にして「後継ぎ遺贈」に関する議論が活発化したと評される[2]。受遺者を妻，妻死亡後は弟妹とする内容の遺言の解釈について，最高裁は，遺言者の真意は，弟妹に対する第二次遺贈の条項は単なる希望を述べたものとした原審のように解する余地もないではないが，対象不動産の所有権を弟妹に移転すべき債務を妻に負担させた「負担付遺贈」と解するか，妻死亡時に所有権が妻にあるときには弟妹に所有権が移転するとの趣旨の遺贈と解するか，妻は単に使用収益権を付与されたにすぎず弟妹に対する妻の死亡を不確定期限とする遺贈であると解するか，の各余地もある，と判示した。判旨が示した 4 通りの解釈につ

1）　本稿は，水野紀子「日本相続法の現状と課題——贈与と遺贈の解釈を素材として」論ジュリ 10 号（2014 年）98 頁をもとにして，同「日本相続法の特徴について」水野紀子編著『信託の理論と現代的展開』（商事法務，2014 年）195 頁，同「財産管理と社会的・制度的条件」水野紀子＝窪田充見編集代表『財産管理の理論と実務』（日本加除出版，2015 年）1 頁で行った分析を加筆し，さらに相続税などについての新たな分析を加えたものである。

2）　石綿はる美「遺言における受遺者の処分権の制限——相続の秩序と物権の理念(1)」法協 131 巻 2 号（2014 年）277 頁。

いては、これらすべてを有効とする趣旨かどうかは定かではなく、所有権概念との関係や移転義務の性質などをめぐって、学説も分かれる。

民法における相続は、「すべての制度の上に強力な刻印をつける強制的な通行場所」[3]といわれる。死の瞬間に被相続人という法主体の所有財産および被相続人が家族のために維持の義務を負っていた財産は、この通行場所を通過すべくまとめられて配分される。その配分の決定方法を定める相続法は、「一国の価値体系」といわれ[4]、家族の一貫性と連帯性を保障することによる社会の一般利益と被相続人の個別利益の調整である[5]。相続法の公序とは、要するにこの調整の体系をいうのであろう。仮にもし遺言者の真意を追究すべきであって判旨が例示したすべての解釈が可能であるとすると、所有権の絶対性のほか、通行場所として仕組まれた相続法上の手続、例えば遺言事項を限定し遺留分放棄も家庭裁判所の許可にかける等の手続とも衝突する。相続財産の把握や遺留分の計算は、困難になる。要するに、民法体系との関係で、この種の遺言の説明は困難である[6]。

本件の遺言は、いったん生存配偶者の老後の生活保障に相続財産を用いるとしても、生存配偶者の死後は、生存配偶者の血族ではなく、被相続人の血族へ渡したいという内容である。このようないわゆる順次相続のニーズは、相続法に古くから要求される伝統的なものであるが、日本法の家督相続では、

---

3) Jacques Héron, Le morcellement des successions internationales, Economica, 1986, pp. 134-135.
4) 「家族法と同じく相続法は、当該国の法以外の様々な分野と深く関係している。つまり、相続法は一国の価値体系になぞらえることも可能である」。マクシミリアン・ノックス（藤原正則訳）「高齢化社会の相続法」信託221号（2005年）250頁。
5) ミシェル・グリマルディ（北村一郎訳）「フランスにおける相続法改革（2006年6月23日の法律）」ジュリ1358号（2008年）68頁。
6) この判例と同様に民法体系との関係で説明が困難な判例は、実親子法にもみられる。最判昭和34・5・12民集13巻5号576頁は、傍論ではあるものの、傍系の親族関係存否確認訴訟による戸籍訂正を承認しているが、民法は、親子関係が人の身分を決定するという前提に立っており、傍系の確認訴訟を認めると、民法の実親子法の意義が失われてしまう。水野紀子「実親子関係法の展開と位置づけ」星野英一先生追悼『日本民法学の新たな時代』（有斐閣、2015年）1000頁〜1001頁参照。

「家」制度の下で戸主の義務として生存配偶者の老後の扶養義務が課せられており，このニーズは自覚されなかった。戦後，「家」制度が解体されて第一順位の配偶者相続権が立法されてから，被相続人から生存配偶者が受け継いだ遺産が，生存配偶者の死後に被相続人の血族ではなく生存配偶者の血族に移行することが問題視されるようになった。

　大陸法には伝統的にこのニーズに対処する方法が存在した。ドイツ法は，夫婦の共同遺言（ベルリン式遺言），先位・後位相続，相続契約などによってこのようなニーズを処理してきた[7]。これに対し，フランス法は，継伝処分の禁止や相続契約の禁止を原則としたが，生存配偶者の用益権構成によってこのニーズに応えてきた。また，もともとフランス法も継伝処分の禁止に例外を設けており，2006年6月23日の法律は，さらに遺留分の放棄制度を創設し，段階的恵与などの継伝処分の例外も拡大する改正を行った。しかしこれらの立法は，相続法体系内の調整として行われたものであり，被相続人の処分の自由と遺族の保護という対立する要請を両立させると同時に，対外的な関係との調整も行うものであった[8]。このような柔軟化は，相続法の公序を放棄したものではなく，公序体系にさらなる調整を加えたものである。

　20世紀初めから今日までの欧米諸国の相続法改正における最大の特徴は，

---

[7]　ドイツ相続法については，太田武男＝佐藤義彦編『注釈ドイツ相続法』（三省堂，1989年）が有益で網羅的な業績である。ドイツ法の最近の動きについては，藤原正則「ドイツにおける生前処分と死因処分の傾向」新井誠編『高齢社会における信託と遺産承継』（日本評論社，2006年）199頁など。

[8]　フランス相続法の近年の動きを紹介する業績として，金子敬明「相続財産の重層性をめぐって(5)」法協121巻6号（2004年）701頁，宮本誠子「フランス法における遺産の管理(1)(2・完)」阪大法学56巻4号（2006年）1007頁・5号（2007年）1219頁，足立公志朗「フランスにおける信託的な贈与・遺贈の現代的展開(1)(2・完)——『段階的継伝負担付恵与』・『残存物継伝負担付恵与』と相続法上の公序」民商139巻4・5号466頁・6号607頁（2009年），石綿はる美「遺言における受遺者の処分権の制限——相続の秩序と物権の理念(1)〜(7・完)」法協131巻2号277頁・3号552頁・4号833頁・5号937頁・7号1362頁・8号1475頁・9号1685頁（2014年），フレデリック・ビシュロン（石綿はる美訳）「家族資産の移転と公序」法時87巻11号（2015年）88頁など。フランス信託法の動きについては，金子敬明「大陸法系における信託の可能性？——フランスにおける信託（fiducie）の動向」新井編・前掲注7)135頁など。

配偶者相続権の拡大傾向であった。産業構造の変化と高齢化によって，相続財産は，子どもの生存や職業の保障から生存配偶者の老後の生活保障へと，主たる任務が変わったからである。フランス法は，2001年12月3日の法律によって非嫡出子の相続分差別を撤廃するとともに配偶者相続権を大幅に強化した。日本法においても，非嫡出子の相続分差別を違憲と判断した最高裁平成25年9月4日大法廷決定（民集67巻6号1320頁）を受けて，主に生存配偶者の相続権により配慮する法改正作業が始まっている（本書第2章の西論文参照）。このような配偶者相続権の強化によって，順次相続のニーズ，すなわち被相続人の生存配偶者から被相続人の血族への確実な移転のニーズも，より強いものとなる。

しかし日本法では，この順次相続のニーズに，相続法改正によるのではなく，信託法改正によって対応しようとする立法的判断がとられた。たしかに信託制度は，順次相続のニーズに対応するのみならず，死後に至るまで，被相続人に自分の財産について大胆に自由な制度設計を許すものである。しかし英米法の信託制度は，もともと相続法の潜脱手法を起源とするものであり，処分者の意思が最強であって遺留分を知らず，遺言の自由を貫徹するとともに，その弊害に対しては裁判所の強力なコントロール権能に依存するという，およそ大陸法や日本民法とは異質な法体系である。信託法を改正して民事信託を可能にするという劇薬を導入する必要があったのだろうか。実際に立法された信託法と相続法の関係は，解決困難な解釈学的難題を続出させている（本書第1章の沖野論文参照）。

しかしここでは，現在の相続法解釈の課題を追求するのではなく，まず日本民法の立法時点に遡ってその後の展開を考えてみたい。

II．民法の継受とインフラの相違[9]

本書出版時の2016年でも，江戸時代が終わってから，まだ150年とは経過していない。家職国家[10]といわれる江戸期の日本では，すべての日本人は，一種の「機構」あるいは「法人」としてのイエに帰属し，武士も町人も百姓もそれぞれイエの家業を営んで生きており，イエ制度が人々の生存を支

える基盤となった社会であった(明治民法の創設した「家」制度と区別するために「イエ」とカタカナ表記する)。カール・ローゼンクランツは，江戸末期の 1860 年に日本社会を次のように描いている。「合理的で合法的な仕方で権力を集中して，官僚的な権力集中を維持するために，行政組織が最高度に発達している。各人の挙動が監視され，すべての人がすべての人を監視する仕組みになっている」。「日本には確かに貧しい人もいるが，不潔な身なりをして物乞いをするような惨めな人はいないし，悪事を働いたり動物のように飲み食いをしたりする堕落した貧民もいない」。「家族のつながりが強くて仕事は世襲されるのが基本だから，生活の基盤をすべて喪って没落するものもいない」[11]。

　この頃の日本は，まだ貧しい発展途上国であったが，同時に「最高度に発達」した行政統治も行われていた。町役人や村役人や株仲間による統制，五人組による監視，宗門人別帳や土地売却の証文である沽券制度など，独自の管理と統治のシステムを持っていた[12]。イエは，イエの職を運営する共同体として，家産を持ち，経済取引の主体となって，人々の生活を支えていた。

　その後，明治政府は諸外国との不平等条約を改正するために西欧法を継受して明治民法を立法し，明治民法は，個人の法主体性を確立し，所有権を定めて，法的に近代化の準備を整えた。明治以降，江戸期に確立していた近世の社会構造は，実体としてのイエ制度を含めて，日本社会の近代化によって大きく変容し崩壊していった。産業構造の変化，第一次産業から第二次・第三次産業への労働人口のシフト，都市化など，いわゆる近代化・資本主義化といわれる日本社会の変化は，あるいは民法がなくても進行したのかもしれないが，民法が個人主義の契約社会に必要な法的インフラを準備して近代化

---

9) 民法の背景にある社会的・制度的条件が母法と日本法とで異なることについては，水野・前掲注 1)「財産管理と社会的・制度的条件」で概観した。
10) 渡辺浩『日本政治思想史』(東京大学出版会，2010 年) 70 頁以下。
11) カール・ローゼンクランツ(寄川条路訳)『日本国と日本人』(法政大学出版局，2015 年)，引用は 75 頁，97 頁。
12) 江戸期の日本については，吉田伸之『都市　江戸に生きる』(岩波書店，2015 年) など。沽券制度については，同 75 頁以下参照。

を促進したことは間違いない。ただ、そのような社会の激動を受けて、明治民法起草者の穂積陳重が大正期になって「五人組制度」を再評価したように[13]、江戸期はまだすぐそこにあって振り返られる存在であった。また明治の人々が新たな制度を作るときにも、例えば宗門人別帳と類似する戸籍制度や、沽券絵図と通じるものがある不動産登記のように、江戸期から連綿と続く発想と伝統に規定される部分が大きかったように思われる。

民法は、西欧社会において形成されてきた近代法であり、西欧社会においては、民法が必要とする裁判所などの司法インフラが整っていたが、日本にはその条件はなかった。そして民法の条文を翻訳して立法することよりも、司法インフラを構築することのほうが、いうまでもなくより困難である。明治民法起草者は、立法にあたって、この制度的不備を自覚して、ある程度対応していた。例えば明治民法前に成立していた戸籍制度を利用して「家」制度を創設し、家族を「家」の自治に委ねた。つまり具体的には、ドイツやフランスなどの母法の民法は、離婚をすべて裁判離婚とするなど、家族を守るために司法が法的に関与する条文を多く持っていたが、母法と異なり、裁判所を経由しない協議離婚、養子縁組と離縁を立法して、「家」同士のメンバーのやりとりを当事者に委ね、戸籍はそれを受け付けるだけとした。協議離婚は、三行半といわれる伝統的な夫による単意離婚を、実際には継承する離婚制度であった。また、親権者は子の財産の処分にも裁判所の許可を要しない広範な親権を持つとした。

明治政府は、不平等条約を改正するまでは、裁判所を設置する努力を重ねたが、条約改正が成立するとその努力は続かなかったし、戦後、日本が豊かになっても司法関連予算の少なさは変わらなかった。裁判所はその利用に高額な費用がかかる希少な存在となったため、民法が母法にならって裁判所の関与を定める規定を置いていても、例えば禁治産制度のように、使われない場合が多く、事実上の代理人が契約を締結する慣行がみられた[14]。

---

13) 穂積陳重の五人組評価については、内田貴『「日本民法学の出発点」——補遺の試み』星野追悼・前掲注6)35頁～36頁。

また母法国が民法を機能させる前提としていた司法インフラは，裁判所のみではない。フランス法は，公証人慣行を持ち，すべての不動産登記に，そして遺贈や贈与，あるいは不動産の遺産があるすべての遺産分割にも，公証人が関与するが，日本の公証人にはこのような機能はない[15]。またフランス法では，親子関係をはじめ検事が家族に民事的に関与して家族秩序の維持に対して能動的に働いており，日本民法も，これにならって，婚姻秩序維持や親権喪失などにおいて検事が関与する条文を設けたが，日本の検事は，死後認知などの被告としてやむを得ず訴訟参加する受動的な場合以外，民事的には機能していない。

　代わりに母法国にはなくて日本には存在するインフラや条件もある。その最たるものは，日本人の住所と親族関係の完璧な身分登録簿である戸籍という存在であろう。戸籍は比類のない身分登録簿であり，日本人は戸籍の形作る世界に1対1対応のいわばアバターを持って身分行為を行っており，ある人の住所と氏名がわかれば，その人の全親族関係と全員の住所が判明する[16]。この戸籍と住民登録の機能が，おそらくは印鑑証明を通じて，取引社会に一定の安定をもたらしてきたと思われる。

　印鑑は近世以降，商業・権利契約の際に広く使用されるようになっていたが，1871年（明治4年）の太政官布告第456号「諸品売買取引心得方定書」によって，登録制度による公的な裏づけが開始された。これが同時期に整備された住民登録である戸籍制度（寄留簿・住民票と連結することにより住民登録の機能を維持した）とあいまって，住民の印鑑を押捺して保管するシステムが形成された。同一の印鑑（印影）をもたらす印章を作成することは物理的に難しかったし，住民登録と連動しているから，本人による確認もたや

---

14)　水野紀子「日本における家族・地域の変容と制度設計のあり方」実践成年後見50号（2014年）24頁では，成年後見制度に重点を置いて日本法の展開を振り返った。
15)　金子・前掲注8)法協744頁以下に，フランスにおける公証人による相続財産の処理の紹介がある。遺産分割に公証人の関与が必須とされる場合について，同752頁注6。
16)　水野紀子「日本の戸籍制度の沿革と家族法のあり方」アジア家族法会議編『戸籍と身分登録制度』（日本加除出版，2012年）13頁。

すく可能であった。印鑑証明は，本人の特定と意思の確認機能を果たしてきた。また禁治産者は印鑑証明がとれなかったから，ある程度は，行為能力の証明もできた。公証人慣行による契約への関与がない日本では，この仕組みが取引を支えてきた基盤のひとつであったように思われる。

　戸籍と同様に，不動産についても，日本には網羅的な登録システムである不動産登記がある。明治初年の戸籍制度創設の主たる動機が徴税と兵役であったように，もともとは，徴税目的で不動産の物理的現況を明らかにするものとして，1871年（明治4年）廃藩置県と同時に課税台帳が設けられ，やがて土地台帳および家屋台帳が税務署に備えられた。一方，1872年（明治5年）に地所永代売買が解禁されて土地売買が始まると，その権利関係を登録する必要が生じた。1873年（明治6年）地所質入書入規則制定によって割印帳が，1875年（明治8年）建物書入規則制定によって建物公証簿が，1880年（明治13年）土地売買譲渡規則制定によって土地公証簿が，それぞれ戸長役場に設けられたが，これらは1886年（明治19年）の登記法制定によって登記簿にまとめられた。不動産登記は，戦前においては，不動産の権利関係のみを公示するものであって，区裁判所が管轄する登記簿と税務署が管轄する課税台帳は，連絡は取れたものの，別々に運用されていたが，戦後，この両者の密接な関係から，台帳が登記所に移管されて（昭和25年法律第227号），今日に至る。登記法が制定された1886年（明治19年）は，戸籍についても大規模な制度改革が行われて，今日の戸籍の基礎が固められた年であった[17]。現在の日本社会を運営する基礎的なインフラのルーツが，同時に確立した事実は興味深い。

　不動産登記簿は，中間省略登記などによって契約の経緯や権利関係を確度高く証明することはできず，また不実登記の可能性もあるとはいえ，不動産の現況を示すことができる。抵当権の有無などの不動産の現況を簡単に確認できることが，不動産担保の信用を供与する条件となった。公証人慣行や相

---

[17]　水野紀子「親子関係存否確認訴訟の生成と戸籍訂正(2)」名古屋大学法政論集136号（1991年）87頁。

続債務の組織的清算機能を欠く日本法では，債務者の責任財産の把握が難しいが，このような不動産登記システムがあるゆえに，債権者は，責任財産に期待しなくても，主に不動産担保に依存して債権回収を図ることができた。こうして日本の金融取引は，「土地本位制」ともいうべき運営が行われてきた[18]。

　日本独特の制度的条件は，他にもみられる。明治民法立法の 7 年後，1905 年（明治 38 年）に担保付社債信託法が制定された。その後，投資家保護のため 1922 年（大正 11 年）に信託業法が制定され，これに伴い信託一般に関する実体法として同年に信託法が制定された（旧信託法）。旧信託法の下で，限られた領域とはいえ長年安定的に信託が行われてきたのは，信頼性が高く資力に不安のない信託銀行のみが受託者になっていたからであり，この条件も，他国にはないものであった。このようなインフラや条件の相違は，民法の運営において，母法にはみられない日本法独特の問題や矛盾，さらにその一定の解決策をもたらしてきた。

Ⅲ．戦後改正後の相続法の運営

　相続法領域におけるこのインフラや条件の相違がもたらす作用をみてみよう。明治民法が創設した「家」制度は，戸籍を通じて同居家族を基礎としたイエ制度の伝統を継ぐ側面があり，さらに戸籍という紙にその存在を可視化することによって，イデオロギー的には大きな力を持ったが，資本主義化が進展する中で，実体としてのイエの崩壊を防ぐ力はなかった。明治民法の相続法は，「家」制度に伴う家督相続という一子相続制度を創設している。かつてのイエの家産は，戸主の個人財産となったが，戸主がかつてのイエにおいてそうであったように，「家」制度においてもまた，家族メンバー全員に対する扶養義務を持つとすることによって，家督相続の不平等性を緩和して

---

[18] 後継ぎ遺贈の有効性を認めてよいことの理由のひとつとして，第三者との関係では，不動産に停止条件付所有権移転請求権の保全仮登記をすればよいという学説には，この発想がみられる。稲垣明博「いわゆる『後継ぎ遺贈』の効力」判タ 662 号（1988 年）40 頁など。

いる。家督相続は，被相続人も相続人も1人であったから，共同相続のように共同相続人間で特別受益を持ち戻し債権債務の承継を整理して遺産分割をする必要はなかった。つまり家督相続は，共同相続よりはるかに簡便な相続手続であり，人々は，新戸主名義で新戸籍を編製したときに家督を承継し相続が行われたと意識したようである。

　しかし明治民法の起草者は，家督相続を創設しつつも，共同相続を運営する母法の諸規定も継受している。とりわけ厳格な平等要請を実現する遺留分制度を継受しているが，家督相続というおよそ遺留分の理念と相反する一子相続制度を創設した起草者が，遺留分制度の意味するところをどれほど理解できていたか，疑問の余地がある。例えば，起草者には平等相続の価値意識がなかったため，母法にはない現行民法902条の指定相続分制度も思いつきで立法しており（指定相続分の問題については，本書第4章の潮見論文参照），指定相続分を遺留分減殺の対象とする条文を設けていない。戸主以外の遺産相続においては，共同相続の複雑な手続が問題となったはずであるが，実質的な財産は戸主が持っている場合が圧倒的であったから，あまり深刻な実際問題とはならなかった。

　戦後の改正は，配偶者相続権の強化を除けば，主として家督相続部分を削除したいわゆる「引き算の改正」である。本来であれば，このとき遺産分割手続の制度的な構築が考えられるべきであったろう。相続法は，単に積極財産の分配問題ではない。責任財産を持つ法主体が様々な取引を行っている市民社会の私法体系の中で，所有権のみならず債権債務や契約上の地位など多くの権利義務の帰属点である法主体が消失するという事態を消化する，複雑な仕組みである。その手続は，相続開始時から速やかに進められる必要がある。ドイツ民法においては，遺産を合有として処分を禁じ，遺産債務があるときは遺産裁判所が介入して，遺産分割手続を運営する。フランス民法では，合有概念はとっていなかったが，19世紀後半に判例が作り上げて1976年12月31日の法律で立法化された遺産共有（indivision）によりほぼ同様の運営がなされている。つまり，複数の財産を包括的に共有する遺産共有の状態として遺産分割までは運営され，実際には公証人が遺産分割手続を進めるため，特別受益の計算も遺留分の減殺請求もまとめてその手続内で行われる。不動

産の持分譲渡には公証人が必ず関与するから遺産分割との衝突は生じないし，遺産分割前に相続人が債権を譲渡しても，その債権譲渡は無効になる[19]。これに対して日本民法は，共有規定を持ちながら，遺産分割手続や遺留分減殺請求などを束ねている公証人慣行を持たないため，いわば扇の要の部分が外れてばらばらになったような状態である。

　しかし戦後改正の起草者は，これらを実効的にまとめる遺産分割手続を構築するよりは，共同相続人が遺産分割前に取引をした場合に相手方が遺産分割の遡及効によって権利を奪われることを心配し，民法909条ただし書を立法して取引安全を守ろうとした。そしてこの立法によって遺産合有という解釈は難しくなった（合有解釈の可能性については，小粥太郎「遺産共有法の解釈」論ジュリ10号112頁参照）。遺産は，対外的には相続開始直後から処分の自由な共有財産として存在することになる。相続開始後，短期間で遺産分割手続を進める公証人慣行のような法的保障がないため，長期間の遺産共有状態が続きうることになり，相続登記に費用がかかることもあって，実際に死者が名義人となったままの不動産が数多く存在する[20]。

　被相続人の死後長期間にわたって被相続人の名義のままである不動産も，実態としては相続人の誰かが実効的に支配している場合が多い。その相続人と他の相続人の間で当該不動産をめぐって生じる紛争については，主として取得時効において相続人が新権限を主張できるかという問題として論じられてきた。消極説は，フランス民法2238条に由来する民法185条の沿革等か

---

[19] フランス民法の遺産共有では，所有権は共有として分割帰属させても管理権限によって実際には相続財産のまとまりを保って処理されるものであることなどについては，以前から比較法研究の蓄積がある。有地亨「共同相続関係の法的構造(1)(2・完)」民商50巻6号3頁・51巻1号32頁（1964年）をはじめ，伊藤昌司，丸山茂らの業績である。しかしこれらの業績は，日本法の解釈としては判例に対する影響力を持たなかった。

[20] 東日本大震災後の被災地においては，権利者の多さゆえに土地の区画整理に困難を来している。人数の多さのみならず，戸籍で住所がたどれず，生死すら定かでない権利者もいるからである。水野紀子「『死』に関する規律」論ジュリ6号（2013年）73頁。また相続未登記の土地が国土の有効利用を阻害しているという観点から立法論的改革を提案する論文として，加藤雅信「急増する所有者不明の土地と，国土の有効利用——立法提案『国土有効利用の促進に関する法律』」星野追悼・前掲注6)297頁。

ら主張され(ただし公証人慣行のない日本法との相違を分析する視角はあまりみられなかった),最高裁も「お綱の譲り渡し事件」といわれる最高裁昭和58年3月24日判決(民集37巻2号131頁)で,占有する相続人の取得時効を認めない厳しい判断を採用したが,その後,最高裁は判例変更という手続をとらないまま,最高裁平成7年12月15日判決(民集49巻10号3088頁),最高裁平成8年11月12日判決(民集50巻10号2591頁)などの判決によって,相続人間で自主占有意思をめぐって争わせることによって柔軟に決着をつける判例法理を構築している。しかしこのように家族間での合意成立ないし紛争解決に委ねる日本民法に特徴的な枠組みでは,相続秩序の第三者にとっての客観的な安定性は構築されない[21]。

　日本民法の特徴的な基調になっているのは,「家」制度以来の家族の私的自治の極端な重視である。戸籍届出や登記申請は,当事者や家族である私人に任せられる。出生届や死亡届も私人に委ねられて,公的なファクターの関与がない。戦後の占領時期に日本人の恣意的な出生届のあり方に驚いたGHQが,出生届に出生証明書を添付させるなどの改革を行った[22]。

　同様に遺産分割についても,自治に委ねる範囲を狭め,相続開始後,短期間に遺産分割を強制する制度改革は,可能性としては考えられる。例えばフランスで行われている相続税徴収は,相続人が,被相続人の死亡から6カ月

---

[21] 実際にはかつての家督相続人にあたる相続人が明示的な合意の下にその不動産を占拠している場合が多いが,他の共同相続人と明示的に遺産分割協議を行って登記名義を書き換えているわけではないので,バブル期には,それを利用して地上げが行われた。東京の下町などで,死者が名義人となっている不動産については,地上げ業者が,共同相続人を回って持分を買い集めてから,居住者に明渡しを請求したのである。また最判平成7・12・5判時1562号54頁のように,遺産分割による登記名義を信用して購入した買主に対して,売主が遺産分割協議書の偽造を自認して売主の共同相続人が持分を主張する事案では,遺産分割をしなかったことを民法94条2項類推適用の根拠にできないため,買主を救えない。水野紀子「相続財産の取引安全における『相続と登記』判例と表見理論」トラスト60研究叢書『信託と信託法の広がり』(2005年)195頁においては,相続回復請求権の時効を利用して,自由な相続処理は5年以内の猶予をもって行わなければならず,それ以降はもしその相続処理を怠っていたがゆえに登記を信頼した善意無過失の第三者が現れた場合には,第三者の所有権取得は確定し,相続人間でその後始末を図らなくてはならないとする解釈論を提示したが,もとより根本的な解決になる解釈論ではない。

以内に申告書を提出し，かつ原則としてその際に全額を納付する義務を負う。フランスの相続税は，相続によって取得した者に課税される遺産取得税であるから，納税時点までに遺産分割が終了していなくてはならず，実際には公証人の下で遺産分割が行われてその結果が登記されるため，フランスの相続税は登録税の一種として認識されている。日本においてもこのような租税法改革による遺産分割の迅速化は可能だろうか。

　実のところ，日本でも戦後一時期，このような遺産取得税が施行されていた時期が存在した。1905年（明治38年）から1949年（昭和24年）までは，イギリス法やアメリカ法と同じく，遺産税体系の相続税が採られていたが，シャウプ勧告に基づき，1950年（昭和25年）にドイツ法やフランス法で採用されている遺産取得税に転換された。共同相続の理念的には，相続によって取得した者の担税力に照応した課税を行う遺産取得税のほうが，遺産税よりも筋が通る税法であるからである。しかしそのためには，各相続人の取得した遺産が明確でなければならない。日本の遺産分割には，公証人が行うフランスの遺産分割と異なり，そのような明確性はなかったために，遺産取得税の実施は困難を極めた。仮装分割が行われることもあり，遺産分割の調査は執行上すこぶる困難で，税務執行当局と納税者のトラブルが起きたため，1958年（昭和33年）には，この遺産取得税は廃止された。現行法は，すべての相続人が納める相続税の総額を，遺産の総額と法定相続人の数とその法定相続分という客観的な係数によって計算する方式，つまり，遺産税的な色彩を持った法定相続分課税方式による遺産取得税となっている[23]。

　要するに民法によって家族の私的自治に委ねられた遺産分割のあり方が，遺産取得税とは相容れなかったということであろう。民法は，共同相続人間

---

22) 子の出生届が家族の私的自治に委ねられている戸籍実務に驚いたGHQにより，①出生届に医師による出生証明書の添付義務化，②出生場所での出生届強制，③出産に立ち会った医師・助産婦から市町村長への報告義務などが制度化されたが，数年後には①以外は廃止された。水野・前掲注6)992頁〜995頁参照。無戸籍児問題は，嫡出推定との関連で語られることが多いが，親が医療費が払えず出生証明書が得られなかったために無戸籍となった子もいる。社会が出生の事実を確保することが子の人権にとって最初の前提であることを考えると，無戸籍児問題は，戸籍の届出を私人に全面的に委ねていることに構造的根本原因がある。

の遺産分割においては、民法906条の柔軟な遺産分割基準を設け、相続人間の合意に広範な自由を認めて、民法1043条の遺留分放棄も利用して、できるだけ共同相続人間の不平等を寛容に実現しうるように設計されている[24]。そして、遺産分割を戦後創設された家庭裁判所の管轄として、共同相続人間の互譲の精神による柔軟な解決を図った。この遺産分割手続は、被相続人という法主体の消失を処理して取引社会の安定的な運営を図る相続法というよりは、被相続人の遺したプラスの遺産を共同相続人間で分け合う仕組みという認識が主となっている。この仕組みは、戦後しばらくの間、共同相続人間の合意によって家督相続を再現することを可能にした。しかし高度成長期以降、不動産が高騰すると合意形成が困難なケースが増加し、被相続人が死後の紛争の予防とともに老後生活の支援を期待して遺言を遺すことが増加した。

　戦後の最高裁判例も、戦後改正の起草者と同様に、対外的には相続分によって取引安全を処理してきた。債権債務の相続は、それぞれ債務者・債権者という相手方があるため、遺産分割の対象財産から外して相続分どおりに直接相続人に帰属するとし[25]、不動産の相続については、昭和期の「相続と登記」に関する一連の判例によって、登記を信頼した第三者を相続分の限度で救済することで取引を安定化させようとした[26]。ここでの相続分は、特

---

23) 相続税については、橋本守次『ゼミナール相続税法』（大蔵財務協会、2015年）を参照した。特に相続税の沿革について、11頁～53頁、268頁～275頁、フランス相続法について、57頁～59頁。

24) フランス民法は共同相続人間の平等性を強制し、過剰損害による遺産分割の取消制度を設けていた。2006年改正法は、相続分の平等が害された遺産分割に対する、過剰損害による取消しを廃止したが、フランス民法889条で、均衡回復請求権を創設している。

25) 金融機関は、共同相続人間の紛争に巻き込まれるのを避けるために、預金払戻し請求に対して合有的な扱いをしてきたが、判例理論との矛盾が問題視されるようになっている。相続分の限度で払戻しを請求してきた相続人に対する払戻し拒絶が不法行為を構成するとした大阪高判平成26・3・20金判1472号22頁など。

26) この不動産取引をめぐる判例理論については、水野紀子「相続回復請求権に関する一考察」加藤一郎先生古稀記念『現代社会と民法学の動向（下）』（有斐閣、1992年）409頁、同「『相続させる』旨の遺言の功罪」久貴忠彦編集代表『遺言と遺留分(1)〔第2版〕』（日本評論社、2011年）199頁などで分析した。

別受益などを加味した具体的相続分ではなく，戸籍によって第三者にもわかる法定相続分とすることを前提に，取引安全を構築しようとしていたように思われる。しかし遺言が増加すると，この取引安全は崩壊した。遺言執行者がつくと相続人は処分権限を失うから，法定相続人から相続分どおりに買い受けても無効となる。さらに指定相続分についての最高裁平成5年7月19日判決（判時1525号61頁），「相続させる」旨の遺言についての最高裁平成14年6月10日判決（判時1791号59頁）は，遺言によって不動産を取得した相続人は，登記なくしてその権利を第三者に対抗できるとする判断を下した。もっとも判例は，債権債務については，遺言によって相続分が変更されても債務者や債権者には対抗できないとして，債務者や債権者が法定相続分どおりに相続人に対抗できるとした上で，共同相続人間では遺言に従って承継するものとさせ，後は共同相続人間の清算に委ねることにするようである（債権債務の相続については，本書第3章の窪田論文および第5章の松原論文参照）。

　債権債務の清算，特別受益の持戻し，遺言の実行，遺留分減殺請求，遺産分割などの諸手続は，相互に前提となっているものであり，本来であれば相続開始後のなるべく早い時期にまとめて行われるべきものである。しかし日本ではこれらがばらばらに行われ，管轄も地方裁判所と家庭裁判所に分断される。遺産分割は家庭裁判所の専属管轄とされているものの，審判に既判力がないので遺産帰属性を確定するために遺産確認の訴えが必要となる。遺産分割紛争がこじれると，家庭裁判所の審判手続の途中で地方裁判所で遺産確認の訴えを確定させてまた家庭裁判所へ戻る往復をしたり，遺留分減殺請求権を行使すると地方裁判所の管轄となったりして，当事者に高額な訴訟費用負担をもたらす。一方，家庭裁判所の調停で共同相続人間の合意さえ成立すれば，諸手続をまとめた遺産分割も可能とされているから，当事者は「妥協による合意」を強制されて権利が画餅に帰しがちであるが，そのことは問題視されず，むしろ当事者間の合意によって家庭裁判所で「柔軟な解決」を図ることが推奨される[27]。当事者の私的自治に紛争の解決を委ねる問題性は，日本の離婚法でも同様にみられる。おそらく家族間紛争は，法によって解決されるよりは互譲の精神に基づく話合いによって解決されるべきであるとい

う伝統的な感覚が背景にあると思われるが，法の支配という原則からは許容できない問題性をはらみ，再考される必要があろう。

　家庭内暴力の被害者を守れないというような人権侵害が生じうる離婚法の私事化よりは，相続法におけるそれのほうが，問題の深刻さは小さいかもしれないが，理論的な困難は，おそらく相続法においては，離婚法におけるよりもさらに大きい。相続法では，相互に前提となっている一体の手続を無理に分断しているからである。判例実務は，この分断のもたらす難問にひとつずつ回答を与えてきた。遺留分減殺請求権の効果が物権的に生じるとされたことから，遺留分減殺請求権は地方裁判所の管轄と解されている。寄与分と遺留分の関係も理論的には難題であるが，減殺請求の場面では寄与分は配慮されないとされた。また近時は，遺留分減殺請求権に関する多くの最高裁判例が相次いだ（遺留分減殺請求については，本書第4章の松川論文および青竹論文参照）。しかしこれらの判例実務によって，相続法が矛盾なく構築できているかというと，疑問である。

　特別受益などの計算をしなければ，具体的相続分はわからない。債権債務は遺産に含まれないとされているが，遺留分計算の基礎財産とはなるはずである。多額の遺贈や生前贈与があっても，残余財産が遺留分権利者に配分されたら，遺留分が満たされる可能性はある。

　相続分という用語は多義的に用いられる。債権債務を除いた遺産分割対象となる積極財産の法定相続分をいう場合も，特別受益を加味して計算した具体的相続分をいう場合も，債権債務も含めた包括的な相続分つまり相続人たる地位をいう場合もある。遺産確認の訴えは固有必要的共同訴訟とされているが，相続分を譲渡した相続人は訴訟当事者に含まれないとされている（最判平成13・7・10民集55巻5号955頁，最判平成26・2・14民集68巻2号113頁）。相続人たる地位を譲渡した相続人は含まれないとしても，債権債務は帰属しているが遺産分割対象財産の持分のみの相続分を譲渡した場合や，

---

27) 塩月秀平「相続させる遺言と遺留分減殺──相続における訴訟事項と審判事項の交錯　最三小判平21.3.24を契機に」金法1877号（2009年）6頁など。

特別受益を得ていた相続人が相続分を譲渡した場合は，訴訟当事者に含まれるのだろうか。手続の分断と管轄裁判所の分断は，不明瞭な理論的課題を続出させる。

Ⅳ. 最高裁判例にみる負担付贈与・死因贈与の解釈

地方裁判所と家庭裁判所の分断がもたらす理論的困難は，とりわけ法定相続分と具体的相続分の相違，つまり特別受益の扱いに現れるように思われる。しかし特別受益となる遺贈や贈与，また死因贈与について，判例の蓄積は薄く，学説の議論の蓄積もない。

母法では，贈与は生前相続として扱われ，それにふさわしい重い要式行為となっている。日本法では，旧民法と異なり，贈与契約は簡単なものとされた結果，その後の学説においては，契約一般の議論が及ぼされる傾向にある。また母法では生前相続という意識から認められていた忘恩行為による撤回などの規定も，日本民法は立法しなかった。もっとも無償契約という性格から忘恩行為に類似するケースでは，判例も贈与の撤回を信義則上認める傾向にあり，この傾向に対してカーディ裁判になることを危惧する学説（廣中俊雄）もある[28]。しかし遺留分がなく遺言自由の原則をとる英米法では，裁判官が遺族のために強大な裁量権を行使して遺言を無効化することが許されている。被相続人の自由をはるかに尊重する英米法であっても，相続には，遺族の生活と被相続人の遺言の自由の均衡を図るために公序的性格が内在するのであろう。

贈与のうちでもとりわけ死因贈与は，死者の手から贈与されるものであり，限りなく遺贈に近い。明治民法起草者は死因贈与を遺贈と考えていたのであり，死因贈与は贈与から除外されることを明らかにするために民法554条の規定を置き，方式も含めて遺贈の規定によらしめることにしたが，その後，

---

28) 広中俊雄「解釈上の贈与撤回権の要件構成」法セ212号（1973年）129頁は，「受遺欠格の規定（民法965条・891条）を類推して問題を処理する解釈論」を提唱する。

この起草者意思は維持されなかった。単独行為と契約の相違を重視して，方式は遺贈の規定によるべきではないとする学説が通説化し，判例も同様の解釈をとる。しかし遺贈としての要式性を欠くものが，受遺者の同意があるとされたとたんに契約として有効になるという解釈は，いかにも均衡を欠く結論である。反対説が，「通説判例のいう死因贈与は契約で，遺贈は単独行為だから，方式は遺贈の規定に依るべきでないという理由は形式的なきらいがある」（来栖三郎）[29]と批判するのも無理はない。

　最高裁判例は，方式の点のみならず，さらに進んで，契約であることを理由に撤回権を制限するに至っている。最高裁昭和47年5月25日判決（民集26巻4号805頁）は，贈与者の最終意思を尊重して，「死因贈与については，遺言の取消に関する民法1022条がその方式に関する部分を除いて準用される」としたが，最高裁昭和58年1月24日判決（民集37巻1号21頁）は，訴訟における和解によって所有者となった者が処分をしないことと死因贈与を約した事案において，死因贈与を取り消すことはできないと判示した。この事案は，所有者名義を与えながら一切の処分権を行使しないことを約した和解契約そのものに問題があり，事案の結論としての妥当性はあるケースであったが，同様に死因贈与を取り消せないとした最高裁昭和57年4月30日判決（民集36巻4号763頁）は，結論としても妥当なものではなかった。この事案は，被相続人が長男が負担を履行した場合には全相続財産を長男に与えるとの死因贈与契約を締結し，遺言では二男と三女に遺贈したものである。長男が先履行した負担は多額ではなく，扶養義務の履行と評価できる程度の負担（毎月3000円とボーナスの半額）であったが，最高裁は，「贈与者の最終意思を尊重するの余り受贈者の利益を犠牲にすることは相当でない」として民法1022条，1023条の準用を否定した。

　フランス民法であれば，負担が先履行とされるこのような贈与は，贈与と性質決定されないであろう。負担付贈与は，贈与を実際に得た受贈者が贈与者に年金を支払うような場合に行われるものであって，負担の先履行によっ

---

29)　来栖三郎『契約法』（有斐閣，1974年）228頁。

て贈与される権利を確実に獲得するものではない。この判例は，贈与や死因贈与，ひいては相続に対する理解が浅く，あまりに形式的な契約概念でのみ解釈されたといわざるを得ない。

　ドイツ民法やフランス民法において，死因処分は，限定的にしか認められない。死者が自らの死後に指示できることは遺言事項によって限定されている。たしかに，フランス法には，フランス民法791条，1130条という相続に関する契約の禁止を明示する条文があるが，日本法にはこのような条文はない。しかし相続放棄を家庭裁判所への申述にかからしめた民法938条，遺留分の事前放棄を家庭裁判所の許可にかからしめた民法1043条から，論理的には，同様の原則が日本民法にも認められるだろう。将来の相続に関する契約を許すと，遺言の自由，最終意思を実行する自由は失われる。遺言の自由は，近親者が身近にいて関与してくれるために，法が高齢者に与えた「控えめな武器」だともいわれる。そして将来の相続財産に関する契約の禁止はこの要請に応じた公序則であるために，絶対無効とされる。

　このような相続法のいわば公序感覚が，日本法には薄かったのはなぜだろうか。ひとつは，理念の力であろう。契約自由の原則をはじめ，単独行為である遺言は撤回自由であるが，相手方のある契約は拘束力があるというような民法の原理的な発想が，母法以上に，大原則になってしまう傾向がときとしてあるように思われる。例えば，過失責任主義から導かれる責任無能力概念が，母法であるドイツ法やフランス法よりも極端に立法化されたように[30]。そしてそれらの概念に比べると，慎重な法益衡量によって複雑にバランスをとって線を引かれている制度などは，より理解が難しかったのかも

---

30) ローゼンクランツ・前掲注11)73頁は，「日本では，司法判断を下すさいに事実と動機を区別することはない。だから，事情によって罪を軽くすることもない。たとえば，罪人が逃亡すると，たとえ責任がなかったとしても看守は死刑に処せられるし，馬車の御者が人をひいて死なせようものなら，御者は殺人を犯した者とみなされて処刑される」と述べる。このような伝統になじんでいた明治民法起草者にとって，過失責任主義や責任無能力という概念が，母法国における以上に例外のない貴重な原則と受け取られたことがあったのではないか。水野紀子「精神障害者の家族の監督者責任」町野朔先生古稀記念『刑事法・医事法の新たな展開(下)』(信山社，2014年)249頁。

しれない。

　また，背景にあるインフラがもたらす制度的な保障によって担保されている法益保護の仕組みが，そのインフラを持たない日本人にはぴんとこないということもあろう。母法の生前贈与は，公証人によって行われる半ば公的な行為である。遺贈の要式性とその意味も，最近に至るまで遺言の習慣を持たなかった日本人にはなじみがない。しかし，公証人が関与して贈与や遺言執行や遺産分割が行われることの意味は無視できない。また，日本法の遺留分に対しても，被相続人による弱者保護を可能にすべきであるという観点から立法論的な批判が行われることがある[31]。しかし英米法のように遺留分を一挙に廃止するには，大陸法はまだまだ遠いようであり，最近，ドイツ連邦憲法裁判所は，子の要扶養性に関わりなく，平等な遺留分を憲法上の権利として認めた[32]。フランスでは2006年改正法が遺留分の放棄を承認して被相続人の自由度を増やしたが，これは，障害者である相続人などに手厚く遺すことを可能にするためであったといわれる。この点についてはフランスにおいても，2006年改正法が事前の遺留分放棄を認めたことを危惧し，公証人には被相続人を倫理的に自制させることはできないと心配する意見がある[33]。とはいえプロフェッショナルである公証人が権利義務を説明して関与するとき，自ずと限度を超えた無法なことは行われないであろう。明治民法起草時に起草者が「家督相続人ト云フ者ガ立派ナ人間デアッテ，親ノ跡ヲ継イデ十分子供ヲ養育シテ往ク丈ケノ権能ノアル者ナラバ，ソレデモ宜シウゴザイマセウガ，サウ云フ者ハ割合ニ少ナイ」，「馬鹿者ガアッテ愛妾ニミンナヤッテ仕舞ウコトガアルカモ知レヌ」[34]と危惧したようなことは生じない

---

31)　信託法立法にあたってもそのような配慮の必要性が主張された。能見善久『現代信託法』（有斐閣，2004年）11頁など。

32)　これを批判的に紹介するライナー・フランク（神谷遊＝且井佑佳訳）「ドイツ相続法における遺留分の現代的意義——子の遺留分権は時代に適合しているか」同志社法学65巻1号（2013年）269頁。

33)　グリマルディ・前掲注5)71頁など。

34)　法務大臣官房司法法制調査部監修『日本近代立法資料叢書(7)法典調査会民法議事速記録(7)』（商事法務研究会，1984年）854頁（読点は筆者），857頁。

だろう。家族の私的自治に完全に委ねると危険なことが少なくない。裁判所や公証人慣行という家族への重い介入手続によって守られている法益がある。日本では，遺留分の弱体化が弱者保護に資するという保障は，はるかに薄い。

　ばらばらに分断されて混迷の中にある日本相続法を，制度的にどのように構築していけばよいのかは，悩ましい難問である。被相続人の遺産の半ば公的な清算過程として遺産分割を組み直す制度的準備は，日本にはまだない。しかし遺産分割に初めから中立的な法的プロフェッショナルが介入して，紛争化を未然に防ぐ必要性は，日本でも少なくないのではなかろうか。家族の連帯性を保障することによる社会の一般利益と被相続人の自由処分との調整の体系が相続法の公序であると考えると，遺贈と贈与の解釈の可能な範囲も自ずと制約されるであろうし，許されるそれらを確実に把握することも必須となる。現在の遺産分割紛争は，相続人間の利益相反になるので，係争当事者にそれぞれ弁護士がつく必要があるが，中立的な法律専門家が処理する制度のほうが望ましいだろう。家庭裁判所の調停制度を再構築し，素人の調停委員が互譲の精神を説く場ではなく，法的なプロフェッショナルである調停委員が鑑定人の協力も得て法的な結論を客観的に整理する場にする慣行が確立されれば，ひとつの手掛かりに成長していくかもしれない。いずれにせよ，問題の所在を共通認識とするところから，すべては始まるであろう。

2

信託法と相続法
―― 同時存在の原則, 遺言事項, 遺留分

沖野眞已

|Ⅰ. 信託法の制定と相続法|
|Ⅱ. 同時存在の原則|
|Ⅲ. 遺言事項――遺言による財産の「処分」|
|Ⅳ. 遺留分|
|Ⅴ. 小括|

Ⅰ. 信託法の制定と相続法

　平成 18 年 (2006 年) に制定された現行信託法については,「私法秩序」との衝突ないしその可能性[1], なかんずく「相続法の公序」との衝突が指摘されている[2]。水野の言を引こう[3]。

　　相続法の公序は, 遺留分だけにつきるものではない。相続財産が帰属する法主

---

[1] 信託と民法との緊張関係という問題意識に立ち, 相続関係のほか, 法人格と責任財産 (一法人格一責任財産), 所有権の概念などを取り上げる「〔シンポジウム〕民法から信託を考える」信託法研究 36 号 (2011 年) 65 頁以下の諸論稿を参照。

[2] そのような衝突 (の可能性) は, 平成 18 年 (2006 年) 改正前の旧信託法についても存在し, 指摘されてもいたが, 信託の多様な利用可能性を見据え, 高齢者や障害者の財産管理, 保護者の死亡後に遺される者の生活の保障や扶養, 個人での事業や農業の経営などにおける事業承継といった, 家族の, あるいは, 民事の信託についても, 比較的詳細な規定を設けた現行信託法の制定により (寺本昌広『逐条解説新しい信託法〔補訂版〕』〔商事法務, 2008 年〕16 頁参照), その衝突 (の可能性) は一層先鋭化し, また, その制定過程における相続法との関係についての議論 (の手薄さ) に対する強い疑義を呼び起こすことになったと考えられる。

[3] 水野紀子「親族法・相続法の特殊性について」平井宜雄先生古稀記念『民法学における法と政策』(有斐閣, 2007 年) 765 頁〜766 頁。

体がとぎれずに継続することを保障する同時存在の原則をはじめ，私法の根幹を支える相続法の公序の多くは，安易な侵害を許してはならない重要な法理である。しかし残念ながら，そのことも法学界の共有の認識とすることはできていなかったように思われる。

　そのなによりの証左は，2006年12月に信託法の立法がなされたことであろう。信託法改正の議論は，倒産隔離の場面など主として責任財産の切り分けに焦点を置いてなされた。法主体と責任財産を不可分のものとし，財産の帰属する法主体がその死亡にかかわらず連続的に存在することを根幹としている私法秩序との衝突については，ほとんど論じられなかった。条文の文理的解釈からも相続法との関係でも疑義が山積する新信託法91条が示すように，同時存在の原則の重さは自覚されず，公序としては遺留分のみが認識されていたようである。

現行信託法91条の規定化にあたっては，遺留分との関係や後継ぎ遺贈の効力をめぐる議論が意識された。ただし，結果として，遺留分については「相続法の公序」である以上，それを潜脱することはできないという認識では一致したものの，遺留分減殺請求をめぐる詳細等は解釈に委ねられることになった。また，後継ぎ遺贈の効力との関係では，民法上その有効性に疑義があることを前提として[4]，そのために機能的に同様の帰結をもたらしうる順次死亡により受益者（ないし受益）の連続する信託の効力についても疑義があるため，そのような信託――ひいては，一定の財産の経済的利益を時間的に区分して複数の主体に享受させ，後継ぎ遺贈類似の経済的効果の実現を

---

4) 民法上，後継ぎ遺贈の効力については，無効説，有効説，一世代等限られた範囲で効力を認める限定的有効説などが対立している。現在の学説状況は，無効説が有力であるとされている（西希代子「民法の空洞化？――財産承継方法としての信託と相続法」信託法研究36号〔2011年〕91頁，95頁は，後継ぎ遺贈は民法上無効と考えられており，学説上無効説が有力であるとする。また，信託法の立案担当者解説も，信託法制定前夜の状況につき同様の理解を示している〔寺本・前掲注2)259頁〕。もっとも，近時，公にされる文献は，無効説の論拠に批判的な検討を加えるものが多く，無効説を有力と言ってよいか自体揺らいでいるように思われる）。

図ること——を一定範囲で認めることが，信託法91条の明文化のひとつの眼目であった[5]。このように，現行信託法の制定に際して，相続法との関係で個別には強く意識された事項がある。また，一般的・抽象的には，「相続法の公序」を信託によって潜脱することができないというのは信託法の基礎をなしていたと言える[6]。このような点はあるものの，概して言えば，遺留分を除き，相続法との関係が等閑視され，特にその根幹をなす諸原則に立ち戻って検討することなく，立法化がされたという指摘は，現象の描写としてそのとおりであろう[7]。

しかし，問題は，現行信託法の制定における議論の薄さのみにあるのだろうか。例えば，同時存在の原則の重さは自覚されなかったという指摘は，たしかに，現行信託法の制定に妥当すると思われる。けれども，同時存在の原則の重さは，相続法において十分に自覚されているのだろうか。相続法の教科書を紐解くと，同時存在の原則は，言及があるものの，その「重み」について十分な解説がされているようには見受けられない。

より一般的に「相続法の公序」についても，「相続法の公序」を信託によ

---

[5] 寺本・前掲注2)259頁。

[6] 信託法91条に関して，同条に該当する信託が遺留分の規律に服することは前提了解であるというのは，遺留分の制度が公序である以上はそれに服するのは当然であるという考え方の反映である。

[7] 上記の水野の言は，遺留分以外の「相続法の公序」たる諸原則，特に，同時存在の原則の重要性と同原則との緊張関係が意識されないまま，信託法91条が制定されたことを指摘する。同条の検討にあたっても，同時存在の原則との関係が全く登場しなかったわけではないが，たしかに，関心は極めて薄かった。

また，後継ぎ遺贈に関しては，期間を限定した所有権が許容されるか等，所有権絶対の原則や所有権の概念との関係で議論を呼んでいたが，信託の場合には，所有権自体は，受託者にとどまる（実質的には，所有権を受益権に転換し，受益権を設計することでこの問題に対応する）ことから，信託法91条の局面では，所有権絶対の原則や所有権の概念との相克はさして問題視されていなかった。なお，所有権の概念については，期間の限定された，時的に区分された所有権という問題意識のほか，後継ぎ遺贈と異なる信託固有の問題として，権利主体・名義主体ではあるものの，所有者の絶対的権能を潜在的にも有しないという，受託者による信託財産の所有の特殊性が指摘されている（横山美夏「信託から，所有について考える」信託法研究36号〔2011年〕67頁，72頁）。

って潜脱することができないというのは，現行信託法制定の基礎にある考え方であると見られるのだが，遺留分以外の具体的な項目に検討が及ばないままであったのは，遺留分以外に何が「相続法の公序」であるのか自体が鮮明ではないことが与っているように思われる。さらには，生命保険金の扱いなどを見るとき，遺留分でさえも，本当に公序と言えるのか，いかなる意味で，またいかなる範囲で公序と言えるのかという問いが成り立つように思われる。「相続法の公序」を信託によって潜脱することができないという一般的・抽象的言明には，個別事項について「それが公序であるならば」という限定が付されていると言うこともできる。一般的・抽象的言明にとどまった背景には，「相続法の公序」が何であるのかその内実の不透明さ——さらにはそれゆえの理解・関心の欠落・不十分さ——があるように思われる。

そこで，本稿の課題は，次のように設定される。現行信託法は，私法の根幹を支え，安易な侵害を許されるべきでない相続法の公序たる重要な法理について十分な議論がされないまま制定され，同法91条を始め相続法との関係で疑義の多い規定を含んでいると指摘されている[8]。現行信託法についてその侵害やそれとの衝突が指摘される「私法秩序」特に「相続法の公序」とはいかなる意味内容であるのか。そして，信託法の規律はどのような点においてその「公序」と緊張関係を引き起こしているのか。

信託法と私法秩序あるいは民法との衝突については，法人格と責任財産（一法人格一責任財産）や，所有権の概念との相克など，諸種指摘されている事項がある。そしてそれらの事項もまた，信託法と「相続法の公序」という観点から，すなわち相続法の文脈においても，検討する必要があると考えるが，本稿では，具体的な項目としては，信託法と相続法との衝突（あるいはその可能性）や両法の交錯をめぐる具体的な問題としてすでに指摘されて

---

8) 冒頭の引用部分に具体的に挙げられた遺留分や同時存在の原則のほか，水野の別稿では，相続法との相克や矛盾の有無とその克服の可能性・手法について，「無償譲与の受益者の決定ではないか，禁じられた継伝処分か，将来の相続に関する契約ではないか」との問いが投げかけられている（水野紀子「信託と相続法の相克——とくに遺留分を中心にして」トラスト60研究叢書『変革期における信託法』〔2006年〕111頁。問題意識につき，同105頁～106頁も参照）。

いる，次の3つの項目を取り上げる。すなわち，同時存在の原則，遺言事項，遺留分である。

なお，冒頭の水野の言では，信託法91条の受益者連続型信託（ないしは受益連続型信託。以下，同じ）について指摘されているが，指摘に係る点は必ずしも信託法91条に固有の事項ではないと思われる。すなわち，単純な信託でも問題となりうるが，信託法91条の局面である受益者連続型の信託においては仕組みがより複雑で一般にはより長期となりうるため，問題が，その程度と事柄の両面において加重することになり，そのため，問題視されるべき代表的な場面として信託法91条の局面が取り上げられているのであろう。以下でも，必ずしも受益者連続型信託に限定せずに，諸問題を扱う。

Ⅱ．同時存在の原則

冒頭の水野の指摘が示すように，信託法91条の受益者連続型信託は，同時存在の原則を軽視・無視すると言われ[9]，同時存在の原則の軽視・無視は，現行信託法の相続法秩序への配慮の不足の一証左として挙げられている。

しかし，信託法によって，いかなる意味で同時存在の原則が損なわれているのかは明瞭ではないように思われる。これは，ひとつには，そもそも，同時存在の原則の意味やねらい自体が必ずしも明瞭ではなく，同時存在の原則として語られる内容，あるいは同時存在の原則による要請として，複数のものが存在していることに起因していると思われる。

同時存在の原則との抵触が問題視されるときに念頭に置かれる事項には，具体的には次の4つを指摘することができる。①第1に，被相続人からの財

---

[9] 水野・前掲注3)766頁，同・前掲注8)124頁のほか，川淳一「受益者死亡を理由とする受益連続型遺贈・補論」野村豊弘＝床谷文雄編著『遺言自由の原則と遺言の解釈』（商事法務，2008年）153頁注26は，受益者連続型信託において未だ受益権の帰属していない第2次受益者が委託者死亡時において未存在でもよいとされる点について，「要するに，改正信託法91条による処分については，いわゆる同時存在の原則は存在しないというのが条文の素直な解釈であり，立法担当者の見解だということである」と述べる。

産承継において帰属主体が存しない無主の財産を一瞬でも作り出さないという要請，②第2に，被相続人の死亡時に未存在の者は権利を取得しないという帰結，③第3に，被相続人の死亡時に未存在の者が将来権利を取得することが企図されると，それにより，相続人に不確定な義務や負担を課したり，相続による財産承継の円滑を阻害したりしかねないことから，そのような相続人に対する不確定な義務や負担の負荷の防止，相続による財産承継の円滑さの確保というねらいないし機能，④第4に，被相続人の死因処分ができる範囲を被相続人の死亡時に現存する主体までに限定するというねらいないし機能，の4点である。

さらにこれらは，技術的な点と実質や機能の点とに二分することができる。①および②は技術的な面があり，③および④は実質や機能に関わる。

以下，①～④のそれぞれについて，考えていこう。

1. 相続財産の帰属主体の継続性の保障

第1に，相続財産について一瞬（あるいは暫定的）であっても権利主体がいない（無主の）状況を生じることを避け，「相続財産が帰属する法主体がとぎれずに継続することを保障する」という継続性の保障は，同時存在の原則の意義として最も一般的に指摘されるものである[10]。権利義務の帰属主体のそのような空隙は，具体的な権能や責任の帰属（＝誰にその間の具体的な権能や責任を帰せしめるのか）などその間の財産をめぐる権利義務関係に不透明さや不安定さをもたらし，債務の主体や責任財産の主体の不在は債権者の権利行使に対する障害となる。

しかし，この観点からの懸念は，信託については問題とならない。相続財産である甲不動産への信託設定を例にとると，遺言による受益者連続型信託を含め，委託者＝遺言者＝被相続人（S）の死亡時に未存在の者であっても受益者たりうるからといって，相続財産である甲不動産の所有権の帰属において無主の状況が作出されることはない。委託者Sの相続財産である甲の

---

10) 潮見佳男『相続法〔第5版〕』（弘文堂，2014年）9頁。

所有権は，Sの死亡（遺言＝信託行為の効力の発生）により直ちにSから受託者（T）へと承継され，Tの所有者としての地位は，受益者の変動によっても左右されないからである[11]。

そもそも，無主の財産を一定期間とはいえ作出することに伴い，権利義務関係が不透明・不安定となるという事態や，債権者の権利行使の障害となるという事態を防止するという意義が，第1の意味での同時存在の原則にはあり，それは重要な意義であると考えられるものの，相続財産法人の成立などに示されるように，第1の意味での同時存在の原則には多分に技術的な面がある[12]。また，信託の利用は，この技術面での手当てを提供するものと言うことができる[13]。

---

[11] ただし，遺言によって受託者が指定されていない場合や指定された受託者が就任を拒絶した場合（信託5条，6条参照）などSからTへの移転までの間に一定期間の「空隙」が存在する可能性がある。この場合の法律関係については，特定遺贈において受遺者が指名されるべき場合や受遺者が遺贈を放棄しそれによって他の者が受遺者になる場合の扱いが参考になる。信託法の規律では受託者交替の場面に関する信託法75条，74条も参考となろう。暫定的に相続人が承継し，受託者が就任をすると遺言の効力発生時に財産がSからTへ移転したと扱われるものと解される。

[12] 遺言による一般財団法人の設立の場合には，財産の拠出について遺贈に関する規定が準用される。受遺者に相応する財産拠出の相手方である一般財団法人は遺言の効力発生時には未存在であるが，当該財産は遺言の効力発生時から当該法人に帰属したものとみなされる（一般法人152条2項，158条2項，163条，164条2項）。遺言の効力発生から法人の成立までの間の当該財産の帰属という局面での権利能力・法人格の擬制によって継続性を保っていることになる。このような処理が認められていることは，帰属主体の継続性の欠如は，そのような処理をすれば対処ができる程度のものとして捉えられていることを示すものと言うこともできる（帰属主体が存在しない空隙の防止という限りでは，同時存在の原則は，理論的ドグマであって，それによる不都合は観念的なものにすぎず，絶対の原則とは考えられないとする，末弘厳太郎「同時存在の原則に対する疑ひ」同『民法雑記帳』〔日本評論社，1940年〕268頁，273頁～274頁も参照）。ただし，このような一般財団法人の設立の処理に関する限りでは技術的な手当てで対処可能なものと捉えられていると言うことができるとしても，胎児や設立中の法人などごくわずかな期間の間隙にとどまる場合と，そのような限定のない，暫定性の希薄な場合とを当然に同列に扱うことができるかについては，留意する必要があろう。

2. 法律行為の効力発生時に未存在の者への権利の付与

　第2に，被相続人の死亡時に未存在の者は被相続人の権利を承継・取得しないというのが，同時存在の原則の内容ないし帰結である。

　信託法 91 条に関して同時存在の原則の軽視・無視として問題視されているのは，相続財産につき一瞬無主の状況が生じること（前記①）——信託については上記のとおり受託者の存在により無主の状況が生じない——ではなく，相続開始時に受益者が未存在であってもよいという，この②の点である。その権利（あるいは権利取得）の発生原因である法律行為の効力発生時に未だ存在していない者に，受益者としての権利や地位が付与される点を問題視するもので[14]，この第2の意味で捉えられる同時存在の原則は，相続に特有のものではなく，権利能力の派生命題であると考えられる[15]。

　信託の場合，未存在または不特定の者を受益者として信託を設定することができ，また，信託行為の効力発生時に現に受益者が存しない，つまりすべての受益者が未存在または不特定である信託も認められている（信託 89 条〔受益者指定権等〕，123 条〔信託管理人〕参照）。したがって，例えば，委託者（S）の最初の孫を受益者とする信託は，信託行為の効力発生時，信

---

13) 例えば，将来生まれる孫を受益者とするという単純な信託の場合，遺贈によるときは，被相続人・遺言者死亡時に懐胎さえされていない孫への遺贈は，第1の意味での同時存在の原則に抵触しうるのに対し，信託により，受託者を相続財産の移転先とすることで，この抵触を回避することができる。遺言によって，特定の甲不動産につき信託が設定され，その収益についての受益者が，第1次，第2次，第3次にわたって指定され，それぞれの死亡によって受益者が順次連続していく信託の例において，それらの受益者が，遺言の効力発生時・被相続人の死亡時に未存在であるときについても，同様である。

14) 信託法 91 条の定める受益者連続型信託の場合に，いずれの受益者も，受益権は原始的に委託者から取得するという点（寺本・前掲注2)260頁注5）を捉えて，委託者からの承継取得であると構成するなら，前主である委託者の死亡時に承継者である受益者が存在しない状況を生じさせるもので，主体の継続性が損なわれる，と考えられているのかもしれない。しかし，少なくとも，委託者が受益権を有していた（それが時的に分割譲渡された）というわけではない。考えられるのは，委託者の有した（信託財産となるべき）相続財産を基礎に派生的なあるいは支分権的な権利の設定という構成であろう。これは——そのような設定の可否が問題となるが——，①の継続性ではなく，②の面での問題である。

の効力発生時，委託者死亡時に孫が未懐胎であっても効力を妨げられない。しかも受益者の受益権取得には受益の意思表示を要しない（信託88条1項本文）。

この場合，たしかに，一見受益権が未存在の者に与えられているようであるが，形式的には，受益者が存在するようになることが受益権発生の停止条件となっていると解することができ，受益権という権利が帰属主体空席のまま存在しているわけではない[16]。このように，信託の場合，第2の意味での同時存在の原則との抵触も生じていないと考えることができる。

3. 相続による承継の早期の円滑な決定

第3に，同時存在の原則には，前記②の半面において，つまり，被相続人

---

[15] 法律行為の効力発生時に未存在の者に当該法律行為に基づき権利を取得させることができるかは，例えば，第三者のためにする契約（民537条）でも問題となりうる。2015年3月31日に第189回国会に提出された「民法の一部を改正する法律案」は537条2項として，「前項の契約は，その成立の時に第三者が現に存しない場合又は第三者が特定していない場合であっても，そのためにその効力を妨げられない」という規定を設けている。同法律案（以下「改正法案」という）に至る法制審議会民法（債権関係）部会における審議の過程において公表された「民法（債権関係）の改正に関する中間試案」（平成25年〔2013年〕2月26日決定，7月4日補訂）においては，第三者のためにする契約につき「その締結時に受益者が胎児その他の現に存しない者である場合であっても，効力を生ずる」旨の明記が提案されていた（第31の1(2)）。その後の要綱や改正法案においては胎児という例は削られ「現に存しない」という表現のみとなっている。従前，第三者のためにする契約において，契約成立時に受益者が未存在であったり不特定であったりする場合でも，第三者のためにする契約の成否は左右されないとされていたが，これは，胎児や設立中の法人など存在直前の者を念頭に置いて説かれていたのであり，およそ未存在の者を広く意味するのかは解釈の余地がありえた。改正法案の下でも解釈可能性は残るが，胎児への言及の削除により，より一般化して解する余地が広がったと思われる。

なお，第三者のためにする契約の場合には，受益者の権利は，受益者が受益の意思を表示した時に発生し（民537条2項，改正法案では537条3項），受益の意思表示前の法律関係は，条件付権利の取得ですらない。受益の意思表示を要しない（信託88条1項本文）信託の受益者の場合とは状況が異なる。

[16] 権利能力の制度から，未存在の者が停止条件付きであっても受益権を取得することはなく，受益権は受益者となるべき者が存在して初めて発生すると構成せざるを得ない。権利能力と抵触しない形の法律構成は，ここでも多分に技術的である。問題はむしろ，法的人格の発生自体を停止条件とした権利を設けることができるかという点にあるのかもしれない。

死亡時に権利能力を有する者（胎児については擬制）に承継資格者を限定することで，遺贈の効力や法定相続の対象財産の範囲について可及的速やかに確定を図る意味がある[17]。同時存在の原則との関係では，遺贈についても，被相続人の死亡時に未懐胎の孫を受遺者とする遺贈の有効性をめぐって議論がある[18]。その議論において，相続人に不確定な義務を課すことの不当性と，受遺者の承認や放棄を速やかに確定させようとする民法の趣旨（民987条）が指摘されていることが注目される[19][20]。これは，同時存在の原則が，被相続人死亡時に権利能力を有する者（および胎児）に承継資格者を限定することで，主体の突然の消滅の事態にあって権利義務の承継を速やかに行う

---

[17] 同時存在の原則の内容の捉え方次第であり，これらは同原則とは別の考慮であるという位置づけもある（中川＝泉編・後掲注19）220頁［阿部］，また，幾代・後掲注18）193頁参照）。

[18] 明治民法は否定説を前提に制定されている（昭和22年改正前の旧規定1096条に関し「民法修正案理由書〔第4編親族 第5編相続〕」〔明治31年，『日本立法資料全集別巻32』（信山社出版，1993年）〕347頁〔遺贈の効力がはなはだ不確実であることを理由とする〕，梅謙次郎『民法要義巻之五』〔有斐閣，1984年（大正2年版復刻）〕349頁〔遺言によりある権利をある人に与えようとする場合にその権利は必ず遺言者の死亡の時から生ずるところ，主体なき権利は成立することができないので遺贈は成立しない，とその論拠を説明する〕。なお，法典調査会では，このような遺贈の可否が論じられている）が，その後の学説では両論がある。なお，否定説の側から，同時存在の原則に反することも根拠のひとつに掲げられている。学説の状況につき，幾代通「いわゆる同時存在の原則は相続についてどのように適用されるか」幾代通ほか『民法の基礎知識(1)』（有斐閣，1964年）192頁，196頁〜198頁，阿部浩二「包括受遺者の地位」中川善之助教授還暦記念『家族法大系Ⅶ』（有斐閣，1960年）216頁，217頁注3，中川善之助＝泉久雄『相続法〔第4版〕』（有斐閣，2000年）568頁，576頁注13，参照。

[19] 阿部・前掲注18)218頁注3，中川善之助＝泉久雄編『新版注釈民法(26)』（有斐閣，1992年）220頁［阿部浩二］，中川＝泉・前掲注18)576頁注13，前掲注18)「民法修正案理由書」347頁。

[20] ①の継続性の点は，受益者（受遺者）が登場するまで相続人が財産を承継することにより，また，②の未存在の者の権利取得の点は，受遺者の人格発生を停止条件とする停止条件付遺贈と構成することで，抵触を回避しうると論じられている（幾代・前掲注18)197頁参照）。これは，いったん相続人を経由して権利移転が行われるものを受益者への遺贈と見ることができるか（ただし，一般財団法人の設立の場合のように遡及効を認める可能性がある），また，そのような処分が遺言による処分として認められるのかという遺言による財産処分の範囲の問題を生じさせるように思われる。これに対し，信託の場合には，相続財産は直接受託者に移転するため，この問題は生じない。

べく，遺贈の効力や法定相続の対象財産の範囲を可及的速やかに確定するねらいや機能を有していることを示唆しているからである。

　遺贈の場合には，当該遺贈が有効であるとしても，受遺者の未存在が確定したとき，または受遺者が存在することになったが（すべての受遺者が）放棄をしたときは，遺贈は遡及的に失効して，遺贈の目的財産は相続財産に復し法定相続によって承継を決すべき財産となる（民995条参照[21]）。このため，受遺者の未存在が確定するか，または，受遺者が存在することとなったときは受遺者が承認・放棄を明確にするまでは，相続による承継は確定しないこととなる。

　これに対し，信託の場合は事情が異なる。未存在の受益者があるゆえの不確実さは受託者が引き受けており，相続人に不確定な義務を課すことの不当性はあたらない。また，信託の場合には，いったん信託の効力が発生すると，信託行為そのものに無効事由があるなどの場合を除き，信託財産は相続財産から確定的に逸出するのであって，遺贈の場合の上記のような不確定さからは免れている。すなわち，受益者の未存在が確定し，または受益者が存在することになったが受益権が放棄された場合，不発生となり，または遡及的に失効するのは受益権の取得である（信託99条）。それによって信託目的が不達成となりうるが，その場合にも信託は遡及的に失効するのではなく，終了し，清算を経て，帰属権利者に財産が交付される（信託163条1号，177条4号，182条）。例えば，将来生まれるかもしれない孫を受益者とする信託において，孫がおよそ生まれないことが確定して信託が終了したというように，一度もおよそ受益者が現存しなかった場合であっても，信託行為の効力が発生し，受託者は信託財産の管理を開始し，信託事務処理が行われているから，

---

[21] 民法995条によると，遺贈が放棄により効力を失ったときは受遺者が受けるべきであったものは（他の受遺者ではなく）相続人に帰属する。同条にいう相続人への帰属が，相続財産へと復帰するということなのか，それとも，相続人という属性を持った主体の帰属となるということなのか，特に後述する信託との対比では問題となりうるが，遺贈が無効である場合も同条の規律対象としていることからすると，相続財産からの逸出が否定され相続財産に回復される（当初から逸出しなかったこととなる）というのがその意味であろう。

信託は，不成立ないし無効となるのではなく，目的不達成により終了し，清算が行われ，信託財産は帰属権利者に帰属する。帰属権利者は，信託行為に定めがない場合や指定された帰属権利者がいずれも権利を放棄したときは，委託者またはその相続人が帰属権利者となる（信託182条2項。その旨の定めが信託行為にあったものと擬制される）が，委託者（被相続人）の相続人が帰属権利者となることは，当該信託財産が相続財産へと復することを意味するわけではなく，あくまで委託者の相続人という主体が残余財産の帰属先になることを意味する。

4. 被相続人による処分範囲の限定

　第4に，同時存在の原則には，被相続人による（死因）財産処分の範囲を限定する意味がある。すなわち，死亡による法主体の消滅に伴う権利義務の承継という相続の場面において，被相続人の財産の承継は，自らがもはや権利能力を喪失し，法主体性を失った後の権利義務関係に関わる。そこには，生前の権利者であったことに基づいて，死者がどこまで自らの死亡後の財産の流れをコントロールできるのか，どの範囲でそれを認めるべきなのかという問題が横たわっている[22]。この問題に関し，同時存在の原則は，被相続人の死亡時に未存在の者（胎児や設立中の法人は例外となる）は，――相続人となりえないほか――被相続人の財産処分によって権利を取得できないという帰結をもたらす。これにより，同時存在の原則は，自らの死亡の時点において主体として存在していた者については処分先とできるが，未存在である者については処分先とできないという限界づけを示していると考えられる[23]。死亡時に存在していない以上，そのような主体が生じるかどうかはもはや死者の認識の及ばないところであり，そのようにその存在について死者の認識の及ばない主体に対して財産を取得させていくことまでは死者には

---

22) 川淳一「受益者死亡を理由とする受益連続型遺贈」野村＝床谷編著・前掲注9)19頁，29頁〜30頁。
23) 前掲注1)136頁［水野紀子］，参照。

許容しないという政策判断が採られていると見ることができよう。

　同時存在の原則の要請をこのように捉えると，政策判断・価値判断としてその当否自体が問われることになる。信託が問題視されるのはまさにこの点にあると考えられる。

　信託について見ると，死者のコントロールの限界づけは，特に家族・民事の信託において，よく知られる問題であり，信託法91条の制定にあたっては，この政策判断の点が意識されていた。すなわち，同条は，複数の受益者が順次，それぞれの死亡を契機として，しかし，受益権の承継の形ではなく，信託行為によってそれぞれが原始的に受益権を取得する形で，信託が設定されたとき，そのような信託も有効であることを明らかにしつつ，同時に，その終期を定める規定である。同条は，信託法改正要綱の段階においては，ある時点で現存している者を超えてその後に主体として登場する者についてまでは，委託者は財産のコントロールを及ぼすことはできないという考え方によった上で，基準となる時点を信託がされた時から30年経過時に設定するものであった。この点の要綱の立場は法文化の段階で貫徹されず，現行信託法91条の形に表現が改められた[24]。信託法91条のいささか難解な日本語は複数の解釈論を生んでおり，なお信託法改正要綱の考え方を解釈論として主張する余地があると思われる。ここでは，信託法91条をめぐる解釈論の当否を問題にしたいわけではない[25]。ただ，いずれの見解にあっても，委託者の処分が及ぶ範囲を一定の範囲の者までに限定し，死者によるコントロールに終期を設けるという発想は共通するという点を指摘しておきたい。

　信託法91条は，信託が設定された時から30年が経過した時点を終期を定めるための標準となる時点——終期そのものではない——としている。これは，委託者の死亡時とは連動しない。同時存在の原則が④の意味で理解され

---

[24] 寺本・前掲注2)262頁注7参照（このような変更は，信託法改正要綱に基づく立案作業の段階で，ある時点までに出生していたか否かで権利の帰趨が決まるという立法は法制上望ましくないという判断がされたため，という）。

[25] 信託法91条の解釈論の詳細については，沖野眞已「受益者連続型信託について」信託法研究33号（2008年）33頁，35頁以下，特に39頁以下参照。

るとき，死亡時よりも後に登場する主体に権利の取得を認めることとなる点は，同原則と抵触する。そのために——そのような帰結は「相続法の公序」に抵触するゆえに——そのような帰結が認められないとすれば，信託法91条の解釈として，委託者の死亡時より後に存在することとなった受益者の受益権取得の場合を除外するという制限的な解釈が要請されることになろう。
これに対して，別の考え方もありうる。むしろ，信託法91条は，同条の受益者連続型信託によるときはそこまでの処分を許容するという判断に基づいたものであるという理解である。すなわち，信託によることで，同時存在の原則の①から③までに対しては対処を図り，信託財産となる財産について帰属主体の継続性を確保し，相続人の負担を防止し，相続による財産承継の速やかな確定を妨げることのない形を保障した上で，④の同時存在の原則から要請される，死亡時に現存しない者に権利を取得させることはできないという，ある主体が財産の権利者としてできる処分の限界づけを若干緩和することを認め，特に，受益者連続型信託の形をとるときについて具体的にその限界づけを明文化したのが，信託法91条であるという考え方である。
いずれの見解を妥当とすべきだろうか。被相続人の死亡時（まで）に現存しない者に被相続人の権利・財産を取得させることはできないという政策判断の当否自体が，相続法の問題として改めて問われる余地があるのではなかろうか。

Ⅲ．遺言事項——遺言による財産の「処分」

信託法と相続法の抵触の可能性が指摘されている2つ目の項目として，遺言事項を取り上げる。より具体的には，遺言による財産の「処分」として何が認められているのかに関わる。遺言による財産の設定的処分の問題である。

1．遺言による財産の設定的処分

信託法は，遺言による信託の設定について，（受託者となるべき者に対して）「財産の譲渡，担保権の設定その他の財産の処分をする旨」を遺言することができると定め，信託の設定という形であれば，遺言による財産の処分

として，担保権の設定が可能であることを明らかにしている（信託3条2号）[26]。これに対し，民法上，遺言による財産の処分に関しては，民法964条本文が「財産の……処分」と定めるのみであり，担保権の設定が認められるかは，この「財産の……処分」の解釈に委ねられている。詳細な議論はないものの，少なくとも従来は否定的に解されてきたように思われる。そうだとすると，信託法は，民法上は認められていない遺言による財産処分を，信託であればできるとしたものだということになり，なぜ，民法上は許容されていないものが信託ならできるのかが問われることになる[27]。

その理由を明らかにするためには，まず，民法上の遺言による財産の処分において，担保権の設定が否定される理由を明らかにする必要がある[28]。しかし，その理由は明瞭とは言い難い。さらには，担保権の設定だけではなく，用益権の設定を含めた設定的処分について，遺言によるその可否や範囲について，民法の理解自体がはっきりしていないように思われる。

---

26) 旧信託法は，信託は遺言によってすることができ，また，信託とは「財産権ノ移転其ノ他ノ処分ヲ為シ」他人をして一定の目的に従い財産の管理・処分をなさしめることと定めていた（旧信託法2条，1条）。旧法下の解釈論として，「其ノ他ノ処分」には担保権の設定が含まれうると解されていたが，遺言による設定の場合についてもそうであるかは判然としない。条文上は，遺言による信託設定の場合の「処分」とは何かを問う余地があった。
27) 道垣内弘人「遺言でもしてみんとてするなり」法教332号（2008年）120頁〜121頁。
28) この問題を指摘した道垣内は，①民法上の遺贈（民964条）と遺言による信託設定との違いによる正当化，②民法上の遺贈についての解釈論の見直し，③信託法3条2号の制限的解釈の3つの可能性を示している（道垣内・前掲注27）121頁）。いずれについても，すなわち②や①はもとより，③であっても，民法上，担保権の設定は遺言による処分としてはなしえないとされる理由が問われることになる。

　先取りして述べれば，①の理由を見出すのは困難なように思われる。現行信託法の制定にあたり，民法上，遺言によって担保権の設定をすることができるかどうかが検討され，民法上の扱いと異なる可能性を踏まえて，自覚的に，信託法3条2号が設けられたという事情は見出せない。むしろ，信託契約による場合に信託の設定としてできる処分に関する信託法3条1号の表現が2号においても繰り返されたということのように思われる。③については，「担保権の設定」という明文を否定する解釈となるため，これもいささかハードルが高い。この解釈を導くとすれば，信託契約でできる処分がそのまま遺言でできる処分であるという態度決定が積極的になされているわけではなく，むしろ，処分の外延を示すものであって，遺言によりできない処分は同号の下でもできないことを前提とするものと解釈することになろうか。

担保権のほか用益権にも目を向けて，相続法，物権法それぞれの説明を見よう。

2. 相続法における理解

まず，相続法の教科書等において，抵当権の設定が遺言でなしうる事項（遺言事項）か否かについて言及するものは稀である。民法964条の財産の処分については，一般に遺贈を指すものと解釈され[29]，平成16年（2004年）の民法改正によってその旨の見出しも付されている。しかし，法文上は「財産の」「処分」であるから解釈の余地が残っている。また，同条が遺贈についての規定であるとしても「遺贈」とは何かについて講学上の定義にも曖昧さがある。すなわち，「財産が……移転すること」というように「移転」の側面を打ち出すものもあれば[30]，「自己の財産を与える処分行為」というように必ずしも移転に限らない含みを持たせるもの[31]，さらに「財産法上の利益を与えるもの」というように被相続人の財産をそのまま与える形ではないことに一層の含みを持たせた表現をするもの[32]がある（下線，沖野）。遺贈の概念に関しては，（ア）そのままの形で財産を移転する処分に限定される，（イ）財産の質的な一部や当該財産を基礎とした利益を与えること，例えば，地上権等や抵当権の設定的な処分も遺贈に含みうるといった理解がありうるが，上記の遺贈の定義の仕方の違いがこの点についての見解を反映する

---

29) 伊藤昌司『相続法』（有斐閣，2002年）88頁は，民法964条は，立法当初から遺贈についての規定であると考えられてきたこと，しかし，遺言による財産処分を拡大する意図から限定のない一般規定であるという見解も現れていることを指摘しつつ，民法の他の規定から，民法が遺言による財産の処分として想定する中核は遺贈であり，（個別に明文があるものを除き）それ以外の財産処分を民法は想定していない，とする。この場合も，「遺贈」としてどのような財産処分が含まれるかという「遺贈」の内実の問題は残る。
30) 中川善之助＝加藤永一編『新版注釈民法(28)〔補訂版〕』（有斐閣，2002年）47頁［中川＝加藤］。
31) 中川＝加藤編・前掲注30)47頁［中川＝加藤］，潮見・前掲注10)262頁，窪田充見『家族法〔第2版〕』（有斐閣，2013年）468頁。
32) 星野英一『家族法』（放送大学教育振興会，1994年）165頁，島津一郎＝久貴忠彦編『新・判例コンメンタール民法15』（三省堂，1992年）258頁［加藤永一］。

ものかは明瞭ではない。

相続法の教科書等で明示的に抵当権の設定に言及するのが,「遺言によって抵当権を設定するなどということは許されない」とする中川＝泉である[33]。ただし,遺言で抵当権設定ができない理由は示されていない（むしろ当然視されているようである）。なお,用益権の設定については立場自体が不明である。

3. 物権法における理解

遺言による担保権の設定は,法律行為による物権の設定であり,相続法と物権法の両方にまたがる事項である。そこで,物権法の教科書等を見ると,状況はいささか異なる。相続法では,抵当権の設定は否定され,地上権等の用益権の設定については沈黙したままであるという状況であると見受けられる。これに対して,物権法の教科書等では,抵当権については,一般的に,その設定行為は契約であるとされているが,用益権については遺言によることもできるとするものが相当数ある[34]。もっとも,その区別の理由は判然としない。

---

[33] 中川＝泉・前掲注18）492頁。第3版（1988年）までは「遺言による抵当権の設定契約などということは許されない」（第3版456頁）とされており,抵当権は契約でしか設定できないことを前提とした記述のように見受けられる。しかし,抵当権を設定する法律行為が契約に限定される理由は示されていない。

[34] 例えば,我妻は,抵当権の設定については,抵当権設定契約によって設定されるとのみ記述するが,地上権,永小作権,地役権については遺言でも設定することができるとし民法964条を引いている（我妻栄『民法講義Ⅲ新訂担保物権法』〔岩波書店,1968年〕227頁,同〔有泉亨補訂〕『民法講義Ⅱ新訂物権法』〔岩波書店,1983年〕347頁,397頁,418頁）。条文を挙げず遺言によっても設定ができるとするものに,川島武宜＝川井健編『新版注釈民法(7)』〔有斐閣,2007年〕871頁〔鈴木禄弥〕（地上権）,917頁〔高橋寿一〕（永小作権）,948頁〔中尾英俊〕（地役権）がある。担保については,柚木馨＝高木多喜男編『新版注釈民法(9)』〔有斐閣,1998年〕9頁〔高木〕が,抵当権は,抵当権設定契約によってのみ成立しうるとし,遺言によって成立する遺言抵当権（旧民法債権担保編212条）は認められていないとする（なお改訂版の記述も同様である〔改訂版（2015年）9頁〕）。質権の設定については,質権設定契約のみが挙げられ,遺言は意識されていない（林良平編『注釈民法(8)』〔有斐閣,1965年〕233頁〔林〕）。

4. 民法典制定時の理解

立法時に遡ると，現行民法典の制定時には，用益権はもとより抵当権を含め，設定的な処分も遺言によってなしうると解されていた。条文上の根拠は，176条の「意思表示」に当然に遺言も入るという理解のようである（後述。現行民法964条に相当する規定についての検討においてはこれらについての言及はない）。すなわち，「民法修正案理由書」や法典調査会での検討，起草者による解説においては，地上権，永小作権，地役権は契約のほか遺言によっても設定することができる旨が明言されている。また，担保権については，質権の場合には物の引渡しを必須とするため，遺言だけではなしえないのに対し，抵当権についてはそのような事情はなく遺言によっても設定ができると説明されている。特に抵当権については，旧民法が遺言による抵当権の設定の場面を「遺贈ノ担保ノ為メ又ハ第三者ノ債務ノ担保ノ為メ」に限定していた（不動産質権にもその規定が準用される。債権担保編203条，212条，119条2項）のに対し，そのような限定を不要として一般的に遺言による抵当権の設定を認めるという立場に転じており，しかも，物権変動の総則規定（民176条）がその根拠とされていることが注目される[35]。現行民法典の制定時には，民法176条を根拠に，用益権はもとより抵当権を含め物権の設定的な処分も遺言によってなしうると解されていたと言える。

5. 現行法の解釈

現行法の解釈として考えたとき，民法176条の「意思表示」に遺言が含まれるという解釈は，民法964条の存在や遺言事項法定の考え方からは，採り難いと思われる。物権法の教科書等において用益権について遺言により設定ができるとして，示されている条文上の根拠は，民法964条である。遺言事項法定という考え方からは，同条の「処分」として担保権や用益権の設定が可能かどうかが解釈問題となる。法文上は解釈の余地が残っているが，前記2のとおり，一般に，同条は遺贈についての規定であると解され，平成16年（2004年）の民法改正によってその旨の見出しが付されることでこの解釈は一層強固になったように思われる。

仮に同条の「処分」を遺贈に限らないと解するならば，抵当権であれ地上

権であれその設定は財産「処分」と言えるので，少なくとも文言上は同条の範疇と言える。これに対し，同条は遺贈のみを定めるものであるという立場に立つ場合に，当然に抵当権や地上権の設定を含まないと解釈されるわけではない。「遺贈」の講学上の定義にも曖昧さがあることは否めない（前記2）。「遺贈」とは何か，抵当権や地上権の設定を「遺贈」の一種と言えるかが問題となる。地上権や地役権に関し，所有権の「支分権」という構成や所有権者の権利の一部の譲渡とする説明も見られる[36]。そのような説明に立脚するなら，これらを「遺贈」の一種ないし範疇と捉えることもできよう。また，地上権と抵当権とを区別し，地上権は所有権の「支分権」あるいは所有権者の権利の一部譲渡であるが抵当権はそうではないとする考え方もありうるの

---

35) 広中俊雄編著『民法修正案（前三編）の理由書』（有斐閣，1987年）277頁〜278頁［理由書の頁は217頁〜218頁］，291頁［231頁］（地上権，永小作権につき契約以外の設定行為を認める），303頁［243頁］（地役権につき遺言によることができるのは当然とする），354頁［294頁］（遺言による抵当権設定につき旧民法のように場面を制限せず一般的に認めるものだが，明文を要せず，176条――177条とあるが内容からは176条であろう――から当然に認められるとする）。法典調査会では，これらの点が議論にはなっていないが，その旨の言及が起草者によってなされている（永小作権に関し，法務大臣官房司法法制調査部監修『日本近代立法資料叢書(2)法典調査会民法議事速記録(2)』〔商事法務研究会，1984年〕〔以下「商事法務版・法典調査会議事速記録二」〕197頁・200頁・232頁［ともに梅発言］，地役権に関し，同265頁・271頁・286頁［梅発言］。不動産質権について遺言による設定を定める旧民法債権担保編119条2項の削除理由として，占有を要するため不動産質権は遺言では設定できないとする，商事法務版・法典調査会議事速記録二・677頁［富井説明］。また，遺言による抵当権の設定については，旧民法債権担保編212条の規定は，物権総則の意思表示によって設定できるという規定中「意思表示」には遺言が含まれるので，あえて別に規定を設ける必要はないこと，旧民法典は自己の債務を担保するために抵当権を設定することを禁じていたが，禁ずるまでもないと考えられることから，そのような規定は置かなかったのであって，遺言による抵当権設定を否定するものではなく，旧212条を削除した場合，遺言によって抵当権を設定することができることは明らかであろうと説明されている〔商事法務版・法典調査会議事速記録二・776頁〜777頁［梅説明］］）。梅謙次郎『民法要義巻之二』（有斐閣，1984年〔明治44年版復刻〕）229頁（地上権），271頁（地役権），426頁〜427頁（質権。遺言によるときは質権の設定を定めても物の引渡しは相続人が行いこの時に初めて質権の設定があり，これは相続人と債権者との間の契約によっているという理解から，遺言による質権の設定を否定する），506頁（抵当権）。

36) 広中編著・前掲注35)279頁，303頁［理由書の頁は219頁，243頁］参照。

かもしれない。

　地上権等の用益権と抵当権との間で線を引く理由としては，このほか，地上権等の用益権と抵当権との違いとして，次の諸点に着目することが考えられる。すなわち，(ア)抵当権の設定契約は通常より複雑な契約条件を要するため契約によるべきである（遺言の方式要件との関係もある）。(イ)土地と地上建物を異なる者に遺贈する，あるいは，土地は子孫に与えるが生存配偶者に利用権を与えるなど地上権等の用益権については一定のニーズがあり遺言による処分の必要を支えるが，抵当権の場合は，汲み取るべきニーズに乏しい。抵当権の場合も，受遺者の権利についての担保をあらかじめ設定すること（民991条参照）や，相続債権者の一部に優先的地位を与えることを考えうるものの，それらでは，遺言による処分の必要を支えるほどのものではない。このように(ア)(イ)の違いが考えられるものの，これらが，両者の遺言による処分としての許否の区別を十分に説明しうるかはなお疑問なしとしない。少なくとも，決定的ではなかろう[37]。

6．「負担」付遺贈との関係

　以上に示されるように，民法上，遺言による財産処分として地上権や抵当権の設定などの設定的処分が許容されるのか自体が明瞭とは言い難い。相続法と物権法の両方にまたがる事項であるが，相互を意識した検討や議論はなされておらず，若干の齟齬が生じているように思われる。

---

[37] (ア)については，遺言による一般財団法人の設立など，遺言そのものにより行為が完結するのではなく，遺言による指示を受けて遺言執行者や相続人が定款作成などの行為をすることが想定されるものがあり，遺言執行者や相続人による契約締結を前提とした遺言による処分も考えうる（なお，地上権の場合は法定地上権のように地上権の成立だけを指示し，地代等は当事者の合意に委ねるという扱いがすでに現行法で予定されているのに対し，抵当権の場合にはそのような扱いは想定されていないという違いはある。なお，遺言による処分たりうるかについて，地上権等の場合には地代との関係で無償性の観点からの問題がある）。(イ)については，抵当権の場合に現実のニーズに乏しいと言えるか自体確たることは言えないし，また，民法上は受遺者の権利についての担保供与が想定されていることを勘案すると，相続財産によって担保されることも想定されていると考えうる。

また，抵当権（担保権）の設定が——あるいは，物権法に関して相当数の見解が認めるように用益権については遺言による設定が認められるとすると，それにもかかわらず抵当権の設定については——，否定されるべき理由も不明である。

　仮に，設定的処分一般が許容されないとすれば，そのひとつの説明は，遺言による処分としてなしうるのは，自らが有していた権利が誰の帰属となるかのみであって，新たな権利設定はすることができない，権利能力を喪失する主体がなしうる事項は財産の性質を変えない（無償の）承継・移転的処分（放棄，免除を含む）にとどまるという政策判断である。はたしてそのような判断が自覚的に採用されているのだろうか。少なくとも，起草者見解ではなかろう。ここでも，民法の解釈を問い直す必要があるのではなかろうか。

　また，その際には，負担付遺贈との関係にも留意が必要である。受遺者への移転的処分にあって，地上権の設定や抵当権の設定の実を「負担」として課すことができるのかどうか，「負担」としてできるのであれば端的に設定的処分ができないのはなぜかが問われよう[38]。

Ⅳ．遺留分

　現行信託法の制定において，遺留分との関係は個別に意識された事項である。信託法は，信託であるという一事をもって遺留分減殺請求の対象とならないものではないことを前提として立法されていると言ってよい。そして，現行信託法の制定を契機として，信託設定についての遺留分減殺請求の詳細に関し，議論が蓄積されつつあり，と同時に，見解が対立している[39]。

　対立点を明らかにする例として，次の例が用いられる。すなわち，被相続

---

[38] 遺言によって受遺者の処分権にどこまでの制約をかけることができるのかという観点からの，物権法と相続法の両面からの検討として，石綿はる美「遺言における受遺者の処分権の制限——相続の秩序と物権の理念(1)〜(7・完)」法協131巻2号277頁・3号552頁・4号833頁・5号937頁・7号1362頁・8号1475頁・9号1685頁（2014年）。

人Sは，債務はなく，唯一の財産として定期借地権付マンションの一室（区分所有権。甲）を有している。Sの子AとBのみが相続人である。Sが，甲につき，受託者をT，受益者をBとし，甲の収益をBに給付する内容の信託を設定した。信託の期間は定期借地権の満了までであり，定期借地権満了の時点でマンションは取り壊されることになっている。Sの死亡の時点における当該マンションの一室の価額は4000万円である。また，Bの取得する受益権の評価額は1600万円である[40)41)]。

このとき，減殺の対象，相手方，範囲・効果をめぐって，信託財産説と受益権説との間の基本的な対立がある。一方に，減殺の対象は甲の所有権の受託者への移転であり，減殺請求の相手方は受託者であり，減殺の範囲の決定にあたり遺留分算定の基礎財産となるのは信託財産の価額であって，減殺の効果は信託財産の共有であるとする見解（信託財産説）がある。他方に，減殺の対象は受益権の取得であり，減殺請求の相手方は受益者であり，遺留分算定の基礎財産となるのは受益権の価額（総額）であり，減殺の効果は受益権の共有であるとする見解（受益権説）がある。両説およびその間にはそれぞれさらにバリエーションがある。

上記設例に即した具体的な処理や受益権等の評価等，信託を対象とする遺

---

39) 主要な文献として，水野・前掲注8)122頁以下，川・前掲注9)141頁，道垣内弘人「誰が殺したクックロビン」法教339号（2008年）82頁，同「信託設定と遺留分減殺請求」能見善久編『信託の実務と理論』（有斐閣，2009年）58頁，西・前掲注4)91頁，横山・前掲注7)75頁以下，三枝健治「遺言信託における遺留分減殺請求」早稲田法学87巻1号（2011年）37頁，加藤祐司「後継ぎ遺贈型の受益者連続信託と遺産分割及び遺留分減殺請求」判タ1327号（2010年）18頁。

40) 三枝・前掲注39)45頁による。

41) 特定の不動産についてその不動産の全残存期間にわたり収益を得られる権利の評価額がかくも不動産自体の評価額と乖離するというのは，非現実的な設例ではある。さらに，受益権の評価が，受益債権の評価に尽きるわけではないと考えられることからもこのような乖離は疑問である。受益債権は一定期間にわたり収益を得られる地位であり，そのようなものとして評価されるのに対し，受益権は受益債権を中核としつつ各種の監督権能や変更・終了についての権能を含むものだからである（信託2条7項）。また，一般には，受益権の総額として帰属権利者の地位を考慮する必要もあろう。

留分減殺請求の詳細や，対立する複数の見解の検討は，本稿の目的ではない。ここでは，冒頭の問題設定を基礎として4点を指摘したい。

　第1に，前提として，遺留分制度の適用の局面における信託の性質決定がある。遺言による信託は一種の遺贈とも言われる[42]。問題は誰に対する遺贈なのかである。遺言によってであれ契約によってであれ，信託行為は，委託者から受託者に対する財産処分と受益者の受託者に対する権利取得をもたらす。委託者以外の者を受益者とする他益信託において——信託契約によって行われる場合には第三者のためにする契約のひとつとして整理されることにも現れているように——，委託者が受益者に権利を取得させるものであり，「贈与」ないし「恵与」の性質を有している。また，信託においては受託者は権利や財産の帰属主体であっても利益享受主体ではないことから，「贈与」ないし「恵与」を実質的に見るならば，信託は，受益者への「贈与」ないし「恵与」（および残余財産帰属権利者への財産移転）である。こう捉えるのが上記の受益権説である。

　これに対し，信託財産説は，受託者は固有の地位においては信託財産の利益を享受せず，また，信託行為により受益権の設定や受益者による受益権取得が生じるものの，信託財産が責任財産としての独立性を有することから，信託財産からの利益の享受はいったん信託財産を構成した上で，受益者へと移転するのであるから，利益享受の主体は受託者を帰属名義主体とする信託財産であって[43]，少なくとも遺留分の局面において捉えられるべきは，名義と利益の両面において，信託財産の主体としての受託者への財産処分（のみ）である。こう性質決定をする見解が信託財産説であると見ることができる[44]。

　第2に，遺留分制度が何を保障するのかについて，遺留分制度は「遺留分権者に現在かつ絶対の権利を保障していると考えるべきである」という指摘がある[45]。これは，受益権説に対する批判の文脈において，論じられてい

---

42) 中川＝泉・前掲注18)497頁注2。
43) 横山・前掲注7)74頁。

る[46]。すなわち，生涯にわたる利用権が受益権として特定の者に与えられた場合，受益権を対象として遺留分減殺請求をすると，減殺請求の相手方が価額弁償を選択した（民1041条）ときは，遺留分減殺請求者は金銭の交付を受けることになるが，そうでないときは，その特定の者の生涯の長さで区切られる生涯利用権を共有することになる。しかし，このような事態は，遺留分制度が想定している事態とは考えられない。遺留分制度が本来予定する形で遺留分を保障するためには，減殺請求の相手方が取得した権利は「現在の絶対的な権利」「現在かつ絶対の権利」でなければならず，遺留分減殺請求の対象となるべきは信託設定による受託者への所有権移転である。

しかし，「現在かつ絶対の権利」の意味ははっきりしない[47]。上記の文脈において，特定の者の死亡を終期とする利用権は「現在かつ絶対の権利」ではなく，（区分）所有権の共有持分権は「現在かつ絶対の権利」であるとさ

---

44) 受益権説から，信託財産説に対して，委託者が生前に投資信託を購入し（信託の設定），その受益権を得たときも，遺留分制度の適用においては，それは受託者に対する「贈与」，「恵与」であるとして，投資信託における財産処分を減殺請求することの不当性が指摘されている（前掲注1)128頁［道垣内弘人］）。信託財産説からは，①不当ではなく，受託者が得た金銭の取得につき「贈与」として減殺請求を認めてよい，②委託者が信託財産の拠出に対し受益権を得ているので無償処分ではない——この限りでは，受益権の取得の部分を捨象しきれないことになる——，という応答が考えられる。

45) 川・前掲注9)150頁。

46) 川・前掲注9)148頁，151頁。

47) この指摘に関して，民法1032条との関係を考える必要があるように思われる。1032条は，条件付権利や存続期間の不確定な権利の一部を減殺の対象とすることは，法律関係を複雑・不確定にさせるおそれが極めて強いことから，条件成就等を待つことなく，権利を価格評価し清算することによって，遺産をめぐる当事者の関係を可及的速やかに決着させようとしたもので，その清算方法として，一応これらの権利全部を減殺の対象として評価・鑑定し，超過部分を金銭で減殺者から受遺者・受贈者に給付させるという方法がとられたものと，説明されている（中川＝加藤編・前掲注30)486頁〜487頁［宮井忠夫＝千藤洋三］）。1032条が，金銭による清算を，受遺者・受贈者からの支払ではなく減殺者からの支払とし（したがって，対象権利は受遺者・受贈者には付与されない），また，減殺者と受遺者・受贈者との関係を早期に終了させようとしていることが，減殺による生涯受益権の共有といった事態の招来に消極的な態度をうかがわせるように思われるからである。1032条の意義を含め，考察は他日を期したい。

れているのであるが，仮に，相続財産が不確定期限の付いた利用権であり，それが相続人以外の者（非相続人）に遺贈された場合を考えると，遺留分減殺請求の対象となるのは，不確定期限付利用権であり，減殺請求の結果，その（準）共有の状態が生じる。この場合，遺留分制度が「現在かつ絶対の権利」を保障するという言明から別の帰結（＝〔準〕共有の否定）が導かれることはないだろう（また，価額弁償が選択されれば遺留分権者は金銭を得ることになり，そうでない場合には〔準〕共有となるものの，共有物分割請求によって価格賠償を得る途もあろうから，具体的な結果においても不当だとは言えないのではないか）。そうだとすると，この言明が問題としているのは，特定の者の死亡を終期とする利用権という権利が遺留分減殺請求の対象となることではなく，また，遺留分権者が遺留分減殺請求によって取得する権利が「現在かつ絶対の権利」でなければならないというのでもない。その意味するところは，元の相続財産が（区分）所有権であったのに，遺留分減殺請求の対象および請求の結果遺留分権者が取得する権利が生涯利用権になるという，その変転であり，「現在かつ絶対の権利」の保障というのは，信託前にあった相続財産の状態での権利を遺留分権者に保障するという意味であると考えられる。ここには，被相続人が行いうるのが——遺留分制度との関係においては——単純な移転的処分に限られるという考え方が基礎にあると考えられる。

　第3に，遺留分制度が保障するのは何かに関して，受益権説と信託財産説との対立の中で浮かび上がるもうひとつの視点がある。それは，遺留分制度は，遺留分権者に問題となる処分前の相続財産（の一定範囲）を保障するものなのだろうか，という点である。遺留分制度のねらいは何かである。遺留分は，しばしば相続人間の平等の最後の砦であると言われる[48]。一方，遺留分には，相続財産についての一定の範囲の権利を確保するという面がある。信託設定によって相続財産からの逸出財産と受遺者（受益者）の取得財産との間に差が生じるとき，そのいずれに着目するかが問題である。

---

48)　西・前掲注4)102頁，103頁，水野・前掲注8)124頁参照。

設例を修正し，AとBの両方を同時に受益者とし，相続分に応じた各2分の1の割合で目的不動産からの収益の交付を受ける内容の信託を設定した場合，相続人間の平等・公平に着目するなら，AとBは相続分に応じた権利を取得しており，平等・公平は害されない。これに対し，相続財産についての一定の範囲の権利の保障と考えると，信託設定前の相続財産を基準とするとA，Bの遺留分の侵害が生じている（各200万円相当分）。信託財産説は，遺留分制度上このような被相続人の処分行為による財産減少は許されないとするのに対し，受益権説は財産減少をもたらすような処分（あるいは受益権等への財産の性質の転換）であってもそれ自体は遺留分によって否定されるものではないとするものと見ることができる。

　第4に，遺留分の破壊力の評価の問題がある。例えば，設例を修正し，受益権がBと非相続人Cとに与えられたという場合，信託財産説の下では，受託者Tに対して信託財産の取得につき減殺請求がされ，この結果，信託財産は受託者Tの共有持分権に限定されることになり，場合によっては信託の終了原因（目的不達成，信託163条1号）となり，信託財産である受託者Tの有した共有持分権は帰属権利者に帰属する。信託行為に特段の定めがなければ委託者の相続人（AとB）が帰属権利者となる（信託182条2項）。その結果，次の帰結となる。すなわち，①遺留分を侵害しない受益者Bの地位が覆る，②Aは減殺請求によって得た共有持分権と帰属権利者として得た共有持分権（減殺後に受託者Tの名義となっていた部分をAとBとで等分したもの）を取得し，Bは帰属権利者として得た共有持分権を持つことになり，AとBの間で不均衡・不公平が生じる（ただし，遺産分割の中での平準化の余地はある），③Cは何も得られず，遺留分侵害の部分を超えて地位を失う。このような結果は，遺留分の侵害部分を超えて他の主体に（不利益な）影響を及ぼし，また，被相続人の意思の実現を，遺留分以上に，阻止することになる。このような「破壊力」を認めるべきかどうか，である。受益権説からは行き過ぎであるという評価になろう。信託財産説からは――この帰結が支持されるならば――，それは行き過ぎと評価されるものではなく，遺留分減殺請求がされたときに信託目的が達成できないような形の信託の設定は認められない，そこまでの被相続人の自由処分は認められないとい

う根底に横たわる政策判断の反映にすぎないこととなろう[49]。

V．小括

1．まとめ

　信託法と相続法との「相克」「衝突」という指摘を出発点に，3つの具体的項目について考察を行った。信託は，信託行為という法律行為による財産の処分であり，相続との関係では，被相続人による意思処分がどこまで認められるのか，という問いに関わる。特定の財産の相続財産からの離脱や，相続の流れからの離脱や，死亡の際の単純な「承継」先の指定を超えた財産のいわば「加工」などが，信託によってもたらされうる。それらがどこまで認められるのか，そもそも，被相続人による意思処分の限界づけはどうなっているのか。本稿で取り上げた3項目は，この被相続人による意思処分の限界づけに関わる。

　同時存在の原則の項目は，どこまでの主体に権利を取得させることができるのかについて（処分先の主体の範囲），遺言事項法定・遺言による設定的財産処分の項目は，遺言により被相続人がなしうる処分の種類の限定について（その限定の有無），遺留分の項目は――もとより遺留分制度は被相続人の意思処分の範囲の限界づけであるが――，被相続人の意思処分の何が制約されているのか（共同相続人の平等の破壊を制約するのか，承継対象財産が一定範囲を割り込むことを制約するのか等）について，問うものである。

2．おわりに

　最後に，「信託法と相続法」の「相克」に関して，大上段になるが，若干の点をさらに指摘したい。
　第1に，信託と「相続法の公序」との衝突が問題視されるとき，そこで言

---

[49] 被相続人の意思処分をどこまで認めるかについての姿勢の違いが両説の基礎にあることにつき，「〔シンポジウム〕遺言と信託――その方式と課題」公証法学40号（2010年）88頁［川淳一］。

われる「相続法の公序」の内容自体が必ずしも明らかではないこと，そして，抵触するとされる「信託」についてもどの部分を捉えて抵触が語られているのか一律ではないことである。ときに，あるいは往々に指摘される信託法と相続法との相克は，実は，相続法秩序とは何か，相続法の公序とは何か，それ自体が，十分に明らかにされず，何が相克しているのか明瞭でないままに指摘されてきたのではないか。相続法の公序，あるいは，相続法の基本原則とは何を意味するのか，そしてどの範囲で公序であるのか[50]，それを詳らかにすることがまずは必要ではないだろうか。

　第2に，一方で，信託法は，相続法の公序との衝突を回避する仕組みを提供するものとも捉えられる。例えば，被相続人死亡時に未存在（未懐胎）の者を受遺者とする遺贈，後継ぎ遺贈[51]，負担付遺贈について，信託を用いることで，財産の帰属主体・権利主体についての継続性の確保を図ることができ，また，他の方法によるときに生じうる相続人の義務負担や相続財産の範囲画定の不安定さ，相続による承継の長期化の問題を解消することができるという面もある。

　第3に，問題は，そのような被相続人の処分を可能とすることが望ましいのかどうかについての判断である。望ましくないという判断もありうるだろう。法定相続との関係でどこまでを許容するかは，基本姿勢において対立や幅がある。とはいえ，法定相続やそれを基礎とした法定相続人の権利の保障

---

50) 例えば，遺留分が公序である，というだけでは不十分なのではないか。強行規定について，それがどの範囲で強行規定なのかが問われているように，あるいは，任意規定とされるものについて，それがどの範囲で意思によって排除できるものなのかが問われているように，遺留分が公序であるというのは，どの範囲において，あるいはどの限りにおいて公序であるのかを問う余地があるのではないか。とりわけ，その硬直性が指摘され，立法論としては廃止論や代替論（別の制度への置き換え）の主張もある中，解釈論としても，遺留分が何を目指すものであって，どこまでの被相続人の処分を否定するものなのか，それに柔軟性を持ち込む余地はないのかを，検討すべきではないだろうか。
51) 受益者連続型信託については，後継ぎ遺贈の許否，有効性と関連して論じられることが少なくない。後継ぎ遺贈の問題点と指摘されるかなりの事項は，受益者連続型信託を用いることによって解消される（川・前掲注22)26頁以下，同・前掲注9)141頁)。

がもたらす硬直性や不当性[52]に対して，被相続人の意思処分を実効的に実現する仕組みが，その限界を含め，考慮されてよいのではないか[53]。

　第4に，相続法の構成要素ないし法源の問題がある。信託法による「相続法の公序」の「侵害」を指摘する見解の根底には，相続に関わる法律関係を専権的に規律するのは民法であり，そのような民法（そして相続法）に対し信託（法）は「水と油」であるという見方があるように思われる。このような理解が唯一のものではないだろう。これに対し，信託法もまた，相続に関わる事項については民法と補完的に「相続法」を構成しているという見方[54]もありえよう。

---

[52] 例えば，内縁の夫・妻や事実上の養子のための意思処分と遠縁で疎遠で相続財産の形成に寄与していない相続人の存在という場合が想起されよう。

[53] 受益者連続型信託は，信託の存続する一定期間——信託法91条がこれを定める——，相続の生じない財産を作り出すことになる。人の死亡に伴う権利義務の承継という相続の流れから一定の財産を切り出すことが相続法上どう評価されるかが問われる。

　これに関し，法人を利用する場合との比較という観点がある。すなわち，法人を利用した場合には相続の流れからの財産の切り出し，しかも，むしろ半永久的に相続にかからない財産を作り出すことが許容されるのに，信託の場合になぜ問題視されるのか，という指摘・疑問である。しかし，法人との比較は，必ずしも，信託の許容や肯定にはつながらないと思われる。①独立の法人格を使うなら別である，②法人としても，株式や社員権などは個人所有であるときには相続に服するのであって，相続の流れから切り離されるわけではない，③家族間の，しばしば世代をまたがっての財産の取得，実質的な承継が相続法上問題となるのであって，法人の場合とは事情が異なる，等の指摘が可能だからである。

　受益者連続型信託において，信託法91条による時的限界が設けられており，また，信託存続期間中にあっても信託の変更や終了の規律が及び，状況の変化への対応としてそれらによる手当てが設けられている——それは被相続人の判断を修正する契機となり，そのための手法を用意する（沖野・前掲注25）57頁，59頁以下も参照）——中で，権利者であった被相続人の判断を尊重することが——画一的な法定相続による承継をデフォルトとしつつ，個別事情に応じた柔軟性を導入すること，その第一次的な判断権者を元の権利主体とする仕組みが——どう評価されるのかが鍵ではなかろうか。

[54] 法制によっては，民法の中で，どのような被相続人の意思処分が許されるかを個別に明らかにするものもある。日本法の特色は，信託という器を用いて可能とした点にあると言えないだろうか。もちろん，そのように言う場合，信託という器・仕組みの利用の限界の不透明さや濫用の危険への警鐘を受け止める必要があろう。

3. あとがき

　本稿は，問いに対して問いで終わる内容である。「私には私たちの相続法がわからない」という告白にとどまっている。それでも，信託法から民法を見たとき，被相続人の意思による財産処分の限界について，相続法の何がわからないのかが見え，次の考察の契機となるならば，本稿の意を尽くしたことになる。

〔後注〕　本稿は論ジュリ10号（2014年）132頁以下に掲載の「信託と相続法」につき，紙幅の関係から削除せざるを得なかった部分を復活させる等，加筆訂正したものです。

第 2 章

相続分

3

配偶者相続権
―― 相続法改正の動向と課題

西　希代子

I. はじめに
II. 改正の動向と問題点
III. 改正の意義の再検討
IV. 今後の課題

I. はじめに

　配偶者相続権は,「もちろん相続法の基本問題であるが, 案外にこのテーマだけの論稿は少ない」[1]と言われてから20年。その配偶者相続権が, にわかに脚光を浴びている。きっかけとなったのは, 嫡出でない子の相続分を嫡出子の相続分の2分の1と定める民法900条4号ただし書前段を違憲とした最高裁平成25年9月4日大法廷決定（民集67巻6号1320頁。以下「最高裁決定」という）である。最高裁決定後, 内閣は直ちにこの条項部分を削除する法案を提出したが, その際, 与党の一部国会議員から, 家族制度や婚姻制度の否定につながる, 法律婚を尊重する国民意識が損なわれるなどの批判が相次ぎ, 法務省が生存配偶者（法律婚配偶者）を保護するために相続法制の見直しを検討することを条件として, かろうじて法改正が実現したという経緯がある[2]。また, 学界においても, 最高裁決定が前提としている日本の家族および家族法の変容についての見方は一面的であること[3], 婚外子の相続分を改めるには同時に生存配偶者の老後の居住権等にも配慮した改正が必

---

1) 佐藤隆夫「配偶者の相続権について」戸籍時報461号 (1996年) 2頁。
2) 日本経済新聞2013年11月4日付朝刊, 朝日新聞2013年11月6日付朝刊等参照。
3) 水野紀子「家族のあり方と最高裁大法廷決定」法の支配175号 (2014年) 70頁以下等。

要であること[4]などが指摘された。

　平成 26 年 1 月，法務省内に，「この改正が及ぼす社会的影響に対する懸念や配偶者保護の観点からの相続法制の見直しの必要性など，様々な問題提起」を踏まえ，相続法制について検討するために「相続法制検討ワーキングチーム」（以下「WT」という）が設置された[5]。平成 27 年 1 月に報告書がとりまとめられ，平成 27 年 2 月の法制審議会総会において法務大臣から諮問第 100 号が発せられた。「高齢化社会の進展や家族の在り方に関する国民意識の変化等の社会情勢に鑑み，配偶者の死亡により残された他方配偶者の生活への配慮等の観点から，相続に関する規律を見直す必要があると思われるので，その要綱を示されたい。」という諮問内容であり，最高裁決定を直接の契機とする WT よりもさらに広い視点から審議が行われることが予想される。平成 27 年 4 月以降，法制審議会民法（相続関係）部会（以下「法制審部会」という）において審議が続けられている[6]。

　そこで，本稿では，改正の動向を踏まえつつ，その最大の焦点である配偶者相続権について考察する。最初に，主に WT 報告書において示された改正案を紹介し，その論点および問題点を概観する（Ⅱ）。次に，配偶者相続権の歴史にも触れながら，改正の目的とその前提となる配偶者相続権の趣旨

4）　水野紀子「婚外子相続分差別違憲決定」法時 85 巻 12 号（2013 年）3 頁等。たしかに，嫡出でない子の有無・人数等によって配偶者の相続分が変わるわけではない。しかし，夫婦の居住不動産が被相続人（先死配偶者）の主たる遺産であった場合，共同相続人が生存配偶者の子である嫡出子であれば，遺産分割において，または事実上，生存配偶者の余生の居住を認めると考えられるのに対して，嫡出でない子にこの配慮は望みにくい（水野紀子「子どもの平等権」家族〈社会と法〉10 号〔1994 年〕173 頁参照）。したがって，嫡出でない子の相続分に相当する代償金の支払原資がない生存配偶者は住み慣れた家を離れざるを得ない事態に陥る可能性があるため，何らかの手当てが必要ということになる。同様の事態は，共同相続人が先死配偶者と前婚配偶者との間の嫡出子である場合等にも起こりうる。

5）　WT 報告書 1 頁参照。WT 報告書全文のほか，WT の資料，議事要旨等は，http://www.moj.go.jp/shingi1/shingi04900197.html（平成 27 年 12 月最終確認）からアクセス可能。以下，各資料の URL は省略する。

6）　法制審部会の資料，議事録等は，http://www.moj.go.jp/shingi1/housei02_00294.html（平成 27 年 12 月最終確認）からアクセス可能。以下，各資料の URL は省略する。

を再確認する必要性を説く（Ⅲ）。最後に，真の問題解決に向けて，相続法の役割とその限界も含めた今後の課題について考えてみたい（Ⅳ）。

Ⅱ．改正の動向と問題点

1．検討されている方策[7]
（1）主な検討内容

WTにおける検討の4本柱は，「被相続人の配偶者の居住権を法律上保護するための措置」，「配偶者の貢献に応じた遺産の分割等を実現するための措置」，「寄与分制度の見直し」および「遺留分制度の見直し」であったが，その他，遺産分割における可分債権の取扱い，遺産分割において相続人以外の者の貢献を考慮する方策等，相続法制全般にわたって意見が交わされた。これらの検討項目はそのまま法制審部会に引き継がれているが，法制審部会では新たに，自筆証書遺言を保管する制度の創設，遺言執行者の権限の範囲の明確化および復任権の要件の緩和等も検討対象に加えられている。

これらの項目はすべて，程度の差こそあれ，何らかの形で配偶者相続権と接点を有するが，本稿では，特に配偶者相続権に直接関わる最初の2項目を取り上げる。「寄与分制度の見直し」も配偶者相続権と密接に関わるものであり，WTでは配偶者の寄与分も議論の対象外とされたわけではないが[8]，法制審部会では，配偶者の寄与の評価は「配偶者の貢献に応じた遺産の分割等を実現するための措置」によるものとされ，原則として配偶者の寄与分廃止の方向性が打ち出されているため[9]，ここでは割愛する。

（2）被相続人の配偶者の居住権を法律上保護するための措置

配偶者の居住権保護のための方策は，主にフランス法を参考としながら，短期居住権と長期居住権とに分けて検討されている。

---

7) 第32回日本家族〈社会と法〉学会シンポジウムにおける窪田充見報告「相続法改正の動向」（家族〈社会と法〉32号〔2016年刊行予定〕収録予定）参照。本稿もこれに負うところが大きい。
8) WT第10回会議（平成26年12月10日開催）議事要旨3頁等参照。
9) 法制審部会資料3「相続法制の見直しに当たっての検討課題(2)」4頁，5頁等。

短期居住権については，配偶者が被相続人の許諾を得て相続開始の時に遺産に属する建物に居住していた場合には，遺産分割等によって当該建物の帰属が確定するまでの間，あるいは，被相続人が遺言等によって当該建物を配偶者以外の者に帰属させる旨を定めていたときであっても相続開始から「一定期間（例えば1年間）」は，法律上当然に，引き続き無償で当該建物を使用できるものとする。他方，長期居住権については，遺産分割終了後，配偶者の希望に応じて終身または一定の長期期間，相続開始の時に居住していた被相続人所有の建物の使用を認めることを内容とする法定の権利を新設し，配偶者が自己の具体的相続分の範囲内でそれを取得できるようにする。短期居住権は相続分とは別に無償で与えられるもので，その財産的価値相当額を配偶者の相続分に含めないのに対して，長期居住権は，その財産的価値相当額を配偶者が相続分の全部または一部として取得したものとして扱う点が大きく異なる。配偶者は，短期居住権のみを主張することも短期居住権・長期居住権両方を主張することもできる。

(3)　配偶者の貢献に応じた遺産の分割等を実現するための措置

　配偶者の遺産承継については，配偶者の貢献に応じた遺産の分割を実現すべく，遺産を実質的夫婦共有財産（夫婦の一方がその婚姻中に他方の配偶者の協力を得て形成または維持した財産）と固有財産（婚姻以前に形成された財産や相続によって取得した財産のように，一般に，その形成または維持に他方の配偶者の協力が認められないもの）とに分けて考えることによって，実質的夫婦共有財産の割合が高い場合に現行法よりも配偶者の取得分を増やすことが意図されている。WT報告書では，次の3つの方策が具体的な選択肢として示されている[10]。なお，各方策の実際の違いをわかりやすくするために，設例として，遺産総額1500万円，相続債務ゼロ，相続人は配偶者，嫡出子1人および嫡出でない子1人，遺産の中の実質的夫婦共有財産と被相続人の固有財産の別は，㋐実質的夫婦共有財産1200万円・固有財産300万円，㋑実質的夫婦共有財産750万円・固有財産750万円，㋒実質的夫婦共有財産300万円・固有財産1200万円という3ケースを用いる。現行法では，この設例における配偶者の取得分＝法定相続分は，㋐㋑㋒いずれの場合も750万円である。

3 配偶者相続権

WT 第1案：遺産分割の手続に先行して離婚における財産分与（民768条）に類似した実質的夫婦共有財産の清算を行うこととするもの

　配偶者は，遺産分割に先立ち，相続人に対して実質的夫婦共有財産の清算を求めることができ（この清算の割合は実質的夫婦共有財産の形成または維持に対する配偶者の寄与の程度によって定まるものであり，夫婦によって異なりうる），それを相続の枠外で，いわば「婚姻の効果」として取得する。この清算手続としては，離婚における財産分与とほぼ同様のものが想定されており，被相続人の積極財産だけでなく消極財産である実質的夫婦共同債務（実質的夫婦共有財産の形成または維持に起因して負担した債務や夫婦の共同生活を営む上で負担した債務）も考慮される。この清算の後，配偶者は，その余の遺産（被相続人の固有財産および実質的夫婦共有財産の残余部分）につき，現行の法定相続分より少ない割合（例えば，子とともに相続する場合は3分の1，直系尊属とともに相続する場合は2分の1，兄弟姉妹とともに相続する場合は3分の2等[11]）を法定相続分として取得する。

　この方策によると，配偶者の取得分は，実質的夫婦共有財産の形成または維持に対する寄与の割合が反映する実質的夫婦共有財産の清算割合によ

---

10) 法制審部会では，さらに別の案も検討されている。第3回会議（平成27年6月16日開催）では，次の2つの案をたたき台として議論が行われた。ひとつはWT第3案であり，もうひとつは，WT第1案に，実質的夫婦共有財産に属するか否かが明らかでない財産は実質的夫婦共有財産に属するものと推定するという補助ルールと，実質的夫婦共有財産の形成または維持に対する配偶者の寄与の割合を2分の1と推定するという補助ルールを加えた案である。第7回会議（平成27年11月17日開催）では，前者は，実質的夫婦共有財産を，婚姻成立後相続開始時までの間に増加した被相続人の財産の額（婚姻後増加額）から被相続人が婚姻後に相続，遺贈または贈与によって取得した財産の額を控除した額とするとともに（このような実質的夫婦共有財産の抽象化ないし擬制的な把握は，ドイツの法定夫婦財産制である剰余共同制〔独民1363条等〕にも見られる），配偶者加算額を配偶者固有の寄与分として位置づける案に生まれ変わり（甲案），後者は姿を消した。代わって，一定の婚姻期間等を条件として，夫婦の合意（乙1案）または被相続人の単独の意思表示（乙2案）により，配偶者の法定相続分を現行法よりも引き上げる案（例えば，子とともに相続する場合は3分の2，直系尊属とともに相続する場合は4分の3，兄弟姉妹とともに相続する場合は5分の4等）が登場した。

っても異なるが，例えば，清算割合が生存配偶者：先死配偶者＝1：1の場合は，㋐実質的夫婦共有財産の清算分600万円，法定相続分300万円，合計900万円，㋑実質的夫婦共有財産の清算分375万円，法定相続分375万円，合計750万円，㋒実質的夫婦共有財産の清算分150万円，法定相続分450万円，合計600万円をそれぞれ取得することになる。清算割合が生存配偶者：先死配偶者＝1：3の場合は，㋐実質的夫婦共有財産の清算分300万円，法定相続分400万円，合計700万円，㋑実質的夫婦共有財産の清算分187万5000円，法定相続分437万5000円，合計625万円，㋒実質的夫婦共有財産の清算分75万円，法定相続分475万円，合計550万円となる[12]。

WT第2案：遺産の属性（実質的夫婦共有財産または固有財産）に応じて配偶者の法定相続分を変動させることとするもの

　配偶者は，遺産分割において，遺産のうち実質的夫婦共有財産については2分の1を，その余の遺産（被相続人の固有財産および実質的夫婦共有財産の残余部分）については第1案と同様，現行法の法定相続分より少ない割合を法定相続分として取得する。この方策は，第1案とは異なり，あくまでも相続の枠内で，法定相続分算定にあたり実質的夫婦共有財産と被相続人の固有財産とを区別して計算するものであって，この計算の中では相続債務は考慮しない。また，配偶者の寄与の程度に関する紛争を抑止するために，実質的夫婦共有財産の相続分を一律に2分の1と定める点も第1案と異なる点である。

---

11) この割合は，昭和55年改正（後述）以前の配偶者の法定相続分である。すでに配偶者相続権の根拠のひとつである実質的夫婦共有財産の清算が終了しているため，現行法よりも小さい割合となっている。なお，中田裕康編『家族法改正』（有斐閣，2010年）33頁以下，46頁～47頁〔大村敦志〕も参照。

12) 反対に，清算割合が生存配偶者：先死配偶者＝3：1の場合は，㋐実質的夫婦共有財産の清算分900万円，法定相続分200万円，合計1100万円，㋑実質的夫婦共有財産の清算分562万5000円，法定相続分312万5000円，合計875万円，㋒実質的夫婦共有財産の清算分225万円，法定相続分425万円，合計650万円となる。

この方策によると，配偶者の法定相続分はそれぞれ，㋐900万円，㋑750万円，㋒600万円となる。

WT第3案：遺産の属性に応じて計算した一定の金額（配偶者加算額）を配偶者の具体的相続分に上乗せすることとするもの

　配偶者の法定相続分は現行法どおりとし，一定の計算式（相続債務の扱いを除き，基本的に第2案の計算式と同じ考え方）によって算出された額が現行法における積極財産の法定相続分に相当する額を超過する場合に限り，その超過額（配偶者加算分）を配偶者の具体的相続分に加算する。この方策は，特定の財産が実質的夫婦共有財産と被相続人の固有財産のいずれに属するかをめぐる紛争を減らすため，固有財産を「被相続人が婚姻前に有していた財産」および「被相続人が婚姻後に相続又は贈与等によって無償で取得した財産」に限定し，遺産から被相続人の固有財産を除いたものを実質的夫婦共有財産とするという補助ルールを設ける点も特徴的である。

　この方策によると，配偶者の相続分は，㋐900万円，㋑750万円（加算なし），㋒750万円（加算なし）となる。

2．各方策の論点
(1) 被相続人の配偶者の居住権を法律上保護するための措置

　配偶者居住権は，これまで日本法に存在しなかった制度であるため，念のため，既存の法制度では対応できないものか再検証することから出発すべきであろう。その上で，やはり導入するのであれば，現行法の体系の中での位置づけも含めて，極めて緻密な制度設計が求められる。項目の列挙にとどめざるを得ないが，例えば次のような点を詰めておくことが不可欠である。

　まず，短期居住権・長期居住権それぞれについて，債権であるか物権であるかをはじめとする居住権の法的性質，内容，取得・存続要件，消滅事由，第三者対抗力を含む効力，公示方法等，取引に与える影響にも留意しつつ検討することになる。

　短期居住権についても「一定期間」の具体的期間等が問題になりうるが，

長期居住権特有の問題のほうが多い。中でも，長期居住権の期間設定，居住権取得後の事情変更への対応が問題となる。住居の老朽化，維持費の高額化，住居の相対的価値の低下，健康状態の悪化等の理由で転居を希望したり[13]，現金が入用になったりした場合を想定して，配偶者による居住権の処分（譲渡，転貸等），他の共同相続人に対する買取請求等の可否および要件，効果等も検討しておかなければならない[14]。同様に，居住権の更新の可否およびその要件等も考えておきたい。相続税額にも影響する長期居住権の財産的価値の評価方法もまた，公租公課，建物の修繕・リフォーム費用の負担者等にも関わる悩ましい問題である。終身の場合，平均余命，賃料相場等を参考にして計算することも考えられるが，配偶者保護の見地から賃借権よりもかなり低く評価すると，他の相続人の利益を不当に害することになりかねない。このほか，高齢の配偶者には予測不可能な事態が生じうることを考えると，相続分からその財産的価値相当額を差し引く方法だけでなく，分割払いや月毎の賃料払い方式の選択を可能にすることもありえよう。

(2) 配偶者の貢献に応じた遺産の分割等を実現するための措置

まず，WTのいずれの案についても，実質的夫婦共有財産と被相続人の固有財産との区別，さらに，WT第1案については実質的夫婦共同債務と被相続人の固有債務との区別が容易ではない財産の扱いが問題となる[15]。WT第1案では，実質的夫婦共有財産の形成または維持に対する寄与の割合の確定も必須となる。これらは，生存している当事者間で行われる財産分与とは異なり，必ずしも事情を知らない血族相続人と生存配偶者との間で争

---

[13] 意識調査では，最期を迎えたい場所について「自宅」という回答が54.6%に達する一方，1人暮らしの高齢者が希望する介護場所については，日常生活能力がわずかに低下した状態では「現在の自宅」(66.6%)が最も多いが，全面的な介助が必要な状態では「介護施設」(42.6%)が「現在の自宅」(15.5%)を大きく上回っている（内閣府『平成27年版高齢社会白書』〔2015年〕29頁～30頁，60頁～61頁）。

[14] この点，フランス法では，配偶者および相続人全員の合意を要件として，居住権を終身定期金または元本に転換することができる（仏民766条）。

[15] WT第3案，法制審部会でWT第1案に加えられた補助ルールおよび法制審部会甲案は，これらの問題の軽減を意図したものである。

われることになるため，将来的にはマイナンバー制度の普及によって状況が変わるのかもしれないが，少なくとも現段階では難航することが予想される。実質的夫婦共有財産の清算の理念により忠実に，より正確に行おうとすればするほど，紛争の複雑化・長期化が避けられず，それを避けるために一律の割合を設定するなど抽象化・擬制化する場合には，正確性を断念し，ある程度実態から離れることを許容せざるを得ないというジレンマに陥ることになる。

　加えて，WTでは，相続債権者の保護，つまり債務の承継方法が大きな論点になるとの認識が共有された。積極財産の相続と消極財産の相続との整合性という見地からは，消極財産の属性（実質的夫婦共同債務または被相続人の固有債務）に応じて相続すべきということになる。しかし，通常，相続債権者にとっては，相続人以上に，実質的夫婦共同債務と被相続人の固有債務との区別は困難であり，権利行使の相手方，割合，方法等をめぐって混乱が生じかねない。

3.「配偶者保護」方策としての制度設計の妥当性

　WT報告書において示されている提案を吟味する際には，各々の方策が，さらには全体として，改正の最大の目的である配偶者保護のための方策として妥当であるかという視点も忘れることはできない。もっとも，実は，ここでの「配偶者保護」が，配偶者相続権の一律強化を意味するのか，被相続人の財産の形成または維持に対する配偶者の寄与・貢献を正確に反映した遺産取得を意味するのか，必ずしも明らかではない。両者は重なることもあるが，重ならないこともある。仮に，前者の意味であるとすると，配偶者の取得分が現行法よりも少なくなる可能性があるWT第1・2案は改正の目的に反することになる[16]。配偶者にこのような方策によるか現行法の規律によるか選択権を与える案や，現行法の法定相続分を下限として定める案が付記されているのは[17]，そのような結果を回避するためであろうか。

---

16) これに対して，加算方式をとるWT第3案では，現行法の法定相続分を下回ることはない。

あるいは，前者・後者いずれの意味も含まれ，前者は「被相続人の配偶者の居住権を法律上保護するための措置」によって，後者は「配偶者の貢献に応じた遺産の分割等を実現するための措置」によって達成を図るという説明も考えられる。ただし，その場合には，配偶者居住権の制度設計が重要になってくる。短期居住権は，ある種の婚姻の余後効や明渡猶予期間のようにも思われる。長期居住権も，フランス法（仏民765条3項）とは異なり，配偶者の具体的相続分の範囲内でのみ取得可能とされており，その取得に配偶者の優先権を認めるか否かにかかわらず，遺産分割方法における選択肢が増えるにすぎないと見ることもできる。つまり，現在の提案内容では，配偶者居住権が常に配偶者相続権の一律強化の方策として機能するわけではない。また，伝統的に，相続のみならず婚姻中および離婚後においても配偶者の居住権の保護方策が用意され（仏民215条3項・285条の1，独民1365条・1568a条等），配偶者居住権という権利が広く国民に浸透しているヨーロッパとは異なり，制度設計如何にもよるものの，国民が配偶者居住権を使いこなせるようになるには一定の時間がかかるかもしれない。さらに，東京等の大都市では持家比率が50％を切っていることから[18]，配偶者相続権の一律強化の方策として居住権を位置づけるのであれば，居住不動産が賃借物件であった場合の保護方策についても，賃料負担の軽減等，議論の余地がある[19]。

　そして何よりも，国民にとってわかりやすい制度でなければならないことは論を俟たない。ここで求められるわかりやすさには，2つの意味がある。第1に，相続分の算定式が極めて複雑なものであったり，相続開始まで全く試算できないようなものであったりしてはならない。第2に，改正案から改正の目的および理念が理解しやすく，しかもそれが説得的なものであることが望ましい。改正の目的の正当性とは別に，その改正が国民にどのように受

---

17) WT報告書9頁，12頁，法制審部会資料1「相続法制の見直しに当たっての検討課題」2頁等。
18) 総務省「平成22年国勢調査 人口等基本集計結果 結果の概要」（2011年）34頁～35頁。
19) フランス法では，居住不動産が賃借物件である場合，被相続人の死亡後1年間の賃料は相続財産の負担とされている（仏民763条2項）。

け止められるか，どのようなメッセージとして伝わるのかも強く意識せざるを得ない。

Ⅲ．改正の意義の再検討

1．配偶者相続権見直しの背景と目的――同床異夢？

Ⅱにおいて概観したように，熟考を重ねなければならない問題は少なくないが，配偶者保護のために配偶者相続権の見直しを行うこと自体に対しては，学界・実務界から賛成の声が聞かれ[20]，目立った反対意見はないようだ。しかし，そうであるからこそ，改正の原点と目的地を再確認しておきたい。改正論議に臨む人々の改正にかける思い，真のねらいは多種多様であるように思われるからである。

まず，法務省に対する相続法制見直しの指示と同時に党内に「家族の絆を守る特命委員会」を設置したことからも明らかなように，与党が改正に期待するものは，法律婚の保護・尊重である。ここで念頭に置かれている「配偶者」は，家事，子の育児，舅姑の世話・介護を一身に担って夫と家を支えた妻であろう。その妻の「貢献」を相続に反映させる方策こそ，「被相続人の配偶者の居住権を法律上保護するための措置」と「配偶者の貢献に応じた遺産の分割等を実現するための措置」である[21]。インフラ不足，費用の高額化等を背景として家事・育児・介護を家庭に委ねざるを得ない現状を直視し，相続の場面で妻の長年にわたる無償労働に報いるという発想は，そのような社会構造を追認してその再生産を促しかねないものであるが，現にこれらに直面している国民からは支持される。

また，再婚の増加，とりわけ財産目的の再婚とそれにまつわる犯罪の報道に触れることが多い昨今，被相続人もしくはその再婚配偶者としてよりは，

---

20) 榊原富士子「婚外子について残された課題」自由と正義 65 巻 3 号（2014 年）31 頁等．
21) さらに，本稿では取り上げていないが，この立場からは，「遺産分割において相続人以外の者の貢献を考慮する方策」は，舅姑が嫁としての「貢献」に直接報いることを可能にする方策として認識されることになる．

むしろ被相続人の子もしくは長年連れ添った配偶者として相続に臨む率が高い国民は、配偶者に常に2分の1以上の相続分が与えられることに疑問を抱く。これもまた、「配偶者の貢献に応じた遺産の分割等を実現するための措置」への支持につながる。

　他方、立法関係者や学界にとっては、今回の改正作業は昭和55年改正および平成8年の法制審議会答申「民法の一部を改正する法律案要綱」の審議の過程で積み残した難題への再挑戦という意味も持っている。昭和55年改正では、「妻の保護を極限まで厚くした」[22]と言われる配偶者の法定相続分の引上げ、寄与分制度の新設等が行われたが、昭和54年に公表された要綱試案の段階では、嫡出でない子の相続分を嫡出子の相続分と同等とする案も含まれていた[23]。最終的には時期尚早との理由で見送られたが[24]、今般その改正が実現したことで、昭和55年改正が積み残した他の課題についても検討の気運が高まるのは自然なことであろう。審議の対象とされながら改正に至らなかった課題のうち配偶者相続権に関するものとしては、①配偶者の居住権保護、②子の数・婚姻年数等に応じて相続分に差を設けること、③配偶者の先取分として一定の金銭、家具・家財等を与えること、④配偶者が兄弟姉妹とともに相続する場合に兄弟姉妹の相続権を否定することなどがある[25]。①は、平成8年答申策定の過程でも提議されながら実現しなかった課題である[26]。今回、検討の柱になっているのは、まさに①と②である[27]。

---

22)　久留都茂子「妻の相続権」加藤一郎編『民法学の歴史と課題』(東京大学出版会, 1982年) 319頁。

23)　民事局参事官室「相続に関する民法改正要綱試案・相続に関する民法改正要綱試案の説明」ジュリ699号 (1979年) 44頁。

24)　詳しい経緯は、橘勝治「相続に関する民法の一部改正について」曹時34巻3号 (1982年) 667頁〜668頁等参照。

25)　これらが採用されなかった理由等については、加藤一郎「相続法の改正(上)」ジュリ721号 (1980年) 74頁〜75頁、橘・前掲注24)658頁〜663頁等参照。

26)　「資料『民法の一部を改正する法律案要綱案』及び『婚姻制度等の見直しに関する中間報告』について」家月48巻3号 (1996年) 217頁参照。

27)　④に関しても、法制審議部会乙1・2案において、「配偶者が兄弟姉妹と共に相続する場合には、兄弟姉妹に法定相続分を認めないという考え方もあり得る」という注記が付されている。

このような立場によって異なる改正への期待ないしねらいは一端にすぎず，今回の改正作業には同床異夢という側面がある。現在，審議の場において，また，社会および学界において，この点を意識した上で議論がなされているのだろうか。意識されていない場合には，改正案で一致を見たとしても，改正後，「貢献」に含まれる具体的内容をはじめ，細かい解釈や制度運用の場に主戦場が移るだけであり，制度の不安定化につながる。もとより，同床異夢を否定的に捉えるべきではない。同床異夢から万能薬が発見されることもあるだろう。しかし，それは，同床異夢であることを自覚し，真摯にそれに向き合った場合にしか望みえない。

2. 前提としての配偶者相続権の趣旨

(1) 所与の前提

WT および法制審部会では，配偶者相続権の趣旨は潜在的持分の顕在化または清算取得（実質的夫婦共有財産の清算）と生活保障であり，これは財産分与の根拠と共通することを前提として検討が進められている[28]。例えば，「配偶者の貢献に応じた遺産の分割等を実現するための措置」は，婚姻年数，同居年数等の長短，被相続人の財産形成または維持に対する寄与の程度等を考慮せずに配偶者の法定相続分を一律に定めている現行法が「実質的公平」に反するという認識を基礎にしている[29]。また，法制審部会では，WT 第 1 案に補助ルールを加えた案の意義が，離婚の場合と死別の場合とを「統一的に理解することが可能になる」と説明されている[30]。

たしかに，今日では，このような配偶者相続権の趣旨および財産分与との関係での位置づけは通説を超えて定説となっており[31]，配偶者相続権に関

---

[28] WT 資料 7「配偶者の貢献に応じた遺産の分割等を実現するための措置」3 頁，法制審部会資料 3・前掲注 9) 1 頁以下等参照。

[29] WT 報告書 7 頁，法制審部会資料 1・前掲注 17) 1 頁等。

[30] 法制審部会資料 3・前掲注 9) 3 頁。

[31] 中川善之助 = 泉久雄編『新版注釈民法(26)』（有斐閣，1992 年）276 頁〜277 頁［中川良延］，中川善之助 = 泉久雄『相続法〔第 4 版〕』（有斐閣，2000 年，同趣旨の記述を含む初版〔中川〕は 1964 年）125 頁〜126 頁等。

するあらゆる議論はすべてここから始まっていると言っても過言ではない。すなわち、財産分与との比較から、婚姻期間が短い場合にも 2 分の 1 以上という配偶者相続分が一律に保障されていることへの疑問が呈され[32]、配偶者相続権と財産分与との整合性、バランス等の見地から配偶者相続権の改革が主張されている。これらの学説は、厳密には、相続分算定の中に実質的夫婦共有財産の清算的要素を入れ込む見解と、相続に先立ち実質的夫婦共有財産の清算を相続の枠外で行う見解とに分けられる。後者に属する見解の原型は昭和 55 年改正以前から見られ[33]、近年では、離別・死別のいずれについても婚姻解消時に夫婦の財産関係の清算（共有財産の分割および後得財産の分配）を行うものとし、死別の場合には、遺産分割に先行または遺産分割に際してこの清算を行い、その残余部分を対象とする相続については配偶者相続分を減らすという WT 第 1 案に近い立法提案がなされている[34]。他方、前者に属するように思われる見解としては、夫婦の協力に基づくものと擬制される婚姻中の取得財産をそれによらない財産と区別して取り扱い、財産の

---

[32] 近年では、中川忠晃「配偶者相続——夫婦財産制とのかかわりにおいて」野田愛子＝梶村太市総編集『新家族法実務大系 3』（新日本法規出版, 2008 年）24 頁等。

[33] 中川淳「妻の家事労働にたいする法的評価」ひろば 28 巻 10 号（1975 年）17 頁等。なお、この時代には、潜在的持分の清算も扶養料の確保（生活保障）もともに相続の枠外で優先的に行うとする提案も注目された（石川利夫「生存配偶者の法的地位——『婚姻の死亡解消法』序考」高梨公之教授還暦祝賀『婚姻法の研究（下）』〔有斐閣, 1976 年〕330 頁以下）。もっとも、これらの主張がなされた背景として、当時、配偶者が事実上相続を放棄して子による孝養・扶養に期待する傾向があり、配偶者相続権による配偶者の保護は実効性の点で疑問・危惧があったという事情がある（佐々木宏「配偶相続権の性格」早稲田法学 34 巻 1・2 号〔1958 年〕134 頁, 140 頁注 1, 石川・前掲 330 頁～331 頁参照）。つまり、相続の枠外での処理を望む意図が現在とは異なっていたと考えられる。さらに、相続の枠外で処理する利点として、石川・前掲 331 頁では、内縁配偶者の財産上の保護・救済が明確化し、厚くなるという効用も述べられている。

[34] 中田編・前掲注 11) 42 頁以下〔大村〕、大村敦志『新基本民法 家族編』（有斐閣, 2014 年）58 頁～59 頁。方向性を同じくする見解として、松久和彦「配偶者相続権——夫婦財産の清算との関係を中心に」中川淳先生傘寿記念論集『家族法の理論と実務』（日本加除出版, 2011 年）551 頁（夫婦の協力によって形成された財産を遺産から分離して配偶者はその協力・貢献に応じた分を先取し、残余財産から生活保障に必要となる一定の割合を取得することを提案する)、二宮周平「最高裁大法廷相続分差別違憲決定の意義と民法改正」自由と正義 65 巻 3 号（2014 年）14 頁等。

由来によりその処理方法を異にするという主張がある[35]。WT 第2案の発想に近いと言えようか[36]。

(2) 日本法の特殊性──配偶者相続権の歴史[37]

しかし，これらの学説および改正案が依拠している配偶者相続権の趣旨および財産分与との関係での位置づけは，本当に疑う余地がないものなのであろうか。

実のところ，日本ではこれまで，純粋に「配偶者」相続権の趣旨が探究されたことはないと言うべきかもしれない。日本における配偶者相続権をめぐる議論は，諸外国と比較して「甚だしく貧弱」[38]であり，「劣っている」[39]明治民法下の寡婦相続権の改善を掲げて始まった。したがって，現実には夫の場合も妻の場合もある生存「配偶者」は，決まって専業主婦である寡婦を意味した。その上，現在に至るまで，配偶者相続権は妻の法的地位にとどまらず，より広く「婦人の法律上の地位に関する一問題として」[40]論じられる傾向がある。実際，昭和22年改正において，配偶者が常に相続人になるものとされたことが（民890条），妻の地位の向上という理想に向かって一大躍

---

35) 松倉耕作「配偶者の相続権」中川善之助先生追悼『現代家族法大系4』（有斐閣，1980年）202頁～203頁。

36) これらのほか，配偶者については夫婦財産（実質的夫婦共有財産）の枠内での清算および扶養を考慮した分配，血族相続人については夫婦財産以外の財産の枠内での純粋な相続を行うものとし，これらを一括処理する手続として遺産分割を再構成する提案もなされている（中川・前掲注32）24頁～26頁）。

37) 日本および諸外国における配偶者相続権の由来および発展については，小林三衛「生存配偶者の相続権の一考察(1)～(4・完)」法学17巻4号（1953年）53頁・18巻4号（1954年）490頁・19巻2号（1955年）96頁・20巻2号（1956年）247頁，佐々木・前掲注33）111頁，宮崎孝治郎=井田恵子「配偶者相続権の根拠と性格について」小池隆一博士還暦記念論文集『比較法と私法の諸問題』（慶應通信，1959年）121頁等参照。特に，日本の明治以降の相続法における女性の地位については，床谷文雄「相続とジェンダー」ジェンダー法学会編『講座ジェンダーと法(2)』（日本加除出版，2012年）144頁以下等参照。

38) 近藤英吉「寡婦の相続権──特にゲルマン法を通じて」論叢33巻6号（1935年）921頁。

39) 谷口知平「寡婦の相続権と相続思想の発展」同『家族法の研究(下)』（信山社出版，1991年，初出は1938年）3頁。

40) 穂積重遠「寡婦の相続権(1)」法協36巻1号（1918年）39頁。

進をしたと評された[41]。昭和55年改正もまた,「国連婦人の10年」(昭和50年〜60年)の重点目標のひとつであり,改正は重要な成果として高く評価されることになった[42]。婦人層の意識の高まりが相続分を引き上げることになったとの指摘もなされている[43]。このように,配偶者相続権が寡婦,さらには女性一般の法的地位の指標とされ,専らそのような視点から配偶者相続権が論じられるとき,配偶者の相続人としての順位と相続分の数字だけが重要視され,その趣旨は大きな意味を持たず,顧みられることはない。

では,立法者は,配偶者相続権の趣旨をどのように考えていたのか。明治民法において家名および地位の相続でもある家督相続ではなく,欧米の財産相続と同性質のものと考えられ,現行法のもととなった遺産相続では,配偶者は直系卑属に次ぐ第2順位の法定相続人であり,直系尊属,戸主より先順位であった(明治民法996条)。その理由を,起草委員の1人である梅謙次郎は,被相続人の「愛情」および「夫婦間ノ義務」(扶養義務。明治民法790条)によって説明している[44]。すなわち,配偶者相続権の主な趣旨は,被相続人の意思の推測と生活保障であった。明治民法下の学説も,配偶者相続権の根拠として,被相続人の愛情や意思[45],扶養(生活保障)等を挙げており[46],その性質は遺産に対する扶養請求権であると考えていた[47]。ローマ法,ゲルマン法から日本法まで,配偶者相続権の変遷を跡づける研究もまた,配偶者相続権の主な根拠は扶養にあるという結論を導いている[48]。

ところが,戦後,昭和22年改正の際に,明治民法下で広く共有され,安

---

41) 我妻栄=立石芳枝『親族法・相続法』(日本評論新社,1952年)377頁。
42) 橘・前掲注24)632頁,松倉・前掲注35)182頁等。野田愛子ほか「〔座談会〕相続法に関する民法等改正と今後の改正の方向をめぐって」自由と正義31巻12号〔1980年〕52頁以下等も参照。
43) 遠藤浩「相続の根拠」中川追悼・前掲注35)12頁。
44) 梅謙次郎『民法要義巻之五〔第21版〕』(有斐閣,1913年〔1984年に復刻版〕)100頁。
45) 牧野菊之助『日本相続法〔第15版〕』(巌松堂,1924年)172頁〜173頁,柳川勝二『日本相続法要論〔第6版〕』(巌松堂,1926年)136頁〜140頁等。
46) 谷口・前掲注39)8頁等。
47) 穂積重遠「寡婦の相続権(3)」法協36巻4号(1918年)516頁〜518頁,近藤・前掲注38)882頁等。

定していた配偶者相続権の趣旨に変化が生じる。昭和22年改正では配偶者相続権が一気に強化されたが、それは次のような経緯によるものであった。国会審議の中で、男女平等の観点から、家庭生活における妻の労力を評価すべく、夫が妻の内助または協力によって作り上げた財産を夫婦の共有財産にするという案が出された[49]。これに対して立法担当者は、一方が事業をしていてそれに伴う債権債務がある場合など、婚姻中に夫が取得した財産が直ちに夫婦の共有財産になるとすると、現行法の仕組みではいろいろな点に支障をきたすとして、「その代り」、離別の場合は財産分与、死別の場合は相続権によって妻の生活が保障されるということで妥協することになったと説明している[50]。拡充される配偶者相続権に、突然、新たに[51]、潜在的持分の清算という役目が与えられることになったのである。そのため、当初は、他国に比べて比較的大きい無条件的所有権帰属の形態における配偶者相続権が「何を根拠として認められたかは必ずしも明らかではないが」、という留保を付けて、配偶者相続権の趣旨が論じられることもあった[52]。

このような時代を経て、今日では、潜在的持分の清算を生活保障と並ぶ配偶者相続権の趣旨とする見方が確立しているのは前述のとおりである。核家族化の進行に伴い、家庭内の財産の大半が先祖伝来のものではなく夫婦によって形成・蓄積されたものであることが多くなった昭和40年代以降は、配偶者相続権の根拠として潜在的持分の清算という要素のほうがより強調されるようになった[53]。配偶者相続権は「死因の法定夫婦財産制」であり、生

---

48) 小林・前掲注37)(4・完)247頁、佐々木・前掲注33)118頁、宮崎＝井田・前掲注37)180頁等。
49) 我妻栄編『戦後における民法改正の経過』(日本評論新社、1956年) 255頁〜256頁 [村岡花子発言]。
50) 我妻編・前掲注49)257頁 [中川善之助発言]。
51) もっとも、すでに戦前に、夫の財産の形成、管理保存または適当な消費に対する内助の功がある妻に相続権を与えないのは正当であるとは言えず、被相続人の遺志にも反するという主張がなされている (穂積・前掲注47)515頁〜516頁)。配偶者相続権の趣旨としては被相続人の意思の推測に分類されることになろうが、潜在的持分の清算という発想の萌芽を見出すこともできる。
52) 谷口知平「過渡期における相続法の解釈と運用」同・前掲注39)(初出は1952年)16頁。

活保障的要素は生産寄与的（潜在的持分の清算）要素に比して存在意義が失われつつあると言わざるを得ないという主張も聞かれるようになる[54]。

　以上のような特異な歴史から明らかなように，日本における配偶者相続権の元来の趣旨は扶養（生活保障），被相続人の意思の推測等であった。戦後，その趣旨にふさわしい相続順位・相続分に改められたのではなく，配偶者相続権に新たに実質的夫婦共有財産の清算という役目を負わせるために，相続順位・相続分の強化が図られた。配偶者相続権が法定または契約上の夫婦財産制の効果としての財産取得に由来すると言われるヨーロッパとは[55]，もともと，配偶者相続権における趣旨としての潜在的持分の清算の位置づけが全く異なるのである。

(3)　趣旨の多様性と相続分の定め方

　財産分与と配偶者相続権の趣旨の共通性に依拠して配偶者相続権を再構成する改正を目指すのであれば，その土台を盤石にするためにも，当事者の意思による人為的な婚姻解消に伴う財産分与と，当事者が望まない運命による婚姻解消に伴う相続との共通性を所与の前提とするのは危険である。歴史も踏まえて，相続の一般的根拠，血族相続権の趣旨等との関係等にも目を配りつつ，現代の日本における配偶者相続権の趣旨および意義を再確認し，明確にしておくことが急務である。

　もっとも，これは，潜在的持分の清算という趣旨が強調されている近年の状況への疑問や不安はともかく，必ずしも，立法者意思に立ち返って，被相続人の意思の推測と生活保障のみを配偶者相続権の趣旨として制度設計すべきということではない。配偶者相続権の根拠は多元的であり，扶養のほか，婚姻中における夫婦の財産関係の清算，子の養育，被相続人の愛情の推測などが含まれるという指摘がつとになされている[56]。中でも，被相続人の愛

---

53)　中川・前掲注33)17頁のほか，人見康子「日本相続法と配偶者相続権」季刊年金と雇用16巻1号 (1997年) 5頁等参照。

54)　久留・前掲注22)320頁，340頁。

55)　ヨーロッパにおける配偶者相続権の系譜は，前掲注37)に挙げた文献のほか，穂積・前掲注40)，近藤・前掲注38)等参照。

情，婚姻関係に入って死亡まで寄り添ったことに対する感謝の気持ちをはじめ，時として贖罪の意味が込められていることもある被相続人の推定的意思は，通常，財産分与の趣旨としては出てこないものであり，相続独自のものと言えよう。これらに加えて，財産分与とは決定的に異なる点として，先死配偶者の親族等との関係維持のための費用も観念しうる。死別の場合には，離別の場合とは異なり，生存配偶者が姻族関係を終了させる意思を表示しない限り姻族関係は当然には終了せず（民728条2項），冠婚葬祭から日常的な交流に至るまでその親族との関係が続き，場合によっては，その扶養（民877条2項）や介護・面倒見を負担することになるからである。これら以外にも多様な趣旨がありうる。

このような配偶者相続権の趣旨の中には，被相続人の意思の推測，親族関係の維持をはじめ，数量化・金額化が困難で，本来的に厳密な分解・具体化になじまず，それに耐えられないものが多く含まれている。配偶者相続分の定め方には政策的判断の側面が小さくないことが指摘されているが[57]，このような具体化しきれない配偶者相続権の趣旨こそ，個別具体的な事情を捨象し，異常なまでに機械的に抽象化された単純な割合で表される配偶者相続分が，長く国民に受け入れられ，正当化されてきた背景のひとつではないだろうか。

IV．今後の課題

1．代替的機能を期待されてきた相続法

今回の改正作業では，配偶者保護という目的を法定相続分の見直しによって達成することは，ほぼ既定路線となっている。本来であれば，嫡出でない子の相続分が嫡出子の相続分と同等になったことで大きな不都合が生じるほど相続法は危ういバランスの上に成り立っていたのか，相続法を変えなけれ

---

56) 宮崎＝井田・前掲注37）181頁。
57) 久留・前掲注22）341頁，常岡史子「財産分与と配偶者相続権」法教369号（2011年）16頁等。

ばならないほど社会は変化しているのか，という根本から問い直すべきかもしれない。仮に，これらについてはすでに決着がついているとしても，相続法を変えれば本当に目的が達成されるのか，真の問題解決になるのかという問いは，なお意味を持つ。目的達成のための手段選択の正当性および適切性の問題である。

　遡れば昭和22年改正の際，法定夫婦財産制として共有制の採用を見送る代わりに配偶者相続権の拡充が行われた（Ⅲ2(2)参照）。その後，憲法24条との関係で夫婦別産制の合憲性が争われた事件において，夫婦相互の協力，寄与に対しては，財産分与請求権，相続権ないし扶養請求権を行使することにより，結局において夫婦間に実質上の不平等が生じないよう立法上の配慮がなされているとして合憲判断を下した最高裁昭和36年9月6日大法廷判決（民集15巻8号2047頁）もまた，夫婦別産制の代替的・補完的機能を相続に期待するものと言えよう。昭和55年改正の際にも，夫婦財産制は別産制のままでよいとする回答が21%，共有制にしたほうがよいとする回答が46%という世論調査の結果が公表されたにもかかわらず，別産制の下でも財産分与や配偶者相続権によって妻の保護が図られており，実際にはその金額が十分かどうかが問題となるにすぎず，妻の内助の功など共有制の主張となって現れた実質上の問題は配偶者相続分の引上げによってかなりの程度まで解決できるはずであることを理由のひとつとして，共有制の採用を見送り，配偶者相続権の拡充にその役割を委ねた[58]。

　このような配偶者相続権の代用品としての利用，言い換えれば，困ったときの相続法頼みを許してきたのは，配偶者相続権の趣旨に対する無理解，そして相続法の意義の曖昧さであることは言うまでもないが，今回の改正作業に，従来のような配偶者相続権の代替的機能への過度の期待はないだろうか。

---

58) 共有制の採用が見送られた他の理由も含めて，詳しい経緯は，加藤・前掲注25)73頁〜74頁，橘・前掲注24)679頁〜680頁等参照。

2. 解決すべき真の問題

　上述のような懸念に対しては，だからこそ，WT および法制審部会では「現行法の相続制度と共有制の中間形態に位置する」案（Ⅱ 1(3)参照）を検討しているという説明[59]がなされるかもしれない。しかし，ここで問題にしたいのは，現行法も改正案も，被相続人の死亡後にすべてを持ち越すという点では同じであり，結局，配偶者が先に死亡しない限り現実化しない権利の強化・適正化によって解決を試みようとしている点である。Ⅲ 2(1)において紹介した見解も含め，これまで配偶者相続権の定め方に関して主張されてきた諸見解も[60]，この点では変わらない。婚姻中の家事・育児・介護労働の無償性が当然視され，その配偶者の財産形成への寄与・貢献は配偶者の死亡時にしか評価されず，配偶者よりも先に死亡した場合には一切評価されない。共働き世帯が圧倒的多数を占めるようになっても，すぐにこのような現実が変化するとは思えない[61]。これで本当に配偶者保護，権利の強化と言えるのか，真の問題解決になるのか。

　やはり，配偶者が婚姻解消を待たずに財産を取得できる道を用意すべきではないだろうか。より早い時期に財産を手にすることは，当事者に安心感や満足感を抱かせるだけでなく，いままで自分の意思のみで誰にも遠慮せずに自由に使用できる財産が少なかった専業主婦・主夫に消費，起業等のチャン

---

59) 法制審部会資料 3・前掲注 9) 1 頁以下。
60) 昭和 22 年改正から間もない時期には，相続分は家庭裁判所が具体的事情を判断した上で定めるものとする案も関心を集めた（谷口・前掲注 52) 16 頁～17 頁〔もっとも，谷口博士は，いま法改正をすることには賛成できないとして，配偶者の権利保護を全うするために一定割合の相続分を定めつつ，配偶者相続権の趣旨に反するような相続権の主張は権利濫用法理によって排斥することを示唆する〕，久留都茂子「妻の相続権」法時 33 巻 9 号〔1961 年〕31 頁等）。その後も，配偶者の寄与・貢献の評価を寄与分制度の柔軟化によって行うとする主張，遺産分割基準（民 906 条）を根拠に法定相続分を変更・修正できるものとする主張（佐藤隆夫「民法第九〇〇条と第九〇六条との法理的関係」戸籍時報 454 号〔1995 年〕3 頁等），遺言等を積極的に用いることによって対応すべきとする主張（辻朗「少子高齢社会と相続法上の課題——配偶者相続権を中心として」法政論叢 43 巻 1 号〔2006 年〕274 頁～275 頁）等が現れている。
61) 共働き世帯においても，6 歳未満の子がいる家庭のうち約 8 割の夫が家事を行っていないのが現状である（内閣府『平成 27 年版男女共同参画白書』〔2015 年〕62 頁～63 頁）。

スを与え，ひいては経済の活性化につながるかもしれない。内助の功の恩恵を受けた者が生存しているため，その立証が容易であるだけでなく，より実情に即した算定が可能となり，将来の相続人にとっても納得しやすい結果になるという利点もある。

　このような方法の具体化として第1に思い浮かぶのは，法定夫婦財産制の（後得財産）共有制への移行であろう[62]。また，昭和55年改正の過程で主張されたように[63]，別産制においても，一定の要件を満たす場合に潜在的共有持分の分割を求めることができる仕組みを作ることもありえないわけではない[64]。民法762条は対外関係における夫婦の財産の個別的帰属の原則を定めたものと解し，婚姻中に夫婦の協力によって取得された財産は夫婦の共同所有となり（潜在的所得共通制），婚姻中であっても夫婦の一方は自己の持分を確認できるという解釈も主張されているところである[65]。将来的にはこれらが課題になると思われるが，さしあたり，しばしば指摘されるように，配偶者の貢献を事務管理，不当利得，もしくは賃金・報酬としての請求等，当事者間の契約的処理によって随時，一定の時期または定期的に清算することで対処することになろうか。

---

[62]　後得財産共通（合有）制を法定夫婦財産制とする国の中には，婚姻中，一方配偶者が資金を要しているにもかかわらず他方配偶者が共有（合有）財産の分割に合意しない場合等に分割請求を認めている国もある（ロシア家族法38条，ベトナム婚姻家族法29条等）。

[63]　法務省民事局参事官室「法制審議会民法部会身分法小委員会中間報告について」ジュリ596号（1975年）85頁。

[64]　離婚前ではあるものの婚姻関係が破綻している場合において，夫婦の共同所得で購入し夫名義となっている不動産につき，夫婦の共有に属するとして妻の2分の1の持分について所有権移転登記手続を認めた下級審裁判例がある（東京地判昭和35・8・6判例集未登載〔昭和33年（ワ）第8059号〕），その意義および射程は明らかではない。ドイツ法は，別産制を基調とする剰余共同制において，3年以上の別居，婚姻から生じる経済的義務の長期不履行等，剰余清算が不可能になるおそれがあるような場合に限ってではあるが，婚姻解消前の剰余清算請求を認めている（独民1385条）。

[65]　有地亨「夫婦財産制に関する一考察」法政研究32巻2=6号（1966年）708頁～709頁等。

3. 配偶者「相続権」を超えて

　もっとも、たとえ裁判外での請求であっても、婚姻中に、その寄与・貢献を金銭評価して、その清算を自ら権利として要求することにためらいを覚える国民も少なくないと考えられる。財産法上の解決が十分に機能しなかったからこそ寄与分制度が創設されたことも想起したい[66]。

　このような国民性の是非自体が問題になりうるとしても、まずは、配偶者による一方的な主張よりも受け入れられやすいであろう夫婦間の合意に基づく生前の処理を目指し、内助の功の恩恵を受けている配偶者の自発的な生前贈与、その前段階である夫婦間での合意形成に向けた話合いなどを促すような間接的な支援を行うことが考えられる。例えば、現在、婚姻期間が20年以上の夫婦間で居住用不動産または居住用不動産を取得するための金銭の贈与を行う場合、基礎控除110万円のほかに2000万円まで贈与税を非課税とする配偶者控除制度が広く利用されている（相税21条の6）。この特例は、まさに、夫婦の財産は夫婦の協力によって形成されたものであること、贈与は配偶者の老後の生活保障を意図してなされる場合が多いことなどを趣旨とするものである[67]。この対象財産を拡大したり、非課税枠を一律の額ではなく実質的夫婦共有財産の一定割合としたり、婚姻期間に応じてその枠を変動させたりすることによって、画一性が求められる相続とは異なり、実態に応じたより柔軟な対応が可能になるかもしれない。あわせて、このような夫婦間贈与の効力が遺留分制度によって否定されるのを避けるために、配偶者に対する贈与等の無償処分について特別な自由分（遺留分の制約にかかることなく、被相続人が自由に処分できる部分）を設定することも視野に入ってくる[68]。

　ほかにも種々の方法がありえよう。民法の改正という直接的な手段による

---

66)　窪田充見「寄与分の類型ごとの算定方法」野田＝梶村総編集・前掲注32)265頁。
67)　中村淳一編『平成27年版図解相続税・贈与税』（大蔵財務協会, 2015年）492頁等。
68)　例えば、フランス法では、子または卑属を遺す場合、夫婦の一方が他方にその財産の4分の1の所有権および4分の3の用益権、または財産全部の用益権を与えることができる特別な自由分が認められている（仏民1094条の1第1項）。

のではなく，あるいは民法の改正とともに，配偶者保護のための多様な選択肢を用意するなど，今後はより多方向からの検討が求められるのではないだろうか。

4

婚外子相続分違憲決定に関する一考察

木村敦子

Ⅰ. はじめに
Ⅱ. 民法 900 条旧 4 号ただし書前段について
Ⅲ. 平成 25 年決定の概要
Ⅳ. 平成 25 年決定の検討
Ⅴ. 審査基準・ルールの変化
Ⅵ. 区別目的・内容の動揺・変容
Ⅶ. 結びに代えて

Ⅰ. はじめに

　日本民法では，900 条旧 4 号ただし書前段（以下「本規定」という）において，婚外子の相続分は嫡出子の相続分の 2 分の 1 であると規定されていた。この規定について，憲法 14 条 1 項が定める平等原則に反するか否かが争われてきた。最高裁は，平成 7 年に合憲であると判断した（最大決平成 7・7・5 民集 49 巻 7 号 1789 頁。以下「平成 7 年決定」という）が，その後平成 25 年に，本規定が憲法 14 条 1 項の平等原則に違反すると判断した（最大決平成 25・9・4 民集 67 巻 6 号 1320 頁。以下「平成 25 年決定」という）。この決定を受けて，本規定は削除されることとなった[1]。

　この平成 25 年決定については多数の評釈があり，それらの関心は主に次の 2 点にある。1 つ目は，平成 7 年決定を判例変更することなく，平成 25

---

1) 民法の一部を改正する法律（平成 25 年 12 月 5 日成立，同月 11 日公布・施行）により削除された。

年決定が本規定を違憲と判断した判断枠組みである。2つ目は，平成25年決定が，法的安定性の観点から違憲判断の遡及効が及ぶ範囲を制限する旨の判断をした点である[2]。

　本稿では，前者の問題を取り上げる。本稿の目的は，民法・憲法の観点からの検討を通じて，平成25年決定の判断枠組みを明らかにすることである。加えて，この検討作業を踏まえ，今後の（法定）相続分のあり方やそれに係る課題を探るための手がかりを得ることとしたい[3]。

Ⅱ．民法900条旧4号ただし書前段について

1．立法経緯
（1）　戦前の規定

　明治民法では，家制度の下，戸主の地位を相続する家督制度と，遺産相続制度が設けられていた。遺産相続に関する明治民法1004条は，相続分について，「同順位ノ相続人数人アルトキハ其各自ノ相続分ハ相均シキモノトス。但直系卑属数人アルトキハ庶子及ヒ私生子ノ相続分ハ嫡出子ノ相続分ノ二分ノートス」と定めていた。この規定を起草する際には，次の点が問題になった。第1は，婚外子を相続人とするか，相続人とするとして，相続順位をどのようにするか，ということである。第2は，婚外子の相続分をどの程度にするか，ということである。

　第1の点については，明治民法起草時には，「親子ノ情愛ニ適シ法律保護ノ公平ヲ得」る[4]として，卑属のうちでは，男女，嫡庶，長幼等によって順位を異にすることなく，同順位で相続させることとした[5]。他方，第2の点

2）　潮見佳男〔判批〕金法1982号（2013年）1頁等参照。
3）　平成25年決定の判断枠組みの分析ならびに親族法における今後の課題について論じたものとして，Atsuko Kimura/Gabriele Koziol, Der gesetzliche Erbteil nichtehelicher Kinder-Entscheidung des Obersten Gerichtshofs vom 4. September 2013, ZJapanR 20. Jg. Nr. 39 (2014), 233ff. がある。
4）　法典調査会編『民法修正案理由書』（博文館，1898年）260頁。

については，法律婚制度の下，「婚姻ガ一番相當ナル親族関係ノ本トシマシタ以上ハ嫡出子ト云フモノガ其父母ノ跡ヲ財産ノ點ニ付テモ繼グト云フノヲ本則」とすることが当然であると考えられた結果，嫡出子と婚外子の相続分に差を設けることとされた[6]。もっとも，その婚外子と嫡出子の相続分格差について道理上の標準はなく，これまでの法制を手がかりに，婚外子の相続分は嫡出子の相続分の2分の1と規定された[7]。

(2) 戦後の改正

（ⅰ）民法旧900条4号の制定

戦後，日本国憲法が成立し，憲法24条2項により，婚姻および家族に関する法律が，個人の尊厳と両性の本質的平等に立脚して制定されなければならないとされた。これにより，家族法の改正が要請された結果，新しい民法が制定された（1947年成立・1948年施行）。新たな民法では，家制度とともに庶子制度も廃止された。結果として，子は嫡出子と婚外子に区別されることとなった。

民法において，嫡出子と婚外子の相続分に係る規定は，明治民法1004条を引き継ぎ，民法旧900条4号ただし書前段として制定された。

起草者の1人である奥野健一は，民法ならびに憲法に基づき，正当な婚姻を尊重しなければならず，嫡出子とそうでない子の間に差を設けることは，正当な婚姻の尊重，延て社会問題として，正当な婚姻を奨励し，そうでない関係を極力禁止しなければならないという方針をとるのが，道徳的・社会的，性的にみて当然であるとする。他方で，嫡出子と比べて嫡出でない子に全く相続権を認めないのは気の毒であるとして，折衷の意味において，差を設けて相続人の順位に加えることにしたとする[8]。同じく起草委員であった我妻

---

5) 法典調査会編・前掲注4)260頁，梅謙次郎『民法要義巻之五〔第21版〕』（有斐閣，1913年）96頁以下。

6) 法務大臣官房司法法制調査部監修『日本近代立法資料叢書(7)法典調査会民法議事速記録(7)』（商事法務研究会，1984年）558頁以下。

7) 法務大臣官房司法法制調査部監修・前掲注6)559頁以下。

8) 我妻栄編『戦後における民法改正の経過』（日本評論新社，1956年）288頁～289頁（1946年10月臨時法制調査会第3回総会における発言）。

栄は，妻や子，婚姻外の子を相続人に入れるかどうか，誰をどの順位にするか，ということは，ある程度自由に決めてよいのであり，相続分の差は必ずしも平等の原則に反しないとする。また，相続権を否定して扶養請求権を認めるにとどめるべきだとする意見に対しては，婚外子には一切相続権を認めない立法例もあるが，民法では，父が生存中に子を扶養していたことの最後の締括りとして，婚外子にも2分の1の相続権を認めることにしたとする[9]。

（ⅱ）　その後の改正の動き

1979年に，「相続に関する民法改正要綱試案」が公表され，そこでは嫡出ではない子の相続分を嫡出子の相続分と同等とする提案がなされていた[10]。しかし，この提案は見送られることとなった。というのは，世論調査の結果[11]等において，国民のコンセンサスが得られたとは言いがたい状況であり，現在の国民感情に合致するかどうか疑問であるとして，時期尚早であると考えられたためである[12]。その後，1996年の法制審議会答申「民法の一部を改正する法律案要綱」[13]では，「第十　相続の効力　嫡出でない子の相続分は，嫡出である子の相続分と同等とするものとする」とされたが，法律の形で実現されるには至らなかった。

2.　判例・学説の状況

(1)　判例の動向

1990年代に入ると，下級審裁判例において，本規定を違憲とするものが見られるようになる[14]。

これに対し，最高裁は，平成7年決定において，本規定を合憲とする判断

---

9)　我妻編・前掲注8)288頁(1946年10月臨時法制調査会第3回総会における発言)。
10)　民事局参事官室「相続に関する民法改正要綱試案の説明」ジュリ699号(1979年)45頁。
11)　1979年3月に総理府が行った世論調査では，現行法支持派48%，同権支持派16%であった(加藤一郎「相続法の改正(上)」ジュリ721号〔1980年〕72頁)。
12)　「第91回国会衆議院法務委員会議録(抄)　民法及び家事審判法の一部を改正する法律案件審議(5)」戸籍時報274号(1981年)48頁以下〔貞家克己政府委員〕。
13)　http://www.moj.go.jp/shingi1/shingi_960226-1.html (法務省HP，2015年12月時点)。
14)　東京高決平成5・6・23家月45巻6号104頁，東京高判平成6・11・30判時1512号3頁。

を下した[15]。

　法廷意見は，本規定については，相続制度下における様々な利益調整が必要であることから立法裁量を認められ，また法定相続分の規定は遺言がない場合等に補充的に機能する規定であることを考慮した上で，本規定の立法理由である法律婚の尊重と婚外子の保護には合理的な根拠があり，婚外子の相続分を嫡出子の相続分の2分の1とする区別はこの理由との関連において著しく不合理とは言えないとする。

　しかし，この法廷意見に対しては，4名の裁判官の補足意見と，5名の裁判官の反対意見が付されていた。補足意見では，相続制度において考慮される諸事情が変容しており，制定当時有していた本規定の合理性が次第に失われていることが指摘されていた。また，反対意見では，主に次の2点が指摘されていた[16]。第1は，「出生について何の責任も負わない非嫡出子をそのことを理由に法律上差別することは，婚姻の尊重・保護という立法目的の枠を超えるものであり，立法目的と手段との実質的関連性は認められ」ないということである。第2は，「非嫡出子の法定相続分を嫡出子のそれの2分の1と定めていることは，非嫡出子を嫡出子に比べて劣るものとする観念が社会的に受容される余地をつくる重要な一原因となっている」ということである。

　その後，最高裁は，本規定を合憲とする判断を維持していた[17]。しかし，近年の下級審裁判例では，本規定が適用違憲または法令違憲にあたるとする

---

15) 事案は，次のとおりである。被相続人Aは，1901年にα家の長女として生まれた。Aは，α家の後継者として婿養子を選ぶために4回の試婚が繰り返された。1927年，2人目の試婚の相手であるBとの間にC（婚外子）が生まれた。しかし，Bは，α家の戸主Hに認めてもらえず，Aと婚姻するに至らなかった。1988年，Aが死亡し，Cの子でAの相続を代襲したX（申立人・抗告人・特別抗告人）が，Aの嫡出子および代襲相続人を相手方として，遺産分割審判を申し立てた。その中で，本規定が憲法14条1項に違反すると主張した。

16) 反対意見の整理の仕方については，木村草太「民法900条4号ただし書前段と平等原則」平成23年度重判解（ジュリ1440号）（2012年）16頁を参照。

17) 最判平成12・1・27判時1707号121頁，最判平成15・3・28家月55巻9号51頁，最判平成15・3・31家月55巻9号53頁，最判平成16・10・14判時1884号40頁，最決平成21・9・30家月61巻12号55頁。

判断が相次いでなされていた[18]。

(2) 学説の状況[19]

　違憲説を唱える論者は，平成7年決定の反対意見と同じく，自己に責任のない行為について子に不利益を課すべきではない旨主張していた[20]。また，本規定は法律婚の促進・婚姻外関係の抑止に有効ではない旨のほか，子の扶養の必要性を唱えたりするなどして，婚姻家族ではなく子個人の保護を強く主張する[21]。これに対して，合憲説を唱える論者は，生存配偶者を含めた婚姻家族全体の生活保障[22]や感情的利益への配慮[23]のほか，嫡出（婚姻）家族が相続の基礎である家族的共同体として位置づけられること[24]など，子の法定相続分の区別における婚姻家族の意義を重視する。このように，学説上の対立は，本規定の目的とされる法律婚の尊重に係る意味内容について，各論者の理解ならびにその位置づけの相違によるところが大きかったと言える。

---

[18] 適用違憲と判断したものとして，東京高判平成22・3・10判タ1324号210頁，名古屋高判平成23・12・21判時2150号41頁がある。また，法令違憲と判断したものとして，大阪高決平成23・8・24判時2140号19頁がある。

[19] 学説上の対立について，床谷文雄〔判批〕リマークス47号（2013年）75頁以下，谷口知平＝久貴忠彦編『新版注釈民法(27)〔補訂版〕』（有斐閣，2013年）151頁以下〔有地亨＝二宮周平〕，西希代子〔判批〕法教403号（2014年）55頁以下等を参照。

[20] 米沢広一『子ども・家族・憲法』（有斐閣，1992年）283頁等。

[21] 米倉明「非嫡出子差別是認論における本気と浮気」新しい家族24号（1994年）45頁以下，同「非嫡出子の法定相続分差別は違憲か」法セ490号（1995年）4頁以下，二宮周平「婚外子の相続分差別は許されるのか(3)(4・完)」戸籍時報618号10頁・621号12頁（2007年）等参照。

[22] 水野紀子「子どもの平等権——非嫡出子問題を中心に」家族〈社会と法〉10号（1994年）173頁以下。

[23] 星野英一『家族法』（放送大学教育振興会，1994年）115頁，内田貴『民法Ⅳ〔補訂版〕』（東京大学出版会，2004年）377頁，泉久雄「嫡出でない子の法的地位」ジュリ1059号（1995年）128頁。

[24] 泉・前掲注23)128頁。

III．平成 25 年決定の概要

こうした状況の下，最高裁は，平成 25 年 9 月 4 日に，憲法 14 条に反し違憲であると判断し，原決定を破棄し，本件を原審に差し戻した[25]。

以下では，判旨の一部を紹介する。

最高裁は，「2　憲法 14 条 1 項適合性の判断基準」について，次のように述べている。

「相続制度は，被相続人の財産を誰に，どのように承継させるかを定めるものであるが，相続制度を定めるに当たっては，それぞれの国の伝統，社会事情，国民感情なども考慮されなければならない。さらに，現在の相続制度は，家族というものをどのように考えるかということと密接に関係しているのであって，その国における婚姻ないし親子関係に対する規律，国民の意識等を離れてこれを定めることはできない。これらを総合的に考慮した上で，相続制度をどのように定めるかは，立法府の合理的な裁量判断に委ねられているものというべきである。この事件で問われているのは，このようにして定められた相続制度全体のうち，本件規定により嫡出子と嫡出でない子との間で生ずる法定相続分に関する区別が，合理的理由のない差別的取扱いに当たるか否かということであり，立法府に与えられた上記のような裁量権を考慮しても，そのような区別をすることに合理的な根拠が認められない場合には，当該区別は，憲法 14 条 1 項に違反するものと解するのが相当である。」

続いて，「3　本件規定の憲法 14 条 1 項の適合性」について，今回の判断をするにあたり，最高裁は次のように述べる。

---

25)　事案は次のとおりである。2001 年 7 月に A が死亡し，相続が開始した。A の相続人としては，妻 B，A・B 間の子である X_1 と X_2，A・B 間の子である亡 C の代襲相続人である X_3 と X_4，A・D 間の子である Y_1 と Y_2 がいた。その後，2004 年 11 月に B が死亡し，その権利義務を X_1〜X_4 が相続している。A の嫡出子である X_1〜X_4（申立人・被抗告人）が，A の婚外子である Y_1・Y_2（相手方・抗告人）らに対し，遺産の分割の審判を申し立てた。これに対し，婚外子である Y_1 らは，婚外子の法定相続分について本規定が法の下の平等を定めた憲法 14 条 1 項に反し，無効であると主張した。第 1 審，原審ともに，本規定を合憲とした平成 7 年決定を引用して，Y_1 らの主張を斥けた。そこで，Y_1 らが特別抗告をした。

「法律婚主義の下においても、嫡出子と嫡出でない子の法定相続分をどのように定めるかということについては、前記2で説示した事柄を総合的に考慮して決せられるべきものであり、また、これらの事柄は時代と共に変遷するものでもあるから、その定めの合理性については、個人の尊厳と法の下の平等を定める憲法に照らして不断に検討され、吟味されなければならない。」

その上で、前記2で示した事柄のうち、重要な事実としていくつかの事柄を列挙する。加えて、次のことを指摘する。

「平成7年大法廷決定においては、本件規定を含む法定相続分の定めが遺言による相続分の指定等がない場合などにおいて補充的に機能する規定であることをも考慮事情としている。しかし、本件規定の補充性からすれば、嫡出子と嫡出でない子の法定相続分を平等とすることも何ら不合理ではないといえる上、遺言によっても侵害し得ない遺留分については本件規定は明確な法律上の差別というべきであるとともに、本件規定の存在自体がその出生時から嫡出でない子に対する差別意識を生じさせかねないことをも考慮すれば、本件規定が上記のように補充的に機能する規定であることは、その合理性判断において重要性を有しないというべきである。」

そして、次のように結論づける。

「本件規定の合理性に関連する以上のような種々の事柄の変遷等は、その中のいずれか一つを捉えて、本件規定による法定相続分の区別を不合理とすべき決定的な理由とし得るものではない。しかし、昭和22年民法改正時から現在に至るまでの間の社会の動向、我が国における家族形態の多様化やこれに伴う国民の意識の変化、諸外国の立法のすう勢及び我が国が批准した条約の内容とこれに基づき設置された委員会からの指摘、嫡出子と嫡出でない子の区別に関わる法制等の変化、更にはこれまでの当審判例における度重なる問題の指摘等を総合的に考察すれば、家族という共同体の中における個人の尊重がより明確に認識されてきたことは明らかであるといえる。そして、法律婚という制度自体は我が国に定着しているとしても、上記のような認識の変化に伴い、上記制度の下で父母が婚姻関係になかったという、子にとっては自ら選択ないし修正する余地のない事柄を理由としてその子に不利益を及ぼすことは許されず、子を個人として尊重し、その権利を保障すべきであ

るという考えが確立されてきているものということができる。

　以上を総合すれば，遅くともAの相続が開始した平成13年7月当時においては，立法府の裁量権を考慮しても，嫡出子と嫡出でない子の法定相続分を区別する合理的な根拠は失われていたというべきである。

　したがって，本件規定は，遅くとも平成13年7月当時において，憲法14条1項に違反していたものというべきである。」

Ⅳ. 平成25年決定の検討

1. 検討視角の整理

　以下では，平成25年決定において，平成7年決定と対比してどのような判断枠組みが用いられたのかという点について検討を行う。すでに多数の論者によって，平成7年決定と平成25年決定の判断枠組みの相違点に関する指摘がなされている。以下では，先行業績による分析を踏まえて，検討視角を整理する。

2. 審査方法に関する整理

　まず，平成7年決定ならびに平成25年決定ともに，平等審査において，問題となっている区別に合理的根拠があるかどうか，という点に係る審査方法が問題となる。すなわち，区別の合理的根拠の有無を具体的にどのように審査するか，という点である。

(1) 目的・手段審査の観点から

　この点について，学説では，平等原則の判断についても，目的・手段審査が妥当するものと考えられてきた。すなわち，立法目的と立法目的を達成する手段の2つの側面から合理性の有無が判断されるものとする[26]。判例においても，尊属殺違憲判決[27]において，立法目的の審査と目的達成のための手段の審査に分けた検討が行われたとされる[28]。

---

26) 芦部信喜（高橋和之補訂）『憲法〔第6版〕』（岩波書店, 2015年）131頁以下。

平成7年決定については，尊属殺違憲判決と同様に，目的・手段審査の枠組みを用いたものと捉える見方がある。まず，立法目的に合理的な根拠があるかどうかについて，法律婚の尊重と婚外子の保護が審査されている。その上で，区別が立法目的との関連で著しく不合理であるかどうかについて，婚外子の法定相続分を嫡出子の2分の1としたという手段の合理性が審査されているとする[29]。これに対して，今回の平成25年決定においては，「法律婚の尊重」という立法目的が明示されておらず，またその手段の合理性も明示的には検討されていないことから，目的・手段審査の方法がとられていないという指摘がある[30]。

(2)　区別の合理性に関する審査

　他方で，一部の論者からは，平成7年決定が目的・手段審査を用いていたとする理解に対して，疑問が示されている。これらの論者は，平成7年決定ならびに平成25年決定のいずれも「端的に区別の合理性を憲法上の価値判断や立法事実に照らして正面から問われて」[31]いると指摘する[32]。

　これは，次のような理由によるものとされる[33]。第1は，平等の問題については，人の区別と区別の目的とが密接に結びついており，これらを分けて判断するのが難しいということである。第2は，別異の取扱いは，通常，程度問題ではなく，all-or-nothingの問題であるため，目的と手段を分解で

---

27)　最大判昭和48・4・4刑集27巻3号265頁。この判決では，当時の刑法199条が普通殺人罪の法定刑を，死刑・無期懲役，または3年以上の有期懲役と定めていたのに対し，刑法200条が尊属殺人罪の法定刑を死刑または無期懲役に限定していた趣旨は，被害者と加害者との間における特別な身分関係の存在に基づき刑を加重することにあるとされた。この区別が法の下の平等に反しないかどうかが問題になった。

28)　田尾勇〔判解〕最判解刑事篇昭和48年度115頁等。

29)　渡辺康行〔判批〕速判解（法セ増刊）14号（2014年）24頁等を参照。

30)　渡辺・前掲注29)24頁，潮見佳男〔判批〕リマークス49号（2014年）67頁，蟻川恒正「婚外子法定相続分最高裁違憲決定を読む」法教397号（2013年）110頁。

31)　宍戸常寿『憲法　解釈論の応用と展開〔第2版〕』（日本評論社，2014年）113頁。

32)　高橋和之ほか「〔座談会〕非嫡出子相続分違憲最高裁大法廷決定の多角的検討」法の支配175号（2014年）17頁〔高橋〕も参照。

33)　宍戸・前掲注31)113頁，高橋ほか・前掲注32)17頁〔高橋〕。

きないということである[34]。すなわち，嫡出子と婚外子の相続分差別の問題においては，区別の目的である法律婚の尊重によれば，「法律婚とは嫡出子を優遇する制度」が前提とされており，法律婚主義をとる以上，婚外子を差別することは論理必然であるとされる[35]。また，法律婚を尊重するという区別の目的により，嫡出子と嫡出でない子が区別されている以上，嫡出でない子の法定相続分を嫡出子に比べてどの程度にするかが問題なのではなく，端的にそうした区別を使うこと自体が良いかどうかが問題とされ，総合判断ないし利益衡量が行われている[36]と捉えることができる。

平成7年決定をこのように解すると，平成25年決定も，目的・手段審査ではなく，区別の合理的根拠を端的に検討している[37]点において，同じ審査方法がとられていると解することができる[38]。

3. 検討視角の設定

以上の検討を踏まえて，平成7年決定と平成25年決定では，その区別の合理性に係る審査手法自体に決定的な違いがないことを前提に，以下では平成7年決定と平成25年決定の相違点について検討を進める。

ここで注目すべきは，平成25年決定において，最高裁は，平成7年決定から判例変更をしたのではなく，本規定の合理性に関連する種々の事柄の変遷により，本規定が違憲となるに至ったとしている点である。すなわち，平

---

34) 高橋ほか・前掲注32)17頁［高橋］も参照。高橋は，平等権については，次の2つのパターンがあるとする。第1は，差別自体は正当だと評価した上で，次にどの程度の差別まで許されるかという「程度」の問題として手段審査が必要となるケースである。第2は，差別自体が不当であるとして目的審査そのものが問題となっており，手段審査が問題とならないケースである。本文で言及しているのは，後者のケースである。これに対して，尊属殺違憲判決は，前者のケースとみることができる。
35) 高橋ほか・前掲注32)17頁［高橋］のほか，久保田浩史［判批］民事研修462号（1995年）55頁以下も参照。
36) 高橋ほか・前掲注32)16頁［宍戸常寿］，17頁［高橋，宍戸］，20頁［高橋］。
37) 高橋ほか・前掲注32)17頁［高橋］。
38) 伊藤正晴［判解］ジュリ1460号（2013年）92頁，尾島明「嫡出でない子の法定相続分に関する最高裁大法廷決定」ひろば66巻12号（2013年）37頁も参照。

成25年決定は，平成7年決定と同様に，相続制度は，「国の伝統，社会事情，国民感情」のほか，相続制度に密接に関連する家族に対する考え方，婚姻ないし親子関係に対する規律や国民意識などの諸要素を総合考慮した上で，定められているとする。その上で，「これらの事柄は時代と共に変遷するものであるから，その定めの合理性については，個人の尊厳と法の下の平等を定める憲法に照らして」検討されなければならないとする。そして，平成25年決定では，種々の事柄の変遷等によって，「家族という共同体の中における個人の尊重がより明確に認識されてきた」点が指摘されている。すなわち，これら平成7年決定以降の種々の事柄の変遷ならびにそれがもたらした認識の変化が，婚外子法定相続分規定の違憲判断枠組み——法律婚の尊重とそれに基づく嫡出・婚外子の区別を使うことが良いかを判断する具体的な判断枠組み——に対してどのような影響を与え，その結果として平成7年決定と平成25年決定では，その判断枠組みにおいてどの点に相違があるか，という点が問題になる。

これについては，大別して次の2つの観点が示されている[39]。

第1は，当該区別の合理性を判断するにあたっての《審査基準・ルールの変化（新たな基準・ルールの定立）》である（観点 α）。

第2は，法律婚の尊重のために嫡出子と婚外子を区別するという《区別の目的および区別の内容の動揺・変容》である（観点 β）。

以下では，この2つの観点からみた平成25年決定の内容（ならびに平成7年決定との相違）を取り上げる。本稿では，それぞれの観点からのアプローチのうち，いずれが妥当であるかを問うのではなく，複数のアプローチを踏まえて，平成25年決定における判断枠組み，あるいはそれを構成する決定的要因を明らかにすることを試みる。

---

[39] 複数のアプローチがあることを示唆するものとして，潮見・前掲注30)68頁，安西文雄「憲法14条1項後段の意義」論ジュリ13号（2015年）78頁参照。

V. 審査基準・ルールの変化

まず，審査基準・ルールの変化（定立）（観点 α）を取り上げる。

1. 審査基準・ルールの内容

前記Ⅳ2で示したように，平成7年決定では，区別の合理的根拠について総合的判断ないし利益衡量がなされていたとされる。

これに対して，憲法学者からは，国籍法違憲判決（最大判平成20・6・4民集62巻6号1367頁）以降，「区別事由」に一定の意味を持たせる形で結論に至る論理が組み立てられている[40]ことが指摘されている。すなわち，「『自らの意思や努力によっては変えることのできない』客観的条件の存在」[41]に基づいて，不利益が課されることの不合理性が問われるようになったとされる[42]。

このような理解を踏まえて，平成25年決定については，次のように説明される。すなわち，平成25年決定では，「法律婚という制度自体は我が国に定着しているとしても，上記のような認識の変化に伴い，上記制度の下で父母が婚姻関係になかったという，子にとっては自ら選択ないし修正する余地のない事柄を理由としてその子に不利益を及ぼすことは許されず，子を個人として尊重し，その権利を保障すべきであるという考えが確立されてきているものということができる」と述べられている。これを受けて，平成25年決定における審査ルールについて次のことが指摘されている[43)44]。すなわち，「本人に責任がないようなことを理由として差別するということは個人の尊

---

[40] 安西・前掲注39)71頁。
[41] 石川健治「国籍法違憲大法廷判決をめぐって──憲法の観点から(3・完)」法教346号(2009年)13頁参照。
[42] 井上典之「婚外子相続分違憲最高裁大法廷決定──憲法の立場から」論ジュリ8号(2014年)103頁。
[43] 高橋ほか・前掲注32)19頁以下[髙橋]，井上・前掲注42)103頁，安西・前掲注39)78頁のほか，宍戸・前掲注31)111頁，114頁以下も参照。

厳を害する」というルールが形成された[45]．あるいは，「婚外子を『自ら選択ないし修正する余地のない事柄を理由として』不利益処遇することは許されないとする」考え方がわが国において結実した[46]とされる。つまり，①本人に責任がないことが区別事由とされているか，②差別にあたる不利益・害悪が存在するか，という点から個人の尊厳・尊重に反しないかが問題となる。

　このルールによると，法律婚主義の下，嫡出子の保護・優遇が要請された結果，嫡出子と婚外子の区別が導かれるという帰結に対して，当該区別が，本人に責任がない事由に基づいて不利益・害悪をもたらしているとき，その区別（差別）は個人の尊厳に反すると判断されうる。まず，①について，親が婚姻しているかどうかによる区別は，子自身に責任がない事柄による区別であると考えることに異論はないだろう。その上で，②の当該区別が差別にあたるかどうか，という点が問題になる。この点について，平成25年決定では，次の2点が取り上げられている[47]。⒤第1は，「遺言によっても侵害し得ない遺留分については本件規定は明確な法律上の差別というべきである」という点である。ⅱ第2は，「本件規定の存在自体がその出生時から嫡

---

44) その上で，審査密度自体が変容したかどうかについては，論者によって見解が分かれている。平成7年決定は，相続制度は様々な利益を総合的に考慮するものであるとし，立法府の合理的な裁量判断に委ねられているとする。さらに，法定相続分の補充性を援用し，広範な立法裁量を導いている。その結果，法律婚主義の下，配偶者と嫡出子を優遇し，婚外子が区別されることが，（立法理由との関連で）「著しく不合理」とは言えず，「立法府に与えられた合理的な裁量判断の限界を超えたものということはできない」と判断された。この点について，平成25年決定も同様の審査密度を用いているとする指摘もあるが，他方で，審査密度が次のように変化したと指摘する論者もいる。つまり，平成25年決定は，平成7年決定と同様に，相続制度における立法裁量を認める一方で，法定相続分が補充的規定である点に重要性を認めないとしている（安西・前掲注39）77頁注18）。また，平成7年決定のように「著しく不合理」かどうかという基準を用いておらず，「立法府に与えられた裁量権を考慮しても区別に合理的な根拠が認められないかどうかをストレートに問題にしており，審査密度を後退させていない」と評価されている（宍戸・前掲注31）113頁）。
45) 高橋ほか・前掲注32）19頁以下［高橋］。
46) 安西・前掲注39）78頁。
47) 宍戸常寿ほか『憲法学読本〔第2版〕』（有斐閣，2014年）第6章107頁以下［安西文雄］。

出でない子に対する差別意識を生じさせかねない」という点である。

2. 法定相続分規定にみる「差別」

 ⓘで示されているように，平成 25 年決定では，遺留分については，それが遺言によっても排除されえない強制的な法益侵害であるとして明確な法律上の差別と位置づけられている。このように遺留分は有形の害悪と位置づけられているのに対し，法定相続分についてはどのように考えられているか，が問題になる[48]。

 平成 25 年決定は，法定相続分が権利や法益として（憲法上）保障されていることを前提としていない。この意味において，平成 25 年決定も，平成 7 年決定と同様に，法定相続分に関する規定は被相続人が遺言等によりあらかじめ排除可能である[49]として，そこに財産的権利・法益侵害を見出してはいない。

 これに対し，平成 25 年決定は，ⓘⓘの指摘からも明らかなとおり，婚外子＝差別の犠牲者に対して，嫡出子よりも劣るという社会構成員としての地位そのものの格下げや彼らに対するスティグマの押し付けそのものをとらえて，本規定による無形の害悪の存在を認めている。ここでは，別異の取扱いに基づく権利・利益等の差別的配分（反別異原理）が問題とされているのではなく，一定のカテゴリーに属する人々の地位の格下げ（反従属原理）が問題視されているのである[50]。こうした平等問題の理解は，すでに平成 7 年決定の反対意見において見受けられた。そこでは，法定相続分に関する規定は，

---

48) 欧州人権裁判所の判断では，婚外子の相続分差別の問題は，家族生活の尊重（欧州人権条約 8 条）や財産権（欧州人権条約 14 条・欧州人権条約第一議定書 1 条）との関係で議論されている。一連の欧州人権裁判所の判断ならびに欧州人権条約に関する欧州諸国の裁判例については，今後の検討課題としたい。とりわけ，近時は，各国の国内法において，法的安定性の観点から相続分の平等取扱いが適用される範囲を限定している点について争われている（例えば，ドイツ連邦憲法裁判所 2013 年 3 月 18 日決定等がある）。
49) 糠塚康江［判批］法教 400 号（2014 年）85 頁等参照。
50) 安西文雄「平等」樋口陽一編『講座・憲法学(3)権利の保障』（日本評論社，1994 年）81 頁以下，安西・前掲注 39)73 頁以下，宍戸ほか・前掲注 47)98 頁［安西］。

「国民生活や身分関係の基本法である民法典中の一条項であり，強行法規でないとはいえ，国家の法として規範性をもち，非嫡出子についての法の基本的観念を表示している」として，「非嫡出子を嫡出子に比べて劣るものとする観念が社会的に受容される余地をつくる重要な一原因となっている」とされていた。平成25年決定でも同様に，まさに嫡出子と婚外子の相続分を区別する法の表示から読み取れる差別的メッセージの存在そのものによって個人の尊厳を決定的に傷つけられることが問題視されていたとみることができる[51]。

3. 小括

このように，種々の事柄の変遷に伴い，——平成7年決定時には必ずしも明確に意識されていなかった——本人に責任がない区別事由により害悪をもたらす法規定（法の表示）は個人の尊厳に反するという審査ルールが確立し，平成25年決定ではこのルールに基づく判断がなされたと言える。その上で，法定相続分に関する本規定が差別的メッセージを含むと判断された点が，今回の違憲判断をもたらす決定的要因であったと捉えることができよう。

もっとも，ここで問題となる差別的メッセージとは，国家機関（立法者）の差別的意図だけではなく，法の表示が歴史的文脈においてこれまで虐げられてきた被差別者への差別感情を助長する場合にも認められる[52]。そのため，差別的メッセージの存否に係る判断においては，前記Ⅱ1で取り上げた立法者の意図だけでなく，法の表示そのものが持つ意義と被差別者が置かれている歴史的文脈も重要な意味を持つ。

一方で，こうした法定相続分規定が法の表示として有する意義について，平成7年決定の反対意見は，前述したように，本規定が民法典の一条項であり，国家の法として，婚外子についての法の基本的観念を表示していると述

---

[51] 石川健治〔判批〕法協114巻12号（1997年）1553頁以下，木村草太『平等なき平等条項論——equal protection 条項と憲法14条1項』（東京大学出版会，2008年）参照。
[52] 木村・前掲注51)190頁。

べる。もっとも，このような理解によれば，民法典において嫡出子と婚外子を区別する規定であれば，その規定が差別的メッセージを与えるものと捉えられる可能性が生じる。

これに対して，「相続分は，被相続人の債務を引受ける地位であることを含めて，被相続人を承継する地位を意味すると同時に，それを公示する対世的な意味を持ちうる」のであって，「子の相続分は，単に財産上の利益にとどまらない，自己定義にもかかわる人格的な利益を表象する」との指摘がなされている[53]。このように法定相続分の趣旨を踏まえて本規定により表示される子の地位とその公示性を考慮した結果，そこに婚外子に対するスティグマの押し付けが認められたと考えることができる。この理解によれば，平成25年決定の違憲判断の射程は法定相続分規定に限られることになるだろう。

もっとも，この点について，平成25年決定が具体的にどのように考えていたのかということは，必ずしも明らかではない。

Ⅵ. 区別目的・内容の動揺・変容

次に，区別目的・内容の動揺・変容（観点 β）を取り上げる。

1. 法律婚主義の動揺

平成25年決定では，平成7年決定と異なり，法律婚の尊重の理念が挙げられておらず[54]，むしろ国民の意識の問題という総合的考慮の諸事実のひとつに格下げされている[55]ことが指摘されている。こうした点を踏まえ，平成25年決定では法律婚の尊重を核とした家族制度ならびにそれを支える家族モデルおよびそれに基づく相続制度は維持されておらず，それに代わる

---

53) 蟻川恒正「婚外子法定相続分最高裁違憲決定を書く(2)——平等違反事案の起案」法教400号 (2014年) 140頁。
54) 潮見・前掲注30) 68頁。
55) 蟻川・前掲注53) 132頁。

家族モデルに立脚していると考えることができる[56]）。

　ただし，次の点に留意する必要がある。たしかに，平成25年決定では，種々の事柄の変遷等が詳細に指摘されており，それは一見すると，平成7年決定で指摘されていた「区別を生じさせる法律婚主義を支えているはずの社会通念」[57]）や社会事情の変化を想起させる[58]）。そのため，家族関係の多様化といった社会事情に焦点を置き，法律婚制度やそれに基づく家族モデルの維持が困難である旨を述べる論者もいる[59]）。

　しかし，平成25年決定では，必ずしも，種々の事柄の変遷から，「直ちに」法律婚主義の意義ならびにそれに依拠する家族制度の崩壊や動揺が示されているわけではない点を考慮する必要がある[60]）。というのは，あくまで最高裁は，種々の事柄の変遷を個別に捉えることを否定した上で，事情変更や最高裁の判例における度重なる問題の指摘等を「総合的に考察」することによって，「家族という共同体の中における個人の尊重がより明確に認識されてきたことは明らかである」と指摘しているからである。こうした「子を個人として尊重」する要請が導き出された結果，それに対応する新たな家族モデルを採用する必要性が生じ，その結果として，法律婚の尊重の位置づけやそれに基づく家族モデルが動揺・変容せざるを得なくなったと理解すべきである。

2．家族モデルの変化

　こうした留意点を踏まえた上で，平成7年決定と平成25年決定の各決定について，法律婚制度の位置づけや相続法制の前提とされていた家族観・家

---

56) 渡邉泰彦〔判批〕判評665号（判時2220号）(2014年) 4頁のほか，潮見・前掲注30)68頁（「パラダイム転換」と表現している点が本文記述に対応すると考えられる）を参照。
57) 井上典之〔判批〕長谷部恭男ほか編『憲法判例百選Ⅰ〔第6版〕』（有斐閣，2013年）76頁参照。
58) 井上・前掲注42)103頁参照。
59) 棚村政行「婚外子相続分差別違憲決定」自由と正義65巻1号（2014年）103頁。
60) 井上・前掲注42)103頁参照。

族モデルがどのように構想されていたか,という点について整理を試みる[61]。

(1) 平成7年決定

平成7年決定では,親子関係を親の婚姻関係と結びつけて判断する家族モデル(以下「家族モデルA」とする)が採用されている[62]。この理解の背景には,法律婚制度とは,婚姻関係に基づく配偶者と嫡出子を保護する制度であるという制度理解が存在する[63]。すなわち,法律婚主義の下では,配偶者と嫡出子を尊重すべきであるとされ,嫡出子を婚外子に比べて優遇することは,論理必然であるとされる。そのため,婚姻制度は夫婦関係に加えて,親子関係まで含めた形で定義され,嫡出子の優遇＝婚外子の差別まで含めて理解することが妥当であると解されている[64]。

家族モデルAによれば,相続法制は次のように構成される。まず婚姻家族のメンバーとして,嫡出子と配偶者の法定相続分保障が考慮される。もっとも,それに加えて,婚姻家族の地位を低下させない限りにおいて,婚姻家族外の婚外子に相続分という「利益」を付与することも否定されていないとする。この意味において,平成7年決定の法廷意見では,「法律婚の尊重と非嫡出子の保護の調整を図った」と述べられていたと考えられる。

(2) 平成25年決定

これに対して,平成25年決定では,社会事情や国民の意識の変化に伴い,

---

61) その整理の手がかりとして,大村敦志による平成7年決定の評釈において,合憲説と違憲説(法廷意見と反対意見)の違いを説明・分析する際に用いられた家族モデルの相違を用いる(大村敦志〔判批〕法協114巻12号〔1997年〕1566頁以下)。そこでは,家族モデルについて,法律婚を前提として,親子関係の捉え方を父母の婚姻関係と一体として理解する考え方(家族モデルA)と両者を切り離して親子関係を捉える考え方(家族モデルB)の違いが明確に描かれている。

62) 大村・前掲注61)1566頁。

63) こうした理解は,平成7年決定の可部恒雄裁判官の補足意見において示されていたとされる。この点については,石川・前掲注51)1547頁以下,大村・前掲注61)1566頁,久保田・前掲注35)56頁等を参照。

64) 高橋ほか・前掲注32)17頁〔高橋〕。

子を個人として尊重し，その権利を保障するべきだとする考え方が確立したとされる。この考え方によると，その親が婚姻関係にあるかどうかにかかわらず，子の法的地位やそれに基づく権利等が平等に保障されなければならないことになる。これは，親子関係（に基づく権利義務・法的効果）は，父母の婚姻関係の有無とは切り離されて判断されることを意味する。その結果，親子関係は婚姻関係とは独立に判断されるという家族モデル（以下「家族モデルB」とする）が採用されているとみることができる。

相続法制においても，この家族モデルBを前提に，次のように説明されうる。すなわち，婚姻関係に基づくか否かによらず，親子関係が存在する以上，子の地位・権利は同等であるとして，原則として相続分も同等とすべきであるとなる。そのため，婚外子の相続分を嫡出子の相続分の2分の1とする規定は「不利益」を課す規定とみなされる。

3. 標準的・典型的家族としての婚姻家族と相続制度の根拠に基づく合理性
(1) デフォルト・ルールの設定

以上の考察によれば，平成7年決定以降の種々の事柄の変遷により，個人の尊厳や尊重に基づいた考え方が確立した結果，平成25年決定時では，家族モデルAから家族モデルBへの変容，ならびに相続分の設定に関する新たなルールが採用されたと整理することができる。平成25年決定での「本件規定の補充性からすれば，嫡出子と嫡出でない子の法定相続分を平等とすることも何ら不合理ではない」という指摘は，家族モデルBの観点から，嫡出子と婚外子の法定相続分は平等にするべきであるというルールが設定されることを意味すると考えられる。

しかし，こうした整理を踏まえた上で，次のような疑問が生ずる余地があるのではないか。すなわち，新たに設定されたルールが立法裁量の下で許容されうることのみに依拠して，端的に嫡出子と婚外子の法定相続分の区別が（著しく）不合理であるとはたして結論づけることができるかどうか，という疑問である。

というのは，上記のルールが設定されたとしても，個別具体的な制度や規定——ここでは法定相続分——の趣旨に鑑みると，父母の婚姻関係や婚姻家

族の有無によって，嫡出子と婚外子を区別して扱うことが合理的であると判断できる可能性があると考えられるからである。すなわち，ここで設定されたルールはあくまでデフォルト・ルールにすぎない。

　この点について，法定相続分をはじめとする相続制度に関しては，その制度趣旨[65]として，潜在的持分の清算，遺族の生活保障，一体的生活の延長としての包括承継，血の代償，縦の共同体，横の共同体，被相続人の意思推定など多様なものが挙げられている[66]。これについて，婚姻家族は，これら種々の相続制度の趣旨に最も合致する家族形態として位置づけられるとされる[67]。また，被相続人の意思について，「相続について嫡出子を優遇する意思を有していたと推定することについて，合理性がないとまではいえない」と指摘するものもある[68]。こうした理解においては，法制度としての婚姻を尊重しなければならないと考えられているわけではなく，むしろ，日本社会において法律婚制度が定着し，実際に多くの者が婚姻家族として被相続人と共同生活を営み，財産形成への寄与等物的・精神的面で貢献しているという実際的状況や国民の意識が考慮されている。こうした考えを踏まえると，平成7年決定においては，家族モデルAが採用されていることとともに，相続制度の趣旨に合致する標準的・典型的家族としての婚姻家族の意味もあ

---

65) ただし，相続制度の趣旨を語る際に，相続制度としてどのような範囲を想定して論じられているか（①最狭義として，法定相続制度，②遺留分を含む法定相続制度，③遺言相続を含む相続制度）については，論者によって異なるように思われる。本来であれば，この点について詳細な分析を行う必要があるとも考えられるが，さしあたって法定相続における規定が，「相続の分野における基本的な法的秩序を形成する規定」（野山宏〔判解〕最判解民事篇平成7年度〔下〕654頁参照）であることに鑑み，本稿では，相続（権）の趣旨を法定相続分の趣旨と区別せずに扱うこととしたい。

66) 鈴木禄弥『相続法講義〔改訂版〕』（創文社，1996年）341頁以下等を参照。そのうち，中川善之助は，共同生活体に基づく潜在的持分の清算と生活保障の要請を根拠に挙げる横の共同体説（以下「共同生活説」という）を唱えている（中川善之助＝泉久雄『相続法〔第4版〕』〔有斐閣，2000年〕9頁以下）。

67) 床谷・前掲注19) 77頁参照。遠藤浩「相続の根拠」中川善之助先生追悼『現代家族法大系4』（有斐閣，1980年）10頁以下，野山・前掲注65) 655頁も参照。

68) 久保田・前掲注35) 57頁。

わせて考慮されていると理解することができる[69]。

その上で，家族モデルAが維持できなくなったとしても，相続制度の趣旨に合致する典型的家族としての婚姻家族の意義を認めることは可能であると考えられる。というのは，家族モデルAを支える法制度としての婚姻家族（の保障）と，社会における実際的な標準的・典型的家族としての婚姻家族は，それらの意味内容が異なるからである。前者では婚姻家族の第一義的な保護を要する法制度としての婚姻が語られているのに対して，後者は（任意規定である）法定相続分の内容を確定する上で，実社会における標準的・典型的な家族形態としての婚姻家族を考慮しているからである。また実際，平成25年決定においても，その随所に法律婚の維持，定着を前提とした説示がなされており[70]，日本社会における標準的・典型的な家族形態としての婚姻家族の存在そのものは否定されていない。そうすると，平成25年決定において，家族モデルBの下，嫡出子・婚外子の法定相続分を平等にするというデフォルト・ルールが導かれるとしても，相続制度の趣旨に合致する標準的・典型的家族としての婚姻家族の存在を考慮して，婚姻家族の構成員か否かを基準に子の相続分に区別を設けることに合理性があると考える余地が生じる[71]。

69) もっとも，相続法制の種々の根拠の説明において基本的に考えられている家族単位が，家族共同体＝婚姻家族である（野山・前掲注65)655頁）とすると，結局のところ，法制度としての婚姻を相続法制の根拠として抽象化して論じているにすぎないと考えることができる（床谷・前掲注19)77頁も参照）。しかし，本稿では，日本社会において定着している標準的・典型的な婚姻家族の位置づけを明らかにするべく，考察を試みることにした。また，こうした制度趣旨からの分析は，家族モデルBに立脚したとしても，法定相続分以外にも，嫡出子と婚外子が区別して扱われている法制度（法的親子関係の成否，親権）の理解ならびに立法改正の必要性を検討する上で重要な意味を有すると考える。
70) 伊藤・前掲注38)92頁等参照。
71) これに対して，床谷・前掲注19)77頁は，家族の多元・多様化によって婚姻家族は相続制度における標準的・典型的家族としての機能を失ったと指摘する。もっとも，Ⅵ1で前述したように，家族の多元・多様化そのものが直接的に婚姻家族の機能の変容をもたらしたと単純に結論づけることに対しては，疑問がある。

(2) ドイツ法における議論

こうした問題提起とそれに関する議論は，ドイツ法における，嫡出子と婚外子の相続分の平等化に関する立法（1969 年「非嫡出子の法的地位に関する法律」）をめぐる議論を想起させる。

ドイツ法においては，基本法 6 条 5 項において，嫡出子と婚外子の平等取扱いが要請されている[72]ところ，1969 年法によって，婚外子の父に対する法定相続分ならびに遺留分について，嫡出子と同等の権利が認められた[73]。

その際，立法者は，基本法 6 条 5 項に基づき，嫡出子と婚外子に同等の権利を認めることを出発点としたものの，嫡出子と婚外子が置かれている実際上の前提の違いを考慮すると，嫡出子と婚外子を同等とすることが正当化できないのではないか，という点が問題となった。これは，婚外子は通常，その父と家族共同体において生活していないという事実が，法定相続の根拠と密接に関わるため，そうした実際上の相違を踏まえると，嫡出子と同等の相続権を婚外子に認めることを正当化しえないのではないか，と考えられたことによる。

しかし，政府草案では，法定相続制度（法定相続分）の根拠を列挙し，検討を加えた上で，嫡出子と婚外子の実際上の違いが相続権や相続分上の区別を設けることを正当化することはできないと判断した。その際，主に次の 2 つの理由が示されている[74]。

---

72) ドイツ基本法 6 条 5 項「婚外子に対しては，立法によって，肉体的及び精神的発達，並びに社会におけるその地位について，嫡出子と同様の条件が与えられなければならない。」（日本語訳として，高橋和之編『新版世界憲法集〔第 2 版〕』〔岩波書店，2012 年〕171 頁［石川健治］を参照）。ドイツ民法典では，制定時より，婚外子は母および母方の血族との関係では，嫡出子の地位にあるとされていた（BGB 1705 条）が，父および父方の血族との関係では，血族関係がないものとみなされていた（BGB 1589 条 2 項）。

73) もっとも，婚外子による婚姻家族への介入に対する懸念から，1969 年法では，被相続人である父の死亡時に嫡出の直系卑属または配偶者がいる場合には，相続権の代わりに，法定相続分相当の金銭債権として，価値代償請求権（Ersatzanspruch）を取得するとされた（BGB 1934a 条 1 項）（山口純夫「西ドイツ非嫡出子相続法」甲南法学 12 巻 3・4 号〔1972 年〕59 頁参照）。この規定は，その後，1997 年に削除された。

第2章　相続分

① 第1は，ドイツ法の議論では，法定相続制度の根拠として指摘されうる種々の事柄は，結局のところ，子の法定相続権の根拠としていずれも決定的な意味を有していない点が指摘されている。

まず，ドイツの相続法では，卑属の法定相続権は，血縁に基づく出自関係によって根拠づけ・正当化がなされるのではなく，小家族（夫婦と子）において被相続人とともに生活している生活共同体も考慮されているという考えが示されていた。しかし，嫡出子においても，その法定相続権の要件として，その子が被相続人と家族共同体においてともに生活していたということは要件とされていないとして[75]，家族共同体の不存在は，婚外子の相続分を否定したり制限したりする決定的な理由にならないとされた。

また，嫡出子がしばしば父の財産の獲得や維持に貢献している点を考慮して，婚外子の相続分を制限すべきかどうか，という点が問題とされた。しかし，ドイツ法では，法定相続に関する規定は，相続人による被相続人の財産形成への協力は要件とされていない。仮に，嫡出子がほかの相続人に比べて特別な貢献をした場合に被相続人がその特別な貢献に報酬を与えたいとするときは，雇用契約や組合契約等によって対応すべきだとされた。最終的には，こうした議論を踏まえて，ドイツ法では，嫡出子の財産形成への寄与を考慮するために，直系卑属のみを対象にした寄与分制度（BGB 2057a 条）が設けられた[76]。

さらに，相続財産を維持・継承することが，商業・工業に関わる家族企業経営や貴重な収集品等の被相続人が生涯にわたり携わったライフワーク

---

74) BT-Drucks. V/2370, S. 89ff. このほか，Karl Firsching, Gesetz über die rechtliche Stellung der nichtehelichen Kinder vom 19.8.1969, Rpfleger, 1970, S. 48f. の議論も参照。また，これらの議論状況を紹介する論文として，且井佑佳「ドイツにおける相続分の調整」同志社法学 62巻4号（2010年）157頁を参照。
75) 具体的には，父母の離婚後母の下で成長した場合，出生前に父が死亡した場合，父が高齢で亡くなった場合には嫡出子と長期に及ぶ家族共同体は存在していないという事実のほか，代襲相続の場合やその他の親族（子がいない場合における姪や甥）の相続の場合も指摘されている。
76) 寄与分制度は，当初の政府草案では提案されておらず，その後の法務委員会の提案を受けて導入された（BT-Drucks. V/4179, S. 2.）。

（Lebenswerk）の継承に関わることが指摘されている。これに対し，婚外子は被相続人の財産の維持への協力や，ライフワークの維持に関心がないとされる。しかし，実際，相続財産がこのようなライフワークの継承に関わるものであることは稀であって，そうした場合であっても遺言によることで対処できるとされる。そのため，この観点からも嫡出子と婚外子の相続分に区別を設けることは正当化できないとされた。

② 第2は，そうした嫡出子と婚外子の事実状態の相違を考慮することは，結局のところ，婚外子が必然的に置かれている不利な状況を追認することになるということである。

例えば，法定相続の根拠として家族共同体の存在を考慮すると，婚外子がその父と家族共同体において生活することができず，こうした共同体の不存在という婚外子が必然的に置かれる不利な状況に基づいて，婚外子に不利益を課すこととなり，極めて不当であるとされている。

また，法定相続の根拠として，法定相続に関する規定が，被相続人が遺言をしていなかった場合の規定であることを踏まえて，婚外子の父の推定意思が問題となる。このとき，被相続人の意思として，その妻と嫡出子を婚外子よりも優遇する意思が考慮されうる。しかし，立法者として被相続人の推定意思や従来の事実上の慣習にのみ基づいて法律上の規定を設けるべきではないとされた。というのは，「法領域における基礎的な改正の枠内においては，従来の支配的な社会的認識に従って規定されるのみではないし，そうすることは許されない。むしろ，立法者の役割は，認識しうる当事者の意思が存在しない場合に法律に基づいて生じる法律上の効果によって，将来の発展を決定づけるような指針も定めることにある」[77]と考えられたことによる。その結果，法定相続の規定において，嫡出子と婚外子の平等取扱いに反する父の推定意思に照準を置くことは適当ではないと考えられた。

(3) 日本法の検討

以上のドイツ法における議論内容から得られた示唆を踏まえて，日本法に

---

77) BT-Drucks. V/2370, S. 92.

ついて，嫡出子と婚外子が置かれている生活状況の相違を考慮して，法定相続分に区別を設けることに合理性があるかどうかについて，簡単に検討する。

（ⅰ）　相続制度の根拠の不明確性

日本法でもすでに，ドイツ法における第1の指摘と同様に，相続制度の法的根拠として種々挙げられている。以下では，特に共同生活説を中心に検討する。

共同生活説に対しては，ドイツ法と同様に，現行相続法を説明することができないとする指摘がある。これは，「現行相続法は，相続人たる条件として，形式的に，被相続人と一定の親族関係があることのみを挙げ，両者のあいだの共同生活の有無・相続人の資力の有無・遺産形成への相続人の貢献の有無等は，原則として問題にされてはいない」と考えられることによる[78]。

しかし，法定相続分については，その抽象的相続分という性格において，取引における法的安定性が考慮されている。これは，相続債務の分割について，債権者との対外関係であることを考慮し，法定相続分によるとされる点などに表れている。そのため，個別具体的な共同生活の有無や財産形成への寄与の程度を法定相続分の要件とすることは適当ではなく，相続分の要件は，抽象的・画一的に規定せざるを得ない[79]。したがって，共同生活に関する個別具体的な事情が具体的な要件として設定されていないことは，必ずしも相続制度・法定相続分の根拠として共同生活説を支持できないとする決定的な理由とはならないものと考えられる。

（ⅱ）　差別的取扱いの追認

他方で，ドイツ法における第2の指摘は，日本法の検討においても重要な意義を有する。

すなわち，日本法においても，例えば，共同生活に基づく生活保障や財産形成への貢献，あるいは被相続人の推定意思[80]を法定相続分の根拠に据え，それに適合する標準的・典型的家族形態＝婚姻家族とした上で，嫡出子と婚

---

[78]　鈴木・前掲注66)343頁。
[79]　中川＝泉・前掲注66)12頁，遠藤・前掲注67)11頁参照。

外子の法定相続分を区別することが考えられる。しかし，こうした理解は家族共同体に関与しえない状況に置かれている婚外子の差別的取扱いを追認することを意味する[81]。

平成25年決定の岡部喜代子裁判官の補足意見において，婚外子の多くが，婚姻共同体への参加や維持に関与できない点を指摘しているのは，まさにこうした婚外子が置かれている状況を考慮することが差別的取扱いの追認につながる点を示唆していたとみることができる。

4. 小括

平成7年決定以降の事柄の変遷により，家族における個人の尊重が重視されるようになった結果，法律婚を基調とした家族モデルから，婚姻関係から親子関係を独立して考える家族モデルへと変容し，相続分を平等とする（デフォルト・）ルールが設定されたと考えられる。もっとも，このデフォルト・ルールに立脚した上で，共同生活の存在やそれに基づく生活保障や相続財産形成への貢献，または被相続人の推定意思といった法定相続分の根拠を考慮した場合，そうした根拠に合致する標準的・典型的な家族形態として婚姻家族を捉えて，婚姻関係の有無により子の法定相続分を区別する可能性も認められる。しかし，こうした理論立てによって，婚外子が置かれている社会差別的状況が追認されることになり，それは，家族モデルBを支える，子を個人として尊重する考え方に反することになる。

---

80) ドイツ法では，被相続人の推定意思について，立法として社会認識を望ましい方向に導くことが示唆されている。これに対して，平成25年決定の考え方によれば，社会における法律婚の定着とは別に，「家族という共同体の中における個人の尊重がより明確に認識されてきた」ということをもって，被相続人の意思については，個人を尊重し，嫡出子と婚外子を同等に扱うという意思が推定されると考える可能性も考えられる。

81) ただし，これは，共同生活説自体が，婚姻共同体を前提にしたものであって，それを共同生活，あるいはそこにおける扶養や財産形成への貢献という形に抽象化して，相続制度の根拠として語られていた点を踏まえれば，当然の帰結とも言える（前掲注69)参照）。

Ⅶ. 結びに代えて

1. 平成25年決定の判断枠組みについて

　本稿では，平成25年決定の判断枠組みを明らかにするべく，平成7年決定以降の種々の事柄の変遷がもたらした変化，とりわけ「家族共同体における個人の尊重に対する認識」の顕在化を軸に，合理性に関する審査基準・ルールに関する観点αからのアプローチと，法律婚の尊重という区別目的・内容に関する観点βからのアプローチを取り上げた。

　観点αからのアプローチによれば，個人の尊厳に基づき本人に責任がない事由により不利益を課すことは許されないという区別の合理性を判断する審査基準・ルールが形成され，特に法定相続分に関しては，その法の表示における差別的メッセージが問題とされている。例えば，嫡出子と婚外子の区別を規定する民法上の規定が問題である，また法定相続分の性質に鑑み，そこで示される地位の表示が問題である等が考えられる[82]。もっとも，平成25年決定では，法定相続分規定の表示のどの点に差別的メッセージがあると考えられていたかは明らかではない。

　他方で，観点βからのアプローチによれば，法律婚制度を核とした家族モデルが，個人の尊重を基調とした家族モデルに変容し，法定相続分を平等とするデフォルト・ルールが形成されたと言える。加えて，相続制度としての根拠を考慮する際に，標準的・典型的な家族形態として婚姻家族を位置づけることも，婚外子に対する差別的扱いの追認になるとして，個人の尊厳に反すると考えることもできよう。

　こうして双方のアプローチを検討してみると，その内容は必ずしも矛盾・排斥し合うものではないことがわかる。たしかに，平成25年決定がいずれのアプローチからの観点に立っていたか，あるいは各アプローチで問題とされていた点についてどのように考えていたかは，判決文からは十分に読み取ることができない点は認めざるを得ない。

　しかし，いずれの観点からのアプローチにおいても，以下のように共通点と今後の課題を見出すことができると考えられる。

　いずれのアプローチにおいても，これまで歴史的文脈や社会的状況におい

て，生まれながらに劣位に置かれていた婚外子に対して，法規定がそれを追認することなく，子の平等を実現しようとする試みがなされているということである。

　もっとも，観点αでは，法の表示が問題とされ，法定相続分規定が国家法としての民法典上の規定であることや被相続人との関係で子の法的地位を公示する点に焦点が置かれている。これに対し，観点βでは，法定相続制度の趣旨を考慮する上で，（任意法規である）法定相続分規定における，標準的・典型的家族としての婚姻制度の位置づけが改めて問い直されることになる。このように，いずれのアプローチをとるかによって，法定相続分規定の趣旨や内容のどの側面を捉えるかという点が異なってくる。このことは，観点αと観点βのアプローチの違いが，端的に審査基準・ルールか区別目的・内容のいずれに着目するかという点にあるだけではなく，この婚外子相続分差別の問題を国家が示す子の地位の問題とみるか，あるいは相続財産承継に

82）これに関しては，出生届における嫡出子・婚外子の記載（最判平成25・9・26民集67巻6号1384頁）に関する最高裁の判断もあわせて検討すると，最高裁において法の表示における差別的メッセージとして何が問題とされているかについて，必ずしも明確な判断指針があるわけではないと考えることができる。この判決では，嫡出子または嫡出でない子の別を記載すべきと定める戸籍法49条2項1号の規定は，憲法14条に違反するものではないと判断された。これについて，最高裁は，戸籍法49条2項1号の定める出生届における嫡出子・婚外子の記載の別について，①出生の届出は，子の出生の事実を報告するものであり，その届出によって身分関係の発生等の法的効果を生じさせるものではない，②本件規定は，この差異を前提として事務処理の便宜上設けられたものにすぎない，③本件規定は，嫡出子の場合にも記載を要求しており，その場合にも記載の欠缺による届出で不受理となりうる，④記載を欠く場合の受理等を禁止しておらず，職権による戸籍の記載も可能であるとして，「『別異取扱い』あるいは『正当化すべき区別』の存在自体を否定」している（渡辺・前掲注29）26頁，松本哲治〔判批〕速判解〔法セ増刊〕14号〔2014年〕33頁，山本龍彦〔判批〕平成25年度重判解〔ジュリ1466号〕〔2014年〕18頁）。しかし，この判決に対しては，こうした出生届における「嫡出でない子」という記載自体，あるいは記載をさせること自体が，「心理的な害悪，非嫡出子の市民的地位の格下げ可能性，スティグマの押しつけ可能性」（山本・前掲19頁）があると指摘されている。特に，事務処理上不可欠な要請ではないとされていることに鑑みると，「あえて本件規定を残しておくこと，原則として別記載をさせ続けることのメッセージ性ないし象徴的意味はより強いもの」（山本・前掲19頁）であるとされる。同趣旨の指摘をするものとして，松本・前掲34頁，君塚正臣〔判批〕判評667号（判時2226号）（2014年）3頁。

関する社会ルールの問題として捉えるかという考え方の違いに由来していることを示しているように思われる。

また，各アプローチの検討から端的に法律婚制度やそれを基礎にした法定相続分以外の親子関係に関する諸規定（親子関係の成立や親権等）が否定されていると断言することはできないという点である。この点について，観点 α においては，法規定の差別的メッセージの存在をどこに見出すかが重要な意味を持つことになる。他方，観点 β によれば，個人をベースにした家族モデル B の下で，各制度や規定の趣旨に合わせて，法律婚や婚姻家族の意味を明らかにすることが必要になるだろう[83]。

2. 相続法制における今後の課題

平成25年決定を受けて，本規定は削除され，嫡出子と婚外子の法定相続分は平等とされた。この意味において，観点 α で問題とされた法の表示における差別的メッセージそのものが除去されたと言える。他方で，観点 β のアプローチとして検討・分析した内容を通じて，相続法制についての今後の課題を見出すことができる。以下では，その検討課題2点を示して，本稿の結びに代えたい。

(1) 配偶者の相続権について

第1は，配偶者相続権をどのように整備するか，という課題である。

仮に家族モデル A から家族モデル B への変容が認められ，家族モデル B の下，親子関係における婚姻家族構成員の優遇が否定されたとしても，カップル関係における法律婚制度の意義までもが否定されるわけではない。日本における法律婚制度やそれが社会において維持・定着している実態を踏まえて，配偶者の相続権保護に係る問題として，相続法制における法律婚主義の位置づけが検討されなければならない。具体的には，配偶者の居住権保護や

---

[83] 残された課題として，法定相続分以外の問題においても，本件と同様に個人の尊重の観点から家族モデル A から B への変容を語ることができるか，そして民法において法律婚主義を前提としていると考えられる諸規定をどのように扱うべきか，という問題を検討しなければならない。これについては，Atsuko Kimura/ Gabriele Koziol，前掲注3）等参照。

配偶者の貢献に応じた遺産分割方法の検討などが問題になる。これらの課題の検討必要性についてはすでに多くの論者によって指摘されており[84]、まさに平成27年4月から法制審議会民法（相続関係）部会で議論されている主要テーマであるところ、今後の立法動向を踏まえて検討する必要がある[85]。

(2) 子の相続権について——寄与分の意味

第2は、嫡出子と婚外子に同等の法定相続分が認められたことによって、今後子の法定相続分・具体的相続分の扱いにどのような影響があるか、という問題である。

本稿Ⅵでは、婚外子の多くが被相続人である父と家族共同体で共同生活を営んでいないという事情、すなわち、被相続人との共同生活の有無や関わりの程度に関する嫡出子と婚外子の状況の定型的相違を法定相続分に反映させることは許されないということを指摘した。これは、婚外子が置かれている事実上の差別的状況を追認することになってしまうと考えられるためである。

そのため、法定相続分の根拠の1つとして、共同生活に基づく生活保障の要請や被相続人に対する相続人による物的・精神的貢献とその清算があるとする考え方自体は否定しえないとしても、婚外子にも嫡出子と同等の相続分が認められた結果、法定相続分において、共同生活に基づく生活保障や相続人による貢献の清算といった意味合いが少なくなったと考えることもできよう[86]。

そこで、とりわけ、従来、法定相続分において考慮されていた嫡出子による財産形成・維持への貢献またはその他の物的・精神的貢献をどのように考

---

84) 幡野弘樹「婚外子相続分違憲最高裁大法廷決定——民法の立場から」論ジュリ8号（2014年）105頁。
85) その問題を扱った論稿として、本書・西論文を参照。
86) たしかに、嫡出子においても被相続人との共同生活や財産形成・維持への貢献が認められない個別具体的ケースもあるが、ここでは、婚外子は通常——特に婚姻家族が存在する場合——父と家族共同体を形成していないという一般に想定しうる事実認識を前提としている。もっとも、こうした一般的な事実認識自体について検証が必要とされる。

慮するべきか，という点が問題となる[87]。この問題は，寄与分制度（民904条の2）[88]のあり方と密接な関わりを持つ。というのは，嫡出子と婚外子の間に想定しうる相続財産や被相続人に対する物的・精神的側面での貢献の程度の違いは，嫡出子か婚外子かという地位にかかわらず，各相続人の個別具体的事情に応じて，寄与分において考慮されることになるからである。

　この点，寄与分制度では，「特別の寄与」が要件とされており，これによると，身分関係に基づいて通常期待される程度の貢献は，特別の寄与にあたらないことになるとされる。これは，通常の寄与はもともと相続分の基礎に組み込まれているため，相続分を修正する事由とは認められないと考えられていることによる[89]。しかし，仮に，法定相続分において，相続人による相続財産に対する貢献やその他の物的・精神的貢献の清算という意味合いが理念的に後退したと考えられる場合，こうした寄与分の特別の寄与に関する理解の前提が揺らぐ可能性がある[90]。このような理解によれば，今後，相続人のこうした貢献について寄与分によって適切な清算がなされること，あるいは雇用契約等を用いた財産法上の解決の仕組みを確立することが要請される[91]。加えて，寄与分において，相続人間の具体的・実質的衡平を実現する必要性も，より高まると考えられる。この点，すでに，寄与分の特別性を相続人間の相対的比較の問題として捉えるべきだという指摘[92]や相続人間の具体的衡平を実現する視点から特別の寄与を過度に重視すべきではないとの指

---

[87] 共同生活に基づく生活保障の要請については，平成25年決定でも指摘されていたように，家族形態の変化により，とりわけ成年子に対する生活保障という意味合いが少なくなっていることが指摘されている。

[88] 寄与分については，窪田充見「寄与分の類型ごとの算定方法」野田愛子＝梶村太市総編集『新家族法実務大系3』（新日本法規出版，2008年）262頁以下，谷口＝久貴編・前掲注19）233頁以下［有地亨＝犬伏由子］参照。

[89] 栗原平八郎「寄与分についての覚書」太田武男先生還暦記念『現代家族法の課題と展望』（有斐閣，1982年）238頁。

[90] 西・前掲注19）56頁も参照。

[91] 窪田・前掲注88）269頁。

[92] 土肥幸代「寄与分主張の実態——扶養・療養看護を中心に」判タ526号（1984年）91頁，加藤一郎「相続法の改正（下）」ジュリ723号（1980年）111頁。

摘もなされている[93]。

　現在，法制審議会民法（相続関係）部会では，療養看護型の寄与分に関する特則の設置等が議論され，相続人間の衡平の実現のために寄与分制度の要件の見直し等が検討されている[94]。こうした動向も踏まえて，寄与分制度も踏まえた子の相続分のあり方について今後なお検討していく必要がある。

---

93)　窪田・前掲注 88)272 頁。
94)　法制審議会民法（相続関係）部会第 3 回会議（平成 27 年 6 月 16 日開催）部会資料 3（http://www.moj.go.jp/content/001149712.pdf〔2015 年 12 月時点〕）・同議事録（http://www.moj.go.jp/content/001159452.pdf〔2015 年 12 月時点〕），第 7 回会議（平成 27 年 11 月 17 日開催）部会資料 7（http://www.moj.go.jp/content/001164700.pdf〔2015 年 12 月時点〕）参照。

5

具体的相続分が抱える問題

宮本誠子

> Ⅰ．序
> Ⅱ．具体的相続分と遺産分割
> Ⅲ．具体的相続分の算定における問題
> Ⅳ．結び

Ⅰ．序

　「具体的相続分」は条文上の文言ではない。民法903条が1項で，「共同相続人中に，被相続人から，遺贈を受け，又は婚姻若しくは養子縁組のため若しくは生計の資本として贈与を受けた者があるときは，被相続人が相続開始の時において有した財産の価額にその贈与の価額を加えたものを相続財産とみなし，前3条の規定により算定した相続分の中からその遺贈又は贈与の価額を控除した残額をもってその者の相続分とする」と定めており，この規定により算定された「その者の相続分」を，「具体的相続分」と呼んでいる[1]。また，その前提となる「前3条の規定により算定した相続分」は，法定相続分・指定相続分を指すと解するしかないから[2]これらと同じ割合にはなるが，「本来の相続分」「一応の相続分」と呼ばれている。

　具体的相続分の算定方法は3段階に分けられる。①被相続人が相続開始時に有した財産に対して「特別受益」の「持戻し」をして，「みなし相続財産」

1）　「結局の相続分」と呼ばれることもあるが，本稿では「具体的相続分」とする。また，多くの場合は，寄与分が考慮され，904条の2により算定された「その者の相続分」も「具体的相続分」と呼ぶが，本稿では903条をベースに論じることとする。

2）　我妻栄＝唄孝一『判例コンメンタールⅧ相続法』（コンメンタール刊行会，1966年）107頁。

を作り，②これを法定相続分または指定相続分に分けて，本来の相続分を出し，③本来の相続分から特別受益を控除する。ここでの，「特別受益」[3]も「持戻し」[4]も「みなし相続財産」も講学上の用語である。

具体的相続分については，すでに様々な議論がなされ，先行研究も蓄積されている。例えば，特別受益該当性については裁判例も多く，学資，生命保険金請求権，扶養料等が特別受益に含まれるかという検討もなされてきた[5]。持戻しについての比較法的研究も豊富である[6]。また，具体的相続分の法的性質に関する議論も繰り広げられ，最高裁判決による一定の決着もつけられている（この点はⅡ1で取り上げる）。

しかし，903条が明快な算定方法を提供しているかというとそうではない。実務では，遺産の範囲（903条でいうと「被相続人が相続開始の時において有した財産」）も，特別受益の額も，当事者間の合意によって画され，それらの相続開始時点での評価額も当事者間の合意によって決めることができるという[7]。そして，これら，具体的相続分を算定するための要素が合意によ

---

3) 相続財産に持ち戻される財産を特別受益というのか，特別受益（贈与・遺贈等）の中に持ち戻すべき財産とそうでない財産があるのかで，「特別受益」の意味は異なってくるが，あまり意識されていないようにも見える。例えば「特別受益該当性」という場合には前者の意味であるなど，前者の意味で用いているものが多く，本稿もそれにならうが，検討の余地はあると思われる。
4) ただし，伊藤昌司『相続法』（有斐閣，2002年）282頁，288頁以下では，日本法でいう「持戻し」の場面において，フランス法がしていることはrapport（持戻し）ではなく，réunion fictive（仮想の合算）であるとして，日本の民法903条における特別受益の加算においても，「仮想の合算」という用語を用いている。たしかに，フランス法で自由分・遺留分の算定をする際には，贈与について仮想の合算をしている。しかし，そもそもフランス法には日本法の「具体的相続分」に該当する概念がない（割当分〔lot〕がこれに近いが，その内容は異なる）こともあり，rapport（持戻し）／réunion fictive（仮想の合算）については今後の課題としたい。
5) 判例としては，生命保険金請求権の特別受益該当性に関する最決平成16・10・29民集58巻7号1979頁がある。
6) 代表的な研究として，有地亨「特別受益者の持戻義務(1)(2・完)」民商40巻1号3頁以下・40巻3号395頁以下（1959年），伊藤昌司『相続法の基礎的諸問題』（有斐閣，1981年），千藤洋三『フランス相続法の研究——特別受益・遺贈』（関西大学出版部，1983年），伊藤昌司「相続分・遺留分の算定と持戻し・持戻し免除」九州大学法政研究58巻4号（1992年）946頁以下等がある。

って画される以上，具体的相続分自体を合意で定めることを否定する理由はないとされる[8]。当事者間の合意で実態に沿った結論が導けているというのであればよいが，平成26年度の司法統計によると，遺産分割事件のうち903条の特別受益があるとして遺産分割が処理されたのは9％に満たず[9]，実態と合致しているのか，特別受益が正確に認定されているのか疑問が残る。

　903条の具体的相続分が実態に即した形で正確に算定できない背景には，実務上の問題等を除いたとして[10]，2つの側面があるように思われる。ひとつは，903条の定める算定方法の要素に，なお明らかでない部分があることである。例えば，前述のように特別受益該当性については多くの議論があるが，「被相続人が相続開始の時において有した財産」にはいかなる財産が含まれているべきかや，「みなし相続財産」の対象・内容に着目したような研究は見当たらない。もうひとつは，具体的相続分が遺産分割の前提問題として位置づけられている（最判平成12・2・24民集54巻2号523頁〔以下「平成12年判決」という〕参照）にもかかわらず，遺産分割との関連を意識

7）　長秀之「法定相続分と具体的相続分」野田愛子＝梶村太市総編集『新家族法実務大系3』（新日本法規出版，2008年）185頁。
8）　長・前掲注7）185頁。
9）　遺産分割事件の成立件数8710件のうち，特別受益有とされているのは783件にすぎない（7260件が特別受益なし，667件が不詳）。平成26年度司法統計家事事件編「第50表　遺産分割事件のうち認容・調停成立件数―特別受益分考慮の有無別―全家庭裁判所」（http://www.courts.go.jp/app/files/toukei/135/008135.pdf）。
10）　具体的相続分には，特別受益にあたる贈与の存在が認定されにくいといった実務上の問題も隠されている。この点，例えば，フランス法では，贈与は贈与者・受贈者間での双務契約であるが，贈与契約は公証証書（acte notarié），すなわち公証人によって作成された証書でなされなければならず，公証証書によらない贈与は絶対的に無効である（フランス民法典931条）。贈与は贈与者の資産に影響を与える行為であるがゆえに，公証人が贈与者の意思を確認することを目的とするが，このことによって，贈与契約の存在自体を公証人が把握しているという状況になる。これに対して，日本では，当事者間でのみなされるため，贈与の存在自体が，他の相続人にとっては明らかではなく，それを公証する者もない。ある相続人に特別受益があるということは，他の相続人の具体的相続分を増やすことになるため，後者に立証責任があるとされるが（長・前掲注7）188頁），他人同士の契約の存在を立証するのは困難であり，当事者間ではかえって，贈与の存在を隠すことにもつながりうる。

しながら検討したものがあまり見当たらないことである[11]。

本稿は，こうした問題意識の下で，いくつかの問題点・矛盾点を指摘しながら，具体的相続分が抱える問題の一部を明らかにすることを目的とする。本来は網羅的にかつ体系的に分析することが必要であろうが，問題が多岐にわたるため，まずIIで，具体的相続分の法的性質に関する議論および判例を確認し，遺産分割との関連に言及した上で，IIIでは，そもそも「被相続人が相続開始の時において有した財産」や「みなし相続財産」の対象が明らかでないという指摘をし，また，遺産分割の対象財産に着目しながら，具体的相続分と遺産分割との関連にも問題があることを指摘する。

II．具体的相続分と遺産分割

1では具体的相続分とは何かについての議論の状況と，平成12年判決の内容を簡単に振り返り，2では，具体的相続分が遺産分割でどのように扱われるかの実務および学説をみる。

1．具体的相続分の法的性質

かつては，この具体的相続分が，法定相続分や指定相続分を修正する相続分にあたるとする相続分説と，相続分を修正するものではなく，遺産分割での基準であるとする遺産分割分説（遺産分割基準説ともいう）の対立があった。相続分説によると[12]，具体的相続分は相続開始時から個々の相続財産に対する実体的権利として存在し，各相続人は具体的相続分を承継割合として有する。903条の算定をしたかどうかは関係しない。他方，遺産分割分説

---

11) ただし例えば，鈴木禄弥『相続法講義〔改訂版〕』（創文社，1996年）は，遺産分割時に財産状況や権利義務関係が相続開始時と異なっていることと，具体的相続分の関係について詳細に検討をしている。本稿はこれとは異なる部分について検討するものである。

12) 相続分説に立つものとして，山崎賢一「具体的相続分は『相続分』か『遺産分割分』か」ジュリ697号（1979年）131頁，山崎賢一「訴訟事項と審判事項の限界——具体的相続分の決定など」中川善之助先生追悼『現代家族法大系1』（有斐閣，1980年）268頁，伊藤・前掲注4)282頁など。

によると[13]，903条の算定は，特別受益者が現実の相続財産に対して持戻しを行い，取得分に変更を加える操作にすぎず，これにより算定された具体的相続分は具体的権利または法律関係ではなく，遺産分割の過程で設定される一種の分割基準である。この対立は，903条の具体的相続分の定義にとどまるものではなく，実際には，特別受益の認定を民事訴訟の対象とできるかという問題意識の下，「具体的相続分は訴訟事項か審判事項か」という形で議論されている[14]。相続分説に立つと，具体的相続分は訴訟事項であり，訴訟においてその割合を確定させることができる。遺産分割分説に立つと，具体的相続分は遺産分割審判等において算定されるものであり，審判事項となる。

また，別の見解として，法定相続分を，生前贈与，遺贈，寄与分を含む相続財産全体に対する承継割合と解し，これに対し，具体的相続分は相続開始時に存在する個々の相続財産に対する承継割合とみるものもある[15]。

このような問題を扱うことになったのが平成12年判決である。事案としては，被相続人（X・Yの母）の共同相続人であるX（兄）・Y（妹）の間で，いったん遺産分割審判[16]が確定した後，Xが遺産分割の前提とされた

---

13) 遺産分割分説に立つものとして，田中恒朗「具体的相続分は『相続分』か『遺産分割分』か――山崎教授のご指摘に答える」東海法学7号（1991年）34頁，梶村太市「特別受益の持戻しと確認訴訟の適否」家月44巻7号（1992年）26頁，田中壯太ほか『遺産分割事件の処理をめぐる諸問題』（法曹会，1994年）17頁など。

14) ただし，具体的相続分は特別受益および寄与分による修正を加えたものを指すのが本来の意味であろうが，寄与分の判定は審判事項であることが明らかであるから，「具体的相続分は訴訟事項か審判事項か」という場合の具体的相続分は，特別受益による修正が加えられたもののみをいい，寄与分が考慮されたものは含まないと指摘されている（司法研修所編『遺産分割事件の処理をめぐる諸問題』〔法曹会，1994年〕295頁）。

15) 谷口知平＝久貴忠彦編『新版注釈民法(27)〔補訂版〕』（有斐閣，2013年）185頁〔有地亨＝床谷文雄〕に示された有地説。この見解によると，「各相続人が個々の相続財産にもつ実体的権利としての持分は具体的相続分にほかならない。このような具体的相続分である持分は処分もできるし，また，全相続人について具体的相続分が明確にされれば，具体的相続分による登記も可能であるし，さらに，具体的相続分に応じた共有持分も裁判により確認できる」。相続人が法定相続分に基づく不動産持分について登記なしに第三者に対抗できるとした最判昭和38・2・22民集17巻1号235頁等とは異なる立場が導かれる。

いわゆる特別受益財産の範囲，その価額，相続財産の価額を争い，Y に対し，審判の前提とは異なる具体的相続分の額および割合の確認を求める訴訟であった。

平成 12 年判決は，903 条 1 項のいう「共同相続人の相続分」を「具体的相続分」というとし，「具体的相続分は，このように遺産分割手続における分配の前提となるべき計算上の価額又はその価額の遺産の総額に対する割合を意味する」と定義づけ，それゆえ，「それ自体を実体法上の権利関係であるということはできず，遺産分割審判事件における遺産の分割や遺留分減殺請求に関する訴訟事件における遺留分の確定等のための前提問題として審理判断される事項であり，右のような事件を離れて，これのみを別個独立に判決によって確認することが紛争の直接かつ抜本的解決のため適切かつ必要であるということはできない」，「したがって，共同相続人間において具体的相続分についてその価額又は割合の確認を求める訴えは，確認の利益を欠くものとして不適法であると解すべきである。」と判示した[17]。

これにより，判例は遺産分割分説を採ったものとされ，平成 12 年判決は，

---

16) 遺産分割審判では，被相続人が借地していた土地の底地の 2 分の 1 を昭和 57 年に X が権利者から購入したが，その際被相続人から資金の一部援助を受けていたため，X に対する特別受益として，底地の持分（相続開始時の評価額 1 億 6179 万円）に援助の割合を乗じた額が認定され，また，Y に対する特別受益として，被相続人から贈与された建物（相続開始時の評価額 400 万円）が認定されている。寄与分はない。そして，遺産の総額が 5 億 9260 万円で，903 条の算定によると，Y の「具体的相続分」の価額は 3 億 7519 万 5000 円となる。審判では，最終的には，X に土地，借地権，建物を取得させ，Y に宅地，マンションなどを取得させることとし，これでは Y の取り分が足りないため，Y の「具体的相続分」について，遺産分割時の価額により修正を加えた額を算定して，X が Y に対し清算金として 2 億 2312 万円を審判確定後 6 カ月以内に支払うことを命じた。
17) 評釈としては，佐上善和・平成 12 年度重判解（ジュリ 1202 号）（2001 年）111 頁，生野考司・ジュリ 1212 号（2001 年）102 頁，梅本吉彦・久貴忠彦ほか編『家族法判例百選〔第 6 版〕』（有斐閣，2002 年）116 頁，野村秀敏・伊藤眞ほか編『民事訴訟法判例百選〔第 3 版〕』（有斐閣，2003 年）66 頁，下村眞美・高橋宏志ほか編『民事訴訟法判例百選〔第 4 版〕』（有斐閣，2010 年）56 頁，石田秀博・法教 239 号（2000 年）122 頁，高見進・リマークス 22 号（2001 年）118 頁，安達栄司・NBL714 号（2001 年）72 頁，生野考司・最判解民事篇平成 12 年度 68 頁，同・曹時 55 巻 5 号（2003 年）1441 頁，池田辰夫・法時 73 巻 5 号（2001 年）141 頁がある。

具体的相続分の法的性質に言及するもので，相続分説か遺産分割分説かという議論に決着をつけたものと位置づけられている。

2. 具体的相続分と遺産分割の基準

しかし，具体的相続分は，「相続開始の時において有した財産」を基準に算定され，持ち戻すべき贈与についても，相続開始時の評価額で算定される[18]。すなわち，相続開始時を基準にするものであり，それゆえに，具体的相続分は「被相続人から共同相続人への相続開始『以前』の財産移転をも考慮して，相続開始『時』の積極財産につき実質的に公平な取得額」を示すものと表現するものもある[19]。「相続開始『時』の」としているように，具体的相続分は遺産分割時を基準とするものではない。遺産分割時には，遺産を構成する財産の内容・評価額・権利義務関係等が変動していることも多く，具体的相続分そのもので遺産分割の算定ができるとは限らない。

実務では，法定相続分または指定相続分に特別受益および寄与分による修正を加え，相続開始時を基準として算定する最終的な相続分率を，「具体的相続分」「具体的相続分率」と呼び，また，相続開始後に相続分の譲渡や相続分の放棄等があり，最終的な分割分率を算定する際にこれらによる修正を必要とする場合には，その修正後の最終的な分割分率を「具体的相続分」「具体的相続分率」と呼んでいる。そして，後者の意味での「具体的相続分(率)」を遺産分割時の遺産の評価額に乗じて算定するのが「遺産分割取得分額」であり，これをもとにして，具体的な遺産分割の方法が検討される[20]。

学説で，遺産分割との関係を明確に意識しているのは鈴木禄弥『相続法講義〔改訂版〕』（前掲注11））である。ここでは，法定相続分または指定相続分に特別受益および寄与分による修止を加えたものを，「具体的相続分率」

[18) 最判昭和51・3・18民集30巻2号111頁は，遺留分算定の基礎財産についての判決であるが，贈与されたのが金銭であれば，贈与時の金額を相続開始時の貨幣価値に換算すべきとしており，903条の特別受益においても同様であると説明されることが多い。
19) 前田陽一ほか『民法Ⅵ親族・相続〔第3版〕』（有斐閣，2015年）287頁。
20) 司法研修所編・前掲注14)295頁。

と呼び，これに相続開始後の原因による修正を加えたものは「遺産分割分率」と呼び，区別している。相続開始後の原因としては，個々の財産上の持分権の処分，共同相続人間での遺産についての債権債務関係の発生，遺留分減殺，相続分権の譲渡ないしその取戻し（民 905 条）が挙げられている[21]。

相続開始後，遺産分割がすぐになされた場合や遺産分割までの間に財産状況に変化がなかった場合，具体的相続分率と遺産分割分率は同一となる。また，遺産分割時に，相続財産の種類・数には変化はなく，評価額のみが変わった場合も，相続開始時を基準に算定した具体的相続分率は維持され，遺産分割での取得額が相続人間で等分に増減するのみであり，具体的相続分率と遺産分割分率は同一となる。このような場合には，具体的相続分の算定は，遺産分割の基準を算定するという意味を持つ。

しかし，例えば，相続分の譲渡があったなら，「法定相続分・指定相続分」が変わるのだから，903 条にいう本来の相続分が変わり，相続開始時の状況で具体的相続分を算定することに意味はない。

具体的相続分は，遺産分割の前提として算定されるものであるのに，その基準を相続開始時とし，遺産分割時までに生じた変動をまた別途考慮しなければならないものとなっている。このように，具体的相続分には，相続開始時を基準に算定されるという側面と，遺産分割の前提として算定されるという側面とが混在している。

III．具体的相続分の算定における問題

IIを念頭に置きながら，IIIでは，具体的相続分がその算定の際にも問題を抱えていることを指摘する。1では，903 条にいう「被相続人が相続開始の時において有した財産」および「みなし相続財産」の内容が明らかでないことを，遺贈を通じて示し，2では，具体的相続分が遺産分割の前提問題として算定されるものであるにもかかわらず，遺産分割の対象財産との関連で矛

---

[21] 鈴木・前掲注 11) 256 頁。

盾がみられることを指摘する。

1. 具体的相続分と遺贈

　具体的相続分の算定は，「被相続人が相続開始の時において有した財産」に，特別受益を持ち戻し，「みなし相続財産」を作るところから始まる。みなし相続財産は，特別受益の持戻しによって形成される財産の集合体である。この持戻しの際，特別受益にあたる贈与は持ち戻すが，遺贈は持ち戻す必要がないとされる。その理由は，「被相続人が相続開始の時において有した財産」に遺贈が含まれているからである。

　しかし，あらゆる遺贈が含まれているわけではない。遺贈を，相続人に対する遺贈と非相続人に対する遺贈，包括遺贈と特定遺贈に区別してみてみると，次のようになる。

　①相続人に対する包括遺贈：「被相続人が相続開始の時において有した財産」には含まれる。ただし，相続人に対して財産全体に対する割合での処分がなされれば，通常，相続分の指定と解されるであろうから，指定された割合は，本来の相続分を算定する際の指定相続分として表出することになり，903条での「その遺贈又は贈与の価額を控除した」というところの遺贈には含まれない。

　②非相続人に対する包括遺贈：包括受遺者は相続人と同一の権利義務を有し（民990条），相続人と同様の地位で遺産分割において財産の分配を受ける。そこでまず，包括受遺者が，903条にいう「共同相続人」に含まれるかが問題となる。包括受遺者は，遺産分割を経ないと財産の分配を受けられない。それゆえに903条の「共同相続人」に含まれるのだとすると，相続人と全く同様に，例えば当該包括受遺者が生計の資本としての生前贈与を受けていた場合には，持戻しをしなければならない。また，包括遺贈の割合は「前3条の規定により算定した相続分」に反映されるという形で現れる。すなわち，包括遺贈は「被相続人が相続開始の時において有した財産」には含まれるが，特別受益として計算されるのではない。

　③相続人に対する特定遺贈：特定の財産を相続人の1人に与える処分は，判例の立場に立つと，多くは，いわゆる「相続させる」旨の遺言にあたると

して，遺産分割方法の指定（民908条）と解されるであろう[22]。それゆえ，特定遺贈の問題とは別に，いわゆる「相続させる」旨の遺言による処分に対して，903条が適用または類推適用されるかが問題となる。具体的相続分はⅡで言及したように，遺産分割の前提問題として算定されるものであるところ，判例は，特定の財産を「相続させる」旨の遺言があった場合に，当該財産以外の財産についてなされる「遺産分割の協議又は審判においては，当該遺産の承継を参酌して残余の遺産の分割がされることはいうまでもない」としている[23]。「相続させる」旨の遺言が遺産分割方法の指定を意味し，遺産分割方法の指定であれば，法定相続分・指定相続分に従った分配がなされるため[24]，「相続させる」旨の遺言の対象となった財産は法定または指定相続分の範囲内での処分とみられる。そうすると，当該財産は，「みなし相続財産」には含まれていなければならず，計算上加算する（そういってよいかはともかく「持戻し」をする）か，あるいは，判例が示すその効力[25]にかかわらず，「被相続人が相続開始の時において有した財産」には含まれていると解するかのいずれかとなろう。学説には，903条を適用または類推適用するという見解が多いが，反対説もあり，また，持戻し免除の意味があるとする見解もみられる[26]。

次に，相続人に対する処分が，上記のように遺産分割方法の指定と解されるのではなく，特定遺贈と解されるものであったとする。それが，特定物の遺贈の場合には，遺贈の効力が発生すると同時に，目的物の所有権は，遺贈

---

[22] いわゆる「相続させる」旨の遺言の法的性質についての議論に決着をつけた最判平成3・4・19民集45巻4号477頁が，「その趣旨が遺贈であることが明らかであるか又は遺贈と解すべき特段の事情がない限り，遺贈と解すべきではない」としている。

[23] 前掲注22)最判平成3・4・19。

[24] 遺産分割方法の指定の内容が，法定相続分に従ったものではない場合には，相続分の指定（民902条）を含んだ遺産分割方法の指定と解されるであろうから，共同相続人間では，法定相続分または指定相続分に従った遺産分割がなされる。

[25] 前掲注22)最判平成3・4・19は，「相続させる」旨の遺言の対象財産が，「何らの行為を要せずして，被相続人の死亡の時（遺言の効力の生じた時）に直ちに当該遺産が当該相続人に相続により承継される」のであり，当該遺産については，遺産分割を経る余地はないとする。

者から受遺者に直接移転する（物権的効力。大判大正5・11・8民録22輯2078頁）から，「被相続人が相続開始の時において有した財産」に含まれていないことになるが，これは含めなければならない財産である。あるいは「被相続人が相続開始の時において有した財産」には含まれていないとして，持戻しをしなければならない。

④非相続人に対する特定遺贈：903条の算定は共同相続人に対する贈与・遺贈のみを考慮するものという側面からは，「被相続人が相続開始の時において有した財産」に含まれていてはならない。それが特定物の遺贈である場合，その物権的効力により「被相続人が相続開始の時において有した財産」には含まれていないはずである。

このように，遺贈のみをみても，具体的相続分の算定のための「被相続人が相続開始の時において有した財産」の内容さえ，明らかでないことがわかる。②の包括受遺者を，903条において共同相続人と同等に扱うのかは，包括受遺者と遺産分割に関連する問題であり，また，③のうち「相続させる」旨の遺言については，その対象となった財産を遺産分割でどう扱うかという問題といえる。このことから，具体的相続分に関する問題においては，遺産分割との関連を検討する必要があるのではないかとの推測が立てられる。

2. 具体的相続分と遺産分割対象財産

遺産分割の対象財産との関係においても，具体的相続分に含まれるのかが明らかでない財産が見出せる。いくつか例を挙げてみてみる。

---

26) 島津一郎「分割方法指定遺言の性質と効力——いわゆる『相続させる遺言』について」判時1374号 (1991年) 7頁，北野俊光「『相続させる』旨の遺言の実務上の問題点」久貴忠彦編集代表『遺言と遺留分(1)〔第2版〕』（日本評論社，2011年）181頁等が類推適用を肯定する。前田ほか・前掲注19) 289頁は，前掲注22) 最判平成3・4・19の文言から肯定している。否定説に立つのは，沼邊愛一「『相続させる』旨の遺言の解釈」判タ779号 (1992年) 19頁以下である。また，千藤洋三「『相続させる』遺言の解釈をめぐる諸問題」関西大学法学論集48巻3・4号 (1998年) 375頁は，特別受益にあたるが持戻し免除されたものという見解を示している。903条1項の類推適用を認めた裁判例として，広島高岡山支決平成17・4・11家月57巻10号86頁がある。

(1) 当然分割される金銭債権

　903条の算定において形成されるみなし相続財産には，相続開始時に当然に分割される財産は含まれるのだろうか。相続財産である可分債権は，最高裁昭和29年4月8日判決（民集8巻4号819頁）によると相続開始時に当然に分割されるが，金銭給付を含む債権・専ら金銭給付を目的とする債権が分割されるかは，株式に関する最高裁昭和45年1月22日判決（民集24巻1号1頁），定額郵便貯金債権に関する最高裁平成22年10月8日判決（民集64巻7号1719頁），株式・投資信託受益権・国債に関する最高裁平成26年2月25日判決（民集68巻2号173頁）を経て，その権利自体またはその権利に含まれる権利の内容および性質に照らして判断されるため[27]，ここで問題となるのは，金銭債権（およびそこに含まれる権利）の内容および性質をみてなお分割が許される性質のものである。

　当然に分割される性質の金銭債権は，相続財産ではあるが，相続開始時に当然に分割され，各相続人に帰属するため，遺産分割の対象にならないと説明される。相続財産ではあるため，903条の「相続開始の時において有した財産」には含まれそうであるが，他方で，具体的相続分は遺産分割の前提として算定されるもので，遺産分割の対象とならない財産を含めるのは矛盾が生じる。具体的にみてみる。

【事例1】　相続人A，B，法定相続分各2分の1，相続開始時における財産5000万円（そのうち当然に分割される金銭債権が4000万円），持ち戻すべき贈与がAへの1000万円（相続開始時の評価額）の場合

本来の相続分　（5000万円＋1000万円）×1/2＝3000万円
具体的相続分　A　3000万円－1000万円＝2000万円
　　　　　　　B　3000万円

金銭債権は当然に分割されており，遺産分割の対象となるのは1000万円であり，これを具体的相続分の割合で分配すると，

---

[27] 宮本誠子〔判批〕水野紀子＝大村敦志編『民法判例百選Ⅲ』（有斐閣，2015年）132頁，宮本誠子〔判批〕セレクト2014［Ⅰ］（法教413号別冊付録）（2015年）24頁などを参照。

A　1000万円×(2000万円／(2000万円＋3000万円))＝400万円
B　1000万円×(3000万円／(2000万円＋3000万円))＝600万円　となり，
相続として得た利益の合計の額は，
A　贈与1000万円＋債権2000万円＋遺産分割において400万円
　　＝3400万円
B　債権2000万円＋遺産分割において600万円＝2600万円
となってしまう。

遺産分割の対象となる1000万円はBに取得させ，相続として得た利益の合計の額を，
A　贈与1000万円＋債権2000万円＝3000万円
B　債権2000万円＋遺産分割において1000万円＝3000万円　とするのが平等であるが，そのためには，当然に分割される金銭債権をも含めた算定が必要となってくる。

【事例2】　相続人A，B，法定相続分各2分の1，相続開始時における財産5000万円（そのうち当然に分割される金銭債権が4000万円），持ち戻すべき贈与がAへの5000万円（相続開始時の評価額）の場合
本来の相続分　(5000万円＋5000万円)×1/2＝5000万円
具体的相続分　A　5000万円−5000万円＝0円
　　　　　　　B　5000万円

金銭債権は2000万円ずつ承継しており，遺産分割の対象となるのは1000万円である。具体的相続分の割合で，この1000万円を分配すると，Aの具体的相続分は0円で，Aは超過特別受益を返還する義務はないため，遺産分割の対象は1000万円のままであり，遺産分割分　A　0円，B　1000万円となる。金銭債権の当然分割のために，Bは遺産分割において1000万円しか取得できないこととなる。
合計の額としては，
A　贈与5000万円＋債権2000万円＝7000万円
B　債権2000万円＋遺産分割において1000万円＝3000万円　となる。
この差は特別受益によるものではなく，当然分割される財産の対処によるものである。この点は，【事例3】との比較においても理解することができる。

【事例3】　相続人A, B, 法定相続分各2分の1, 相続開始時における財産5000万円（当然分割される財産はない），持ち戻すべき贈与がAへの5000万円（相続開始時の評価額）の場合
本来の相続分　（5000万円＋5000万円）×1/2＝5000万円
具体的相続分　A　5000万円－5000万円＝0円
　　　　　　　B　5000万円
遺産分割で取得するのは，A　0円，B　5000万円　であり，相続によって得た利益の合計の額は，A　贈与5000万円，B　遺産分割において5000万円　となる。

(2)　個別財産の処分があった場合

　個別の相続財産を遺産共有中に共同相続人全員によって売却したとする。処分された財産は「遺産分割の対象たる相続財産から逸出」し，もはや遺産分割の対象ではなく，「その売却代金は，これを一括して共同相続人の1人に保管させて遺産分割の対象に含める合意をするなどの特別の事情のない限り，相続財産には加えられず，共同相続人が各持分に応じて個々にこれを分割すべきものである」とされる（最判昭和54・2・22家月32巻1号149頁）。この判決のいう「各持分」とは法定相続分または指定相続分であろうから，相続開始時を基準とした具体的相続分を反映して，遺産分割の対象財産を分配すると，共同相続人間の平等を図るという，具体的相続分の趣旨は生かされない。

【事例4】　相続人A, B, 法定相続分各2分の1, 相続開始時における財産5000万円（そのうち甲土地4000万円相当を遺産共有中に売却した），持ち戻すべき贈与がAへの1000万円（相続開始時の評価額）の場合
本来の相続分　（5000万円＋1000万円）×1/2＝3000万円
具体的相続分　A　3000万円－1000万円＝2000万円
　　　　　　　B　3000万円
甲土地の売却がなければ，遺産分割時にある5000万円から，A　2000万円，B　3000万円　の分配を受けているはずである。
しかし，甲土地の売却により，遺産分割の対象財産は1000万円となっている。これを具体的相続分の割合で分配すると，

A　1000万円×(2000万円／(2000万円＋3000万円))＝400万円
B　1000万円×(3000万円／(2000万円＋3000万円))＝600万円　となる。
売却代金は法定相続分により当然に分割されて，A　2000万円，B　2000万円　の債権を取得しているから，相続として得た利益は，
A　贈与1000万円＋売却代金2000万円＋遺産分割において400万円
　　＝3400万円
B　売却代金2000万円＋遺産分割において600万円＝2600万円　であり，甲土地の売却がなかった場合と異なる結果となる。甲土地を売却したかしなかったかで結論を異にしないためには，売却代金を含めた算定が必要となってくる。

(3)　個別財産における共有持分の譲渡があった場合

　個別の相続財産において，各相続人は共有持分を有しており，判例の立場に立つと，法定相続分・指定相続分による範囲であれば，単独での処分について登記なくして第三者に対抗でき（法定相続分については前掲注15)最判昭和38・2・22，指定相続分については最判平成5・7・19判時1525号61頁），このような処分を有効になしうることになる。相続人の1人が個別の相続財産のうちの共有持分を処分した場合に，処分した分は遺産分割の対象にならず，かつ，売却代金は当該相続人が取得している。遺産分割時には具体的相続分として算定された割合で，遺産分割の対象財産を分けるが，(2)と同様に，売却代金を含めて遺産分割をしないと，具体的相続分の趣旨は生かされない。

【事例5】　相続人A，B，法定相続分各2分の1，相続開始時における財産5000万円（そのうち甲土地4000万円相当のうち，Aが共有持分を遺産共有中に売却した），持ち戻すべき贈与がAへの1000万円（相続開始時の評価額）の場合
本来の相続分　(5000万円＋1000万円)×1/2＝3000万円
具体的相続分　A　3000万円－1000万円＝2000万円
　　　　　　　　B　3000万円
Aによる共有持分の売却がなければ，遺産分割時にある5000万円から，A　2000万円，B　3000万円　の分配を受けているはずである。

しかし，Aが甲土地の共有持分2000万円相当を売却したため，遺産分割の対象財産は3000万円になっている。3000万円を具体的相続分の割合で分配すると，

A　3000万円×(2000万円／(2000万円＋3000万円))＝1200万円
B　3000万円×(3000万円／(2000万円＋3000万円))＝1800万円　となる。

Aは売却代金2000万円を取得しているため，相続として得た利益は，

A　贈与1000万円＋売却代金2000万円＋遺産分割において1200万円
　　＝4200万円
B　遺産分割において1800万円　であり，共有持分を処分したほうが多く取得できることになってしまう。

Ⅳ．結び

　具体的相続分は，相続開始の時において有した財産をもとに持戻しによってみなし相続財産を形成し，共同相続人間の平等を図る制度である。そして，判例は，この具体的相続分が，遺産分割の前提として算定されるものであるとしている。その具体的相続分を算定するには，Ⅱでみたように，そもそも「相続開始の時において有した財産」が何かが明らかでなく，Ⅲでみたように，遺産分割の対象財産との関連も明確にされておらず，本稿では，相続開始時を基準とした具体的相続分が遺産分割の前提になるということの問題の一端を指摘した。具体的相続分の算定の際には，その他，特別受益は何かやそれを認定することの困難さ等の問題も控えており，具体的相続分は相続法における様々な問題を背負っているかのようでもある。

　我妻栄＝唄孝一『判例コンメンタールⅧ相続法』（前掲注2））107頁は，903条について，法定相続分または指定相続分により計算せざるを得ず，それによって算定したその結果が「相続分」と称せられ，これは「みなし相続財産」が現存するならば，各相続人が取得したであろうところの「本来の相続分」であり，さらに，ここから「遺贈額や贈与額を控除した残額もまた『相続分』と称せられ，『具体的相続分』等と呼ばれるが，このような用語法は903条の構造を複雑にするもので整理が望ましく，整理する作業が，根本

第2章　相続分

的には，903条の調整が『相続分の調整』として構成されていることを再検討することにつながる問題かもしれない」と指摘していた。「相続分」との用語が多く使われていること，903条にはない「特別受益」「持戻し」「みなし相続財産」「本来の相続分」という用語を用いて，これもまた条文上の文言ではない「具体的相続分」について論じていること自体を見直してもよいかもしれない。

　同107頁はさらに，903条の意義について，有地亨[28]が，「持戻は『不分割の状態にある散在せる相続財産を集合して想定相続財産を構成する分割の予備的操作』と解しようとする」のが極めて示唆的であるともしていた。

　現在の「具体的相続分」は，贈与・遺贈の問題，遺産分割の問題が絡み，これに，相続分の譲渡や遺留分減殺等もあわせて考えていかざるを得ないが，限界もあるように思われる。例えば，フランス法では，持戻しの規定，遺産分割の対象の規定と細かく分けて規定されていることと比較しても，日本法では，「具体的相続分」または903条自体に，重荷を背負わせすぎているのかもしれない。本稿を機にして，相続法のあらゆる問題が絡む「具体的相続分」を，遺産分割では何をすべきかという視点から分析することを今後の課題としたい。

---

28)　有地・前掲注6)(2・完)403頁。

第 3 章

遺産をめぐる法律関係

6

相続不動産取引に潜むリスク
―― 買い手からみた相続不動産

小粥太郎

Ⅰ．はじめに
Ⅱ．様々なリスク
Ⅲ．結びに代えて

Ⅰ．はじめに

　相続は，売買とともに，不動産所有権の取得原因として代表的なものである[1]。ところが，不動産売買の場面において，売主の所有権の取得原因が相続である場合には，それが売買である場合とは異なるリスクを買主に生じさせる[2]。ここでのリスクとは，売主の権原に関するリスクである。

　売主の所有権取得原因が売買であった場合，買主の権原調査の方法としては，まず，不動産登記簿を閲覧する（登記事項証明書の記載事項を確認する）ことが考えられる。売主が所有者として登記されていれば，売主は権利者と推定される[3]。売主が信用のある不動産業者であるような場合について

---

1) フランス民法典が，その第三編を「所有権を取得する様々な仕方」と題して，その冒頭規定において，「財産の所有権は，相続によって，生存者間の，又は遺言による贈与によって，及び債務の効果によって取得され，移転される。」(711 条。訳文は法務大臣官房司法法制調査部編『フランス民法典――家族・相続関係』〔法曹会，1978 年〕209 頁による）と定めていることは，所有権取得・移転原因としての相続の重要性の反映とみてよいだろう。
2) 遺言・贈与による所有権移転ないし取得についても，取得者は，無償取得であるがゆえに，売買による取得（有償取得）とは異なるリスクを覚悟すべきことになる。これらの行為は，遺留分減殺請求や詐害行為取消請求の対象とされやすく，事後的に権利取得が覆される可能性が相対的に高い。

は，登記簿を確認するだけで権原調査として十分かもしれない。さらに権原調査をする場合，その方法としては，売主が前主から正常な取引によって不動産を取得していたかどうかについて，売主と前主との間の売買契約書，所有権移転登記を調査・確認することなどが考えられる。売主と前主との間の取引に瑕疵があったとしても，買主としては，売主と前主に，取引の瑕疵を主張しない旨を確認することによって，売主の権原に関するリスクを著しく軽減することができるはずである。一層慎重に事を運ぼうとするなら，売主や前主に固定資産税の納税証明書を見せてもらうことも考えられる。ここまで丁寧な権原調査をして，すべての情報が売主の不動産所有権を裏づけている場合には，売主が所有権を有していることは，まず，間違いない。もちろん，それでもなお売主が権利者であることは100％確実ではない。最終的には，買主としては，取得時効の完成に必要な期間を逆算して，売主，前主，前々主の自主占有が所要の期間に達するまで継続していた証拠を集めることができれば，考えられる限り最も確実に売主の権原を確認することができる。

　これに対して，売主の所有権取得原因が相続である場合はどうか。登記簿上，相続を原因とする所有権移転登記が被相続人から売主になされており，前主たる被相続人が生前100％確実に所有権を有していたとしても，売主が相続によって確実に所有権を取得するとは限らない。売主の権原を確かめることは，売買の場合よりも難しいように思われる。すなわち，売主の所有権取得原因が売買である場合，売主の前主の権原が100％確実であるときは，買主は，売主とその前主との間の取引に瑕疵がない旨を，売主と前主に対して確認することができれば，売主の権原もまず確実である。他方で売主の所有権取得原因が相続の場合，買主は，前主たる被相続人はすでに死亡しているから同人に対する確認措置を講じることができない。それだけでなく，相続という所有権取得原因は，売買と異なり，当事者――被相続人と相続人――の合意だけでコントロールできるものではなく，他の共同相続人，受遺

3）　我妻栄（有泉亨補訂）『民法講義Ⅱ新訂物権法』（岩波書店，1983年）245頁。「推定」の意味につき，七戸克彦『物権法Ⅰ』（サイエンス社，2013年）114頁～115頁，詳しくは，舟橋諄一＝徳本鎮編『新版注釈民法(6)〔補訂版〕』（有斐閣，2009年）722頁～737頁〔川島一郎・清水響〕。

者等の第三者の利害も絡むため，売主の権原は不安定なものとならざるを得ない。もちろん，売主の権原が売買に基づく場合と同様に，取得時効完成に必要な期間の自主占有の継続を証明する資料を確保すればよいが，なお問題は残る[4]。

なお，実際には，売主の所有権取得原因が売買であれ相続であれ，不動産取引において，買主が以上のような権原調査を行うことは想像しにくい。なぜなら，素人が売買の当事者となる不動産取引には，不動産業者が介在することが多いと思われるところ，かかる業者は，法律的には売主と買主の間を仲介するだけで売主の権原トラブルにつき責任を負わないものと解される[5]にもかかわらず，現実的には，業者としての信用保持のために，権原トラブルが生じるおそれのある物件を取り扱わず，買主自身が権原調査をする必要が乏しくなっていると憶測されるからである[6]。

とはいえ，相続不動産の売主の権原については，それが売買に由来する場合とは異なる——より大きな——リスクが潜んでいることは確かであろう。相続不動産の買主が，後日，真の相続人から追奪を受けるような事態を避けるためには，解釈論としては，買主保護のための外観法理諸規定の活用，それでも買主を保護できない場面については，「一般の誤信は権利を生ず」法

---

[4] 相続が介在する場合には占有関係も錯綜し，自主占有継続の資料集めが難航する可能性がある。また，自主占有の強力な徴表となる固定資産税の納税についても，登記簿が被相続人名義のまま放置され，納税も被相続人の銀行口座から自動引き落としされていたような場合には，徴表として機能しないおそれが出てくる。

[5] 標準媒介契約約款参照（http://www.mlit.go.jp/common/001084589.pdf）。

[6] それでも権原トラブルが生じ，買主が所有権を追奪される事態に至る可能性はある。買主は，所有権移転義務の不履行についての売主の責任を追及することはできるが，これについての仲介業者の責任を追及することは，標準媒介契約約款の想定外であるように思われる。しかし，買主から仲介業者に対して慰謝料請求訴訟を提起することは考えられ，裁判になれば，それだけで仲介業者の信用が動揺させられるおそれがある。仲介業者は，高額の仲介手数料を受け取り，自らの信用を担保として，権原の安全を事実上保証しているというべきなのかもしれない。なお，仲介業者間の競争が激しく，仲介手数料のディスカウントが生じ，大手業者や地域密着型業者のように長期的信用に依拠する業者以外の業者が仲介業者の有力な部分を占めるのであれば，上記の憶測は妥当しなくなる。

診に頼ることまで考える必要が生じそうである。また，立法ないし制度設計論として，権原保険[7]を普及させ，権原トラブルについては，安定した金銭的解決を実現することなども考えられる。

しかし，解釈論を考えるにしても，まして立法論を考える場合にはなおのこと，相続不動産取引に潜むリスクを十把一絡げにしたままにせず，どのようなリスクが潜んでいるのか分析しておくことが必要だろう。症状が異なるのであれば，これに対する処方箋も異なるべきかもしれないからである[8]。

そこで，本稿では，相続不動産をこれから購入する買主の立場からみた，

---

[7] 米国の権原保険の具体的な紹介がある（成田博「米国の不動産登記制度と権原保険会社」東北学院大学論集・法律学45号〔1994年〕174頁，同「米国の権原保険について」東北学院大学論集・法律学46号〔1995年〕230頁）。

[8] この点についての比較的最近の学説状況を一瞥するなら，一方では，判例にあらわれた個々の問題毎に主として177条の解釈適用の観点から検討を加えるものが目立つ（石田喜久夫「相続と登記」谷口知平＝久貴忠彦編『新版注釈民法(27)』〔有斐閣，1989年〕742頁～761頁，池田恒男「登記を要する物権変動」星野英一編集代表『民法講座2』〔有斐閣，1984年〕177頁～192頁，滝沢聿代「相続と登記」鎌田薫ほか編『新・不動産登記講座(2)』〔日本評論社，1998年〕67頁～91頁）。しかし，他方では，個々の問題の検討を通じて，「相続と登記」という名の下に，すべての問題に共通する一般法理を志向する見解が有力であるように思われる（学説の状況につき，二宮周平「相続と登記」谷口知平＝久貴忠彦編『新版注釈民法(27)〔補訂版〕』〔有斐閣，2013年〕796頁～804頁〔後掲の伊藤，松尾論文の方向性を支持〕。伊藤昌司「相続と登記」有地亨編『現代家族法の諸問題』〔弘文堂，1990年〕421頁〔「以上の検討により，『相続と登記』という論題が含む全ての問題が，実体的権利の存在を前提にして処理されるべきものではなく，実体的権利が無いか，それを超えるかした処分の相手方である第三者を公信の原則によって保護するという問題として，統一的に考えることができることを指摘できた」という〕，鎌田薫「相続と登記」星野英一編『判例に学ぶ民法』〔有斐閣，1994年〕66頁〔「相続と登記に関する判例は，一見複雑な展開過程を示しているが，その実質的な根拠は意外と単純で，遺産分割によって権利関係が確定した以上は登記をなすべきで，これを怠るときには『対抗不能』の制裁を受けるが，遺産分割前に共同相続登記をなすことは実際上期待しえないので，登記の欠缺を理由として権利を喪失させることはできないというところにある」という〕，松尾弘「相続と登記」法時75巻12号〔2003年〕77頁〔「判例【1】～【8】は何れも，《共同相続人間において相続財産を分配するための権利取得と第三者との関係》に関するものであり，それに最適かつ一貫した問題解決法理が求められている」として，（対抗問題ではなく）無権利の法理だが，94条2項の類推適用とは異なる法理を志向する〕，七戸克彦「相続と登記」月報司法書士521号〔2015年〕5頁，14頁～15頁も，物権変動論の理論的整序――「対抗の法理」と「無権利の法理」の区別，「当事者」と「第三者」の区別の徹底的な批判の上に成り立つ――による問題解決を目指す）。

相続不動産に潜むリスク，それも権原に関するリスクとしてどのようなものがあるのかを整理してみたい。売主が売却しようとする相続不動産の所有権取得原因が「相続」である場合を想定する。当然のことながら，「相続」による所有権取得といっても，その具体的な内容は一様ではない。不動産登記簿において前主（被相続人）から売主への所有権移転登記の原因が相続とされている場合に売主の権利取得の態様として推測される内容を具体的にみると，単独相続による権利取得，共同相続後の遺産共有状態，共同相続・遺産分割後の権利取得にとどまらず，相続させる旨の遺言による権利取得，さらに，遺留分減殺による相続財産の取得なども含まれうる。そもそも，登記簿において相続人とされている者（相続を原因として不動産上の権利を取得した者）が真の相続人である保障はない。また，共同相続の登記がされていたとしてもそれだけでは遺産分割が終了したかどうかがわからないし[9]，遺言による財産処分が行われていたとしても，その処分が登記に反映されていないことがある。以下では，そうした様々なリスクを拾い集めることにする。体系立ててきれいに整理するには至っておらず，将来の然るべき整理のための準備作業にとどまる[10][11]。

---

9) 山野目章夫『不動産登記法〔増補〕』（商事法務，2014年）314頁。なお，特定の不動産について，相続を原因とする共同相続人の共有登記がされた後，遺産分割を原因とする登記が行われた場合には，登記簿上に遺産分割終了が表現されるが，かような登記が行われる割合は小さいとみられてきた（原島重義「遺産分割と登記手続」中川善之助教授還暦記念『家族法大系Ⅶ』〔有斐閣，1960年〕33頁注10，幾代通「不動産相続登記の実態」法学28巻2号〔1964年〕164頁）。

10) 本稿が関心を寄せる問題については，沖野眞已「相続不動産は危険がいっぱい？――その1：共同相続は複雑怪奇？」，同「その2：激情にかられて」窪田充見ほか編著『民法演習ノートⅢ』（弘文堂，2013年）251頁～306頁が，詳細に分析を加えている。本稿は，関心の対象をいくらか広げるとともに，問題発生の原因を整理・分類して，類型毎の解決を模索しようとするものである。

11) 本稿において引用する法条は，特に断りのない限り，民法のそれである。

Ⅱ．様々なリスク

1．相続人の資格に関するリスク

　（1）　売主が被相続人の唯一の相続人であれば，売主の権原には問題が生じにくいだろう。しかし，そのような場合であっても，売主に，本当は最初から相続人としての資格がなかった場合，あるいは，売主が相続人であることは本当だがその後に他に売主の相続資格を否定するような相続人が現れた場合――例えば，売主が被相続人の兄弟姉妹として相続したつもりであったところ，実は被相続人に子があった場合――，売主と同順位の相続人が現れた場合等においては，売主の権原は，その登記簿上の記載にもかかわらず，否定ないし制限される。こうした場合を総称して，相続資格に瑕疵がある場合と呼んでおく。もう少し具体的にみよう。

　（2）　はじめに，戸籍12)記載の誤りに由来する相続資格の瑕疵について。

　（i）　まず，戸籍上，相続人とされる売主が，本当は相続人でない場合がある。次に，売主の身分自体は戸籍どおりだが，戸籍上は隠れていた（記載がなかった）他の優先ないし同順位の相続人が現れ，その相続分によって売主の権原が消滅ないし縮減する場合がある。

　虚偽の婚姻届，養子縁組届，出生届等によって，真実と異なる親族関係が戸籍に記載される可能性は否定できないし，行われるべくして行われなかった出生届や死亡届のために真実の親族関係が戸籍に記載されない可能性もある。

　表見相続人＝売主に全く権原がなかった場合，この者から不動産を買い受けた買主は，基本的に，その権利を取得することができない。

　売主と同順位の相続資格を有しながら戸籍に記載されていなかった相続人が現れた場合には，売主の権原は目減りする。最高裁昭和38年2月22日判決（民集17巻1号235頁）を参照するなら，買主は，売主の相続分に相当する持分を取得できるにとどまり，残りの持分は他の相続人に帰属すること

---

12)　戸籍記載の情報として，本稿では，過去に除籍された情報も含めたものを想定しておく。

になるだろう。そうだとすれば、買主は、他の相続人と取引対象とされた不動産を共有するに至る。

（ⅱ）　買主の十全な権利取得を肯定するためには 94 条 2 項の類推適用をすることが考えられる。しかし、買主が売主を権利者であると信じたとしても、真の相続人の側に、同条を類推適用するのに足りる帰責事由が認められる場合は限られる [13]。表見相続人が、真の相続人の財産管理について権限を有していたとみられるような事案については、表見代理規定の類推適用によって買主の十全な権利取得を肯定する可能性もある。しかし、この法理が使えるのも表見相続人が真の相続人の代理人に擬することができるような場面に限られるはずである。

（3）　次に、戸籍の記載が正確であったとしても、戸籍上、相続人とされる売主に、実際には相続権がない場合がある。

（ⅰ）　例えば、売主たる相続人に欠格事由がある場合（891 条）、廃除された場合（892 条以下）である。また、相続人が相続を放棄した場合も、遡って相続人とならなかったものとみなされる（939 条）。売主の相続資格が認知された非嫡出子としてのものだった場合には、認知無効の訴えにより売主の相続資格が覆滅される可能性もある [14]。もっとも、売主＝相続人が、相続放棄の前に買主に相続不動産を売却していた場合には、その行為は法定単純承認に該当することになるだろう（921 条 1 号）から、その後に売主が相続放棄をしようとしてもその効力は認められず、買主の権原が脅かされることはなさそうである [15]。また、認知（特に遺言による認知；781 条 2 項）によって、事後的に売主に優先するないしこれと同順位の相続人が登場する場合には、売主の相続権が遡って消滅ないし縮減する可能性がある。この点

---

13)　例えば、山本敬三〔判批〕水野紀子＝大村敦志編『民法判例百選Ⅲ』（有斐閣、2015 年）147 頁の指摘を参照。

14)　売主に優先する順位にあった相続人が廃除されたため、売主が不動産を相続したと判断して売主から当該不動産を購入したとしても、その後、廃除の取消しがされたときは、売主の相続資格が遡って否定される（894 条 2 項が準用する 893 条）ため、買主の権利取得も否定されることになるだろう。

について民法は，認知によって第三者の権利を害しえないとしている（784条ただし書）。しかし，784条ただし書は，相続開始前の推定相続人の期待を保護するものではなく，相続開始後の相続人の利益は910条によって保護すべきものと考えられているようである。

（ⅱ）売主たる相続人に相続資格の瑕疵が発見された場合，それによって相続財産を（余計に）取得する真の相続人は，一般的見解によれば，登記なしに売主（表見相続人）からの買主に対抗できる。すなわち，真の相続人と表見相続人からの譲受人との間の関係は対抗関係ではない。親子関係不存在確認の訴えや，認知無効の訴えによって事後的に売主（表見相続人）の相続資格が否定された場合にも，買主の権利取得を保障する一般的ルールはない。もちろん，94条2項の類推適用，表見代理規定の類推適用等による買主保護の可能性が残る[16)17)]。

（4）(2)(3)に拾い上げた相続資格の瑕疵の場面では，売主の権原が消滅ないし縮減するため，買主の権利取得も危うくなる[18)]。登記に対する信頼の法理を利用して取引安全を保護することが提案されてはいるが，そもそも，これらの場面においては，登記に対する信頼ではなく，あるいは登記に対す

---

15) 「相続放棄と登記」などのタイトルの下で論じられる問題において，第三者として登場するのは，本稿が想定している表見相続人からの譲受人ではなく，しばしば差押債権者である（921条1号の問題は生じない）。すなわち，相続人Aの相続放棄によって相続分が増え，不動産を取得することになった相続人Bと，相続人Aの差押債権者Cとの関係が論じられており，Bは，不動産取得を登記なしにCに対抗できるとされている（最判昭和42・1・20民集21巻1号16頁）。

16) 広中俊雄『物権法〔第2版〕』(青林書院, 1982年) 148頁～150頁，伊藤・前掲注8)409頁は，32条1項類推適用による取引安全保護を提案する。94条2項類推適用論に依拠する場合には，真の相続人が権利を失って然るべき帰責事由が必要となるところ，32条1項類推に依拠する場合にはこれがおそらく不要となり，善意・無過失の有償取得者のみ保護することをねらうものと考えられる（舟橋＝徳本編・前掲注2）561頁［原島重義・児玉寛］参照）。

17) 売主以外の相続人が，廃除の取消しによって相続資格を復活させた場合には，売主の権原が消滅ないし縮減することがある。この場合，こうした権原の消滅ないし縮減を，少なくとも買主との関係で生じないようにすることを可能ならしめる784条ただし書に相当する規定は存在しないが，その趣旨を及ぼすべきかどうかについては，検討の余地があるかもしれない。

18) 相続資格の瑕疵が遺産分割の際にも隠れていたとすると，遺産分割の効力まで動揺させられるから，遺産分割終了後の相続不動産譲受けも危うくなる。

る信頼と合わせて，戸籍の記載に対する信頼が問題になっているというべきだろう[19]。そうだとすれば，この信頼が裏切られないようにするためには，第一に，戸籍記載の真実性を向上させることで応えるべきであり，立法論としても，「戸籍を基礎とした一種の相続証書のようなものを作らせてそれに公信力を認める」[20]などの手当てを講ずるべきだろう。

2. 被相続人に起因するリスク

(1) 以下では，被相続人に起因するリスクを拾う[21]。具体的には，相続不動産の売買と競合する可能性のある被相続人による様々な形式の不動産の処分である。おおまかには，生前処分と遺言による処分に分かれる。

(2) 生前処分としては，被相続人による贈与，死因贈与——これに基づく登記が贈与と同じく共同申請によるべきだとされていることからひとまず贈与と同列に並べておく——がある。相続財産に属する不動産が贈与ないし死因贈与されていた場合には，当該不動産に関する相続人の権原が危うくなる。しかし，受贈者は登記しなければ，不動産所有権の取得を相続人に対抗することはできない。したがって，生前処分は，売主の権原を消滅ないし縮減させることはないし，売主＝相続人からの買主は，受贈者より先に所有権移転登記をすることによって，確実に相続不動産の所有権を確保することもできる。しかし，問題は残る。その理由は，——この場面に限ったことではないが——不動産取引の決済慣行にある。日本のおそらく一般的な不動産取引の決済プロセスは，売主に有利にできているといわざるを得ない。すなわち，買主としては，たとえ決済の直前にオンラインで不動産登記の内容（被相続人からの受贈者等が所有権移転登記をしていないこと）を確認し[22]，

---

19) 水野紀子「相続回復請求権に関する一考察」加藤一郎先生古稀記念『現代社会と民法学の動向（下）』（有斐閣，1992年）424頁は，「『相続と登記』に関する従来の判例による解決が前提としていたのは，相続のほとんどが法定相続に従って行われること，法定相続人の範囲が狭く限定されておりかつ戸籍によって容易に確認されること，相続登記が戸籍と連動して行われること等の日本特有の事実であった。すなわちこれらの事実を前提に，判例はできるだけ戸籍上の相続人を信頼した第三者を保護することによって，相続財産の取引を安定化しようとしたのである。」と述べていた。

直後に代金支払・所有権移転登記申請を行ったとしても，無事に売買を原因とする所有権移転登記が完了したかどうかは，1週間から10日程度が経過してから登記の記載事項証明書を取得してみなければわからない。その間に，被相続人からの受贈者など競合する譲受人が先に申請していた所有権移転登記が行われたり，売主の債権者による差押登記が行われたりする可能性がある[23]。買主にはこうしたリスクがあるにもかかわらず，売主は決済の時点

---

20) 加藤一郎「相続回復請求権」谷口知平＝加藤一郎編『民法演習Ⅴ（親族・相続）』（有斐閣，1959年）184頁。鈴木禄弥『相続法講義〔改訂版〕』（創文社，1996年）319頁は，もう少し詳しく，「立法論としては，ドイツ民法（2353条以下）のErbscheinの制度にならって，家庭裁判所が甲類審判によって賦与する相続証書の記載に推定力および公信力を認め，かつ，遺産中の不動産についての各種の登記申請は，この証書にもとづいてのみなされうることにして，相続人等の権利関係の安定と取引の安全とを図るべきであろう。相続証書は，戸籍の記載，公証人の関与した遺言および各種の裁判によって証明された各相続人の相続権および相続分率，遺贈および遺言執行者等の管理人の有無，遺産分割の結果などが明らかにされて申請され，賦与された相続証書にはこれらの事項が記載されるべきことになろう。」と提案する。加藤，鈴木の提案する方向は魅力的だが，仮にその方向に進むとしても，戸籍の記載を無条件に信頼することを前提にするのだとすればそこにはなお問題があるように思われる（その前に戸籍記載の真実性を上げる方策を講じることの要否を検討すべきではないか）。相続実体法において，相続資格の瑕疵に関する主張の期間制限を設けることを検討すべきかもしれない。なお，鈴木提案は，遺産分割の結果が明らかになるまで相続証書の作成ができないことを含意するから，相続人が相続不動産を処分するには，遺産分割を完了させた上で相続証書を作成するほかない。すなわち，鈴木提案においては，遺産分割の早期完了へのインセンティブがある程度内蔵されており，その点では，優れた提案と評しうる。しかし，鈴木提案においては，相続証書の役割が加藤提案に比べてより包括的になっている結果として，遺産分割の前提となる相続資格を有する者をどうやって確定するのかという問題が残される。この点について，解釈論としては，戸籍記載の相続人を取り込んだ遺産分割と戸籍記載の相続人が参加しなかった遺産分割とで分けてゆく方向が示唆されており（前者については後に相続人が登場しても，遺産分割の効力を維持しつつ，金銭給付によって利害調整をする。中川善之助＝泉久雄『相続法〔第4版〕』〔有斐閣，2000年〕319頁～320頁，325頁参照），鈴木提案もこの方向を暗黙の前提とするのかもしれないが，そのことの当否についてはなお検討を要すると考える。以上の加藤や鈴木の示す方向とは異なり，フランスの相続実務を参照しつつ，こうした問題のすべてを公証人の手に委ねるとの改革案も考えられる（水野紀子〔判批〕判評572号〔判時1937号〕〔2006年〕40頁参照）。
21) 被相続人に起因するものとして，相続人の廃除，認知等もあるが，これらについてはすでに相続資格に関して触れたので，2では触れない。
22) 法的な説明は，山野目・前掲注9) 72頁～76頁を参照。

で確定的に対価を取得──通常は，自らの銀行口座に金銭を取得──する24)。

結局のところ，被相続人の生前処分が売主＝相続人の権原を脅かすリスクは，小さいといえば小さい。しかし，ここでは，不動産取引の決済慣行に由来する買主のリスクが浮かび上がることになる。

(3) つぎに，遺言による処分に由来する売主＝相続人の権原のリスクを拾ってみる。

(ⅰ) まず，遺贈について。特定不動産の遺贈については，最高裁昭和39年3月6日判決（民集18巻3号437頁）が，受遺者が登記をしなければ権利取得を相続人の債権者に対抗できないとしていることからすれば，売主＝相続人に当該不動産を処分する権原は残り，受遺者と売主＝相続人からの買主との関係は対抗関係となる。すなわち，買主としては，先に登記をすれば権利取得を確実ならしめることができる。もっとも，買主には，(2)でみたような決済慣行に由来するリスクが残る。なお，包括遺贈についても，特定遺贈の場合と同様に，やはり受遺者と売主＝相続人からの買主との関係を対抗関係とみるのが最高裁の考えだとみられている25)。

(ⅱ) ところが，頻用されている特定不動産を相続させる旨の遺言については，最高裁平成14年6月10日判決（判時1791号59頁）が，当該不動産を取得した相続人は，これを登記なくして第三者に対抗することができるとした。すなわち，売主＝相続人からの買主は，買い受けた不動産につき直ち

---

23) 他にも，登記申請書の不備によって所有権移転登記に失敗する可能性がある。例えば，申請時に売主の印鑑証明書と印鑑の照合にミスがあれば，所有権移転登記の申請は却下されてしまう。
24) このような決済プロセスが温存されることによって，不動産取引の安全は損なわれていると考える。この問題を解決するためには，例えば，買主は代金を保管機関に寄託して，売主は無事に売主から買主への所有権移転登記が完了して初めて代金を引き出すことができる（登記に事故があれば買主が保管機関から代金を取り戻すことができる）などの仕組みを設けることが考えられる（内田勝一「アメリカにおける不動産取引流通の保護」高島平蔵教授古稀記念『民法学の新たな展開』〔成文堂，1993年〕189頁〜194頁が紹介するアメリカのエスクローの仕組みを参照）。
25) 山野目章夫〔判批〕水野＝大村編・前掲注12)149頁，小池泰「イソップの蝙蝠」窪田ほか編著・前掲注10)409頁〜413頁。

に所有権移転登記をしたとしても，相続させる旨の遺言によって当該不動産を取得した相続人があった場合には，権利取得を相続人に対抗することができない。この最高裁判決の理論を一般化すれば，遺産分割終了後に分割によって相続財産中の特定不動産を取得した者（売主＝相続人）から当該不動産を買い受けた者は，直ちにその旨の登記をしたとしても，分割後に発見された相続させる旨の遺言によって当該不動産を取得した相続人（売主以外の共同相続人）に権利取得を対抗できないとされる可能性も出てくる[26]。いずれにせよ，相続させる旨の遺言による特定不動産の処分は，買主にとってのリスクが非常に大きい。

3．遺産分割に関係するリスク

（1）　以下では，遺産分割に関係するリスクを拾う[27]。遺産分割未了時のリスクと，遺産分割終了後のリスクとに分けて検討しよう。

（2）　共同相続の場合において，遺産分割が終了していなければ，相続人には，相続財産を処分する権原がないようにも思われる。しかし，実際には，遺産分割協議書の偽造などによって，共同相続人の1人が特定の不動産を相続によって取得した旨の所有権移転登記が行われ，この相続人が当該不動産について，自己の持分にとどまらず他の相続人の持分を含めた全体の所有権を第三者に処分する可能性がある。この売主＝共同相続人からの買主は，前掲最判昭和38・2・22によれば，売主＝共同相続人の持分を取得できるにとどまり（909条ただし書の帰結ともされる），売主以外の共同相続人の持分まで取得することはできない。従来，この持分は法定相続分であると解されており，裁判所は，共同相続人が法定相続分どおりの相続をしたことに対す

---

26)　相続分の指定によって相続人が特定不動産を取得する場合についても検討すべきだが，問題状況の概観を目論む本稿にとっては，相続させる旨の遺言が遺言実務に滲透している現在，これと区別してここで相続分の指定について検討することは諦めざるを得ない。

27)　2では被相続人に起因するリスクを拾ったので，3では売主＝相続人に由来するリスクを拾うとの方針もありうる。しかし，売主＝相続人に由来するリスク——売主による競合する処分，売主の債権者による差押えなど——は，売主の権原が相続である場合に限らない一般的なものであり，すでに言及したところ——2(2)の決済慣行に由来するリスク——で一応足りると考えた。

る信頼，換言すれば戸籍の記載に対する信頼を保護しているとみる余地があった[28]。しかし，買主は，当該不動産全部の所有権を取得したかったのであり，他の相続人との共有状態を獲得することを目指して代金を支払ったのではない。買主の信頼を保護したいのであれば，単独所有権の取得を肯定すべきであろう。とはいえ，売主以外の共同相続人にとっては，自らが全く関知しない間に行われた相続財産の処分によって権利を失うとの解決も望ましいものではない。前掲最判昭和38・2・22の解決は，売主以外の共同相続人の利益と買主の利益の双方を考慮した結果，誰もが望まない結論に達しているのではないか。さらに近時は，最高裁平成5年7月19日判決（判時1525号61頁）が，相続分の指定について，相続人が登記なしにこれを第三者に対抗できるとしているから，その射程は，買主の，売主＝相続人の法定相続分の相続に対する期待も保護されないことにまで及ぶ可能性があり，買主にとっては，さらなるリスクが生じている。

このような状況が生ずることを回避するためには，遺産分割が終了するまでは，相続財産に属する不動産を処分することができないとするなどの立法的手当てを講ずべきかもしれない。少なくとも公示方法の見直しが望ましいように思われる。すなわち，現在の不動産登記実務によれば，相続人が相続を取得原因として共有する不動産については，遺産分割未了の遺産共有状態を公示しているのか，遺産分割終了後の単純な共有状態を公示しているのかがわからないことになっているが，公示方法を工夫することによって，両者の違いが必ず公示されるようにすることにしてはどうか[29]。そうすれば，安全を期する買主は，遺産分割終了が公示された相続不動産を買おうとする

---

[28] 前掲注19)参照。
[29] 例えば，被相続人の単独所有①から遺産共有状態の公示②を経ずに遺産分割終了後の共有状態③を公示することを許さず（現在は，相続を原因として，①から直接に③への登記をすることが認められているため，登記上，①→②の遺産共有と①→③の単なる共有との区別がつかない），必ず相続を登記原因とする共有登記を経由した上で遺産分割を登記原因とする登記をなすべきものとする（①→③を許さず，①→②→③のプロセスを経由させる）ことが考えられる。もっとも，このような提案は，遺産分割の効果について，宣言主義よりもむしろ移転主義的な理解を前提にせざるを得ないようにも思われ，実体法との関係でなお検討を要する。

だろう。

　(3)　遺産分割終了後の問題について，最高裁昭和46年1月26日判決（民集25巻1号90頁）は，遺産分割によって相続分と異なる権利を取得した共同相続人は，その旨の登記をしなければ，当該不動産について権利を取得した第三者に対抗することができないとしている。最判昭和46年の事案における第三者は仮差押債権者であるが，この理論を一般化して，遺産分割後に相続人の1人から相続不動産を買い受けた者（第三者）との関係に及ぼしてみよう。売主＝相続人が，遺産分割によって当該不動産を取得していないにもかかわらず，売主としてこれを第三者に売却した場面を想定すべきことになる（売主＝相続人が，遺産分割によって当該不動産を取得していた場合には，買主の権利取得に問題は生じない）。前掲最判昭和38・2・22におけると同様に，買主は，売主＝相続人の相続分を――他の共同相続人が遺産分割によってこれを取得したことをすでに登記していない限り――取得することができることになるのだろうか。とはいえ，ここで前掲最判平成5・7・19を想起するなら，買主は，売主の相続分が別様に指定されている影響を免れないことになるから，売主＝相続人の法定相続分の持分すら確実に取得できるとは限らない。

　こうした買主のリスクを回避するには，(2)と同様に，登記上，遺産分割未了の状態と遺産分割終了後の状態とを，確実に区別できる公示方法の工夫が効果をあげるだろう。

4. その他のリスク

　ここまで，相続人の資格に関するリスク（1），被相続人に起因するリスク（2），遺産分割に関係するリスク（3）を拾い集めた。相続不動産の買主にとっての主要なリスクを拾ったつもりだが，網羅的ではない。ここでは，小括に先立ち，遺言執行者の指定によるリスクについて補足をするにとどめる。

　遺言執行者の指定がある場合，相続人は，相続財産の処分その他遺言の執行を妨げるべき行為をすることができないとされている（1013条）ところ，最高裁昭和62年4月23日判決（民集41巻3号474頁）は，同条に違反す

る相続人の処分行為は無効であるとした（相続人による遺贈の目的物たる不動産への抵当権設定行為が無効とされた）。買主の立場からすれば，取得しようとする不動産について，どれだけ売主＝相続人および周辺について権原調査を行ったとしても，遺言執行者の指定がされていて，かつ，これが第三者に遺贈などされていた場合には，当該不動産を取得することはできない。

　遺言執行者の指定によって生ずるリスクは，これまで拾い集めた買主にとっての諸リスクと異なる1つの特徴がある。すなわち，既出の諸リスクの事例において，買主と鋭く利害が対立するのは，ほぼ売主以外の共同相続人であった[30]。例えば，相続させる旨の遺言によって相続財産中の特定不動産を取得するのは売主以外の共同相続人であり，この共同相続人との関係では，買主は，相応の注意を払って当該不動産を購入しても，権利取得が成就しないリスクが高かった。また，買主は，共同相続人以外の第三者とも利害対立の可能性はあったが（特定遺贈と登記の問題等），こうした第三者との関係は対抗関係であり，買主としては，ひとまず——決済慣行に由来する問題を措くとすれば——，売主＝相続人から不動産を購入したら速やかに所有権移転登記をすることによって，リスクを概ね回避することができた。ところが，遺言執行者が指定された場合のリスクは，買主からみれば，利害対立の相手方が売主以外の共同相続人ではない可能性があり，かつ，相応の注意を払って購入後直ちに所有権移転登記手続を行ったとしても，回避できないリスクとなる公算が高い。

III．結びに代えて

　IIにおける検討を通じて，売主たる相続人から相続不動産を買おうとする者にとっては，様々な種類のリスクがあることを確認した。すべての問題について「相続と登記」の問題であると名づけて，1つの法理によって解決策

---

[30] 包括受遺者も，遺産分割協議に参加すべき者と考えられるから（990条），本文の文脈においては，共同相続人と同列に扱ってよいだろう。

を提案することは，適当ではないように思われる。

　本稿は，リスクの類型化を完成させた上で，それぞれの類型についての解釈論，立法論上の解決策を提案することまでを目的とするものではないが，それでも，いくつかの示唆を獲得することはできたと考える。

　まず，相続人の資格に関するリスク（Ⅱ1）は，それ以外のリスクと区別されるべきであるように思われた。相続人の資格に関するリスクは，まず，戸籍記載の正確性を担保することによって減少させることができそうである。しかし，戸籍記載が正確であったとしても，民法上，相続資格は，相続欠格，廃除，認知等によって，事後的に変動し，戸籍に表現されることが予定されているものもある。こうしたリスクについては，加藤一郎などが提案するように，公的機関が相続人の資格を証明する文書を作成し，これに公信力を与えるなどの制度が必要であるようにも感じられた。その当否や具体的内容についてはなお検討を要すると考えるが，仮にこうした制度が現実のものとなれば，遺産分割手続に関与すべき相続人が関与せず，関与すべきでない者が関与した等の事情によって遺産分割の効力が覆滅せしめられるリスクも減少するはずである。

　相続人の資格に関するリスク以外のリスクについては，被相続人に起因するリスク（Ⅱ2），遺産分割に関係するリスク（Ⅱ3），その他のリスク（Ⅱ4）を拾った。注意したいのは，不動産登記制度の解釈・立法による改善によって減少させることができそうなリスクがあることである。具体的には，決済慣行——売主は決済直後に現金を手にするが，買主は決済後しばらくの間は無事に所有権移転登記ができたかどうか知る術がない——の改善，遺産共有状態の公示と遺産分割終了後の公示との区別が重要であるように思われた。

　実体法上は，買主と利害対立が生じうる者として，売主（共同相続人の1人）以外の共同相続人というカテゴリに注目したい。売主以外の共同相続人が遺言によって取得した権利利益の主張については，いわば遺産分割手続を経由することによる失権効を認める方向の解釈論・立法論が浮かんでくる。具体的に説明しよう。これまでの学説の多くは，相続させる旨の遺言によって特定不動産を相続した共同相続人が，登記なしに買主に対抗できるという

判例理論の帰結を批判してきた[31]。しかし、本稿のように遺産分割が終了していたかどうかに着目し、買主は、遺産分割終了後に相続不動産を譲り受けるべきことを志向する見地からすれば、異なる解決策も浮かんでくるように思われる。すなわち、共同相続人とは、遺産分割手続に参加すべき者であって、仮に遺産分割手続の際にすでに遺言の内容が判明していたとすれば、当該特定不動産の取得については遺産分割手続の中で権利主張をしておくべきであり、遺産分割終了後はそのことを登記すべきであると考えられる。それにもかかわらず、別の相続人から当該不動産を買い受けた者があった場合には、相続させる旨の遺言によって当該不動産を取得すべき相続人は、買主に対して権利取得を対抗できないという解決ルールを採用する余地はあるのではないか。また、相続させる旨の遺言だけでなく、相続分の指定が取引安全にもたらす危険も懸念されているが、相続分指定によって利益を得る者も基本的に共同相続人であることを踏まえるなら、同様に、その利益は遺産分割手続の中で主張すべきであり、遺産分割終了後は、第三者に対抗することができなくなるとすることが考えられないか。

　もっとも、共同相続人が遺言によって取得した権利利益について、遺産分割手続による失権効を課そうとの提案は、すぐに壁に突き当たる。何よりも、遺言の内容が、遺産分割手続の時までに判明する保障がない。この問題について、取引安全保護を94条2項の類推適用、相続回復請求権の権利行使期間制限（884条）や買主の取得時効援用に委ねる前に、遺言内容が遺産分割手続の中で必ず判明するような仕組みを準備するなり、自筆証書遺言については特に、遺言の効力について時期的制限を設けることなどが検討される必要はないだろうか。遺言執行者の指定が行われていた場合には、遺言執行者を遺産分割に何らかの形で関与させるなどの手当ても必要になるかもしれない。また、当然のことながら、相続不動産の買主と利害対立する者が、共同相続人以外の者である場合には、遺産分割手続の失権効によって買主を保護することはできない[32]。

---

31) 議論の状況につき、加毛明〔判批〕水野＝大村編・前掲注13)151頁参照。

本稿の主張は，「相続と登記」の名の下にひとまとめに論じられていたかのようにみえる問題の背後には様々なリスクがあるから，リスクの性質に応じて，それぞれ別々に問題解決のための解釈論・立法論を考えるべきではないか，というものである。具体的な解釈論・立法論の展開は今後の課題とせざるを得なかったし，不明ゆえの初歩的な誤りが含まれていることをおそれているが，読者のご海容をお願いしたい。

---

32) 本稿が念頭に置くのは，遺言において，遺言執行者の指定があり，特定不動産を相続人以外の第三者に遺贈する場合である。遺言法の解釈論・立法論による問題解決の可能性はあるだろう。

7

金銭債務と金銭債権の共同相続

窪田充見

  I. 問題の所在
  II. 金銭債務の相続をめぐる問題
  III. 金銭債権の相続をめぐる問題

I. 問題の所在

　金銭債務と金銭債権の共同相続については,「相続分に応じて当然に分割承継される」という原則(分割承継の原則)がほぼ確立している。このような分割承継の原則は,債権総則の分割債権・債務の原則によって基礎づけられている。すなわち,可分債権である金銭債権には,分割債権・債務の原則(民 427 条[1]) が適用され,ただし,権利・義務の割合については相続分に応じて承継されるという理解である。

　本論文は,従来の議論を踏まえつつ,分割承継の原則について提起されてきた問題が十分には解決されていないのではないか,そして,現在の法律状態は必ずしも見通しのよいものとはいえないのではないかという認識に立って,金銭債権・債務の共同相続における分割承継の原則を再検討し,どのような解釈論,制度設計が考えられるのかを論じることを企図している。このような課題設定の出発点となっているのは,特に 2 つの問題意識である。

　第 1 に,債権と債務の扱いに関する議論のあり方である。分割承継の原則それ自体は,形式的には民法 427 条を根拠とし,債権と債務で区別されてい

---

[1] なお,民法(債権関係)改正法案においては,本条は改正の対象となっていない。

るわけではない．しかし，債権と債務では，その相手方の当該債権に対する立場は異なっており，考慮すべき要素も異なっている．そうした点を踏まえれば，単に民法427条の分割債権・債務の原則に依拠して分割承継の原則を説明するだけでは，十分とはいえないだろう．

　こうした問題意識は，一方では，債権と債務について独立に考えるべきだという方向に向かうことが考えられる．もちろん，共同相続人間の遺留分の計算をめぐる問題にみられるように，積極財産と債務との関係を完全に切り離すことができるのかということ自体，ひとつの問題であり，最終的に，両者の関係をどのように扱うかは単純ではない．しかし，債権と債務のそれぞれの意義に照らして，分割承継の原則を再検討し，それを実質化するという作業は不可欠だと思われる．

　第2は，現在の状況の見通しの悪さに関わる点であるが，分割承継の原則の前提とされている相続分とはいったい何なのかという問題である．従来の議論においては，特段の説明がなく「相続分」といわれる場合には，法定相続分を念頭において議論がされてきたとの印象も受ける．しかし，遺言によって相続分の指定がなされた場合や相続分の指定を伴う分割方法の指定がなされた場合には，法定相続分と指定相続分のいずれが基準となる相続分であるのかは実際上も問題となる．さらに，相続分の意味が金銭債務の相続と金銭債権の相続とで同じであるのかも問われるだろう．

　条文上は，相続分の指定がある場合，指定された相続分が法定相続分に置き換わって「相続分」とされるのであり（民902条1項），また，遺言がある場合には法定相続は機能しないという理解（遺言による法定相続排除のドグマ）もある．そのような説明を貫くのであれば，債権・債務の両方において指定相続分を基準とするのが一貫している．しかし，少なくとも債務の承継についての現在の法律状態をそのように理解することは，必ずしも適切ではない．

　以下においては，こうした問題を意識しながら，金銭債務と金銭債権のそれぞれについて，分割承継の原則の意義を検討する．なお，以下の各問題を検討する上では，相続分の指定がある場合が検討対象のひとつとされる．相続分の指定については，その制度としての必要性自体について議論の余地が

あるが，これについては本稿の直接の対象としない[2]。

II．金銭債務の相続をめぐる問題

1．現在の法律状態と議論状況

判例は，一貫して，債務について分割承継の原則を維持している[3]。学説上は，債権者の保護の観点から，これに反対し，不可分債務，合有債務，連帯債務等と解する見解もあり，かつては多数説であるともされていたが[4]，現在では，もはや一般的な立場とはいえないだろう[5]。

その上で，債務の分割承継において前提とされる相続分が何かという問題については，なお議論の余地がある。すなわち，従来の議論においては，誰が債務者となるかについては債権者が利害関係を有することから，法定相続分によって分割承継されることが前提になってきたようにも思われる。ただし，そうした法定相続分を前提とする理解が，相続分の指定がある場合を十分に意識した上で，「指定相続分ではなく，法定相続分が前提となる」ということまでを含むものであるのかについては，議論の余地を残していた。

---

2) 相続分の指定と包括遺贈については，本書所収の潮見論文が対象とする。
3) 大決昭和5・12・4民集9巻1118頁，最判昭和34・6・19民集13巻6号757頁。
4) この点について盛んに議論されていた時期のものとして藪重夫「債務の相続」中川善之助教授還暦記念『家族法大系VI』（有斐閣，1960年）219頁。その後の議論の展開については，谷口知平編『注釈民法(25)』（有斐閣，1970年）15頁以下［右近健男］のほか，谷口知平＝久貴忠彦編『新版注釈民法(27)』（有斐閣，1989年）16頁以下［右近健男］，右近健男「債務の相続」星野英一編集代表『民法講座7』（有斐閣，1984年）409頁。また，近時の文献として，宮本誠子「フランス法における可分債務の相続と清算」金沢法学55巻2号（2013年）209頁，同「相続債務の処理」水野紀子＝窪田充見編集代表『財産管理の理論と実務』（日本加除出版，2015年）319頁が，フランス法を素材として，この問題について掘り下げた検討を行っている。
5) 前掲注4)の『注釈民法(25)』と『新版注釈民法(27)』における説明でも，この点に関してニュアンスの変化がみられる。近時の体系書・教科書においては，積極的に不可分債務説，連帯債務説等をとるものをみつけることは困難である。伊藤昌司『相続法』（有斐閣，2002年）253頁以下，内田貴『民法IV〔補訂版〕』（東京大学出版会，2004年）406頁以下，二宮周平『家族法〔第4版〕』（新世社，2013年）362頁以下，窪田充見『家族法〔第2版〕』（有斐閣，2013年）437頁以下，潮見佳男『相続法〔第5版〕』（弘文堂，2014年）105頁以下等。

この点について，最高裁平成21年3月24日判決（民集63巻3号427頁）は，共同相続人の1人に全部の相続分の指定がされた場合について，①「相続人間においては，当該相続人が指定相続分の割合に応じて相続債務をすべて承継する」としつつ，②「相続債権者に対してはその効力が及ばない」とし，その上で，③「相続債権者の方から相続債務についての相続分の指定の効力を承認し，各相続人に対し，指定相続分に応じた相続債務の履行を請求することは妨げられない」とした。同判決で示されたルールに関しては，(a)「債務は指定相続分に応じて分割承継されるが，それを債権者には対抗できない」と理解するのか，(b)「債務は法定相続分に応じて分割承継され，債権者に対して債務を負担するが，共同相続人内部間では指定相続分によって負担部分が決まる」と理解するのかについては，形式的な問題であるが，両方の読み方が可能であろう。

　判決文の流れや言葉に従うならば，(a)であるようにもみえるが，当該判決が共同相続人間の遺留分減殺請求権の額を争う事案について示されたものであり，債務の相続一般について判示したわけではないこと，また，債権の基本的な効力は債権者・債務者間を対象とするものであることに照らせば，上記①は，むしろ共同相続人間の内部的な負担部分についての説明にすぎないと理解する余地もある。したがって，債務の承継について指定相続分が基準となるという一般命題が，この判決のみから正当化されるわけではない。

2．金銭債務の承継に関する問題の検討と考えられる制度設計の方向
(1) 債務の相続における分割承継の原則

　分割承継の原則によれば，金銭債務は共同相続人間で分割承継されることになるが，これに対しては，すでに言及したように，そもそも分割承継の原則を採用すべきではないとする考え方もある。債権者の保護の観点からのものであるが，こうした見解に対しては，本来，当該債権の引当てとなるのは，被相続人の責任財産であり，共同相続人すべての固有財産までを責任財産とすることは，相続債権者に過剰な利益を与えるものだとの再批判がなされている[6]。

　当然に分割債務とすることは，本来一体であった債権について複数の債務

者に分散した資力のリスクを生じさせる点では，不可分債務とする主張にも一定の理由がある。しかし，積極財産も最終的には分割承継されることに照らせば，それを超えて不可分債務とすることは，相続債権者に本来有している地位以上のものを与えることになるという点で，その正当化は困難であろう。その点では，金銭債務の共同相続における分割承継の原則と，それを前提とする連帯債務，保証債務についての判例の立場を変更する必要性は必ずしも大きくないものと考えられる。

なお，制度設計としては，例えば，遺産分割までは不可分債務とした上で，共同相続人の固有財産との関係では分割債務が成立するという考え方[7]が，過不足のない解決をもたらすものとも考えられるが，この場合には法改正を伴う整備を行い，それを明確にすることが適当であろう。ただ，こうした制度が実質的にも求められるのかについては，現行法においても，債権者の側では，相続財産の分離によって，ほぼ同様の解決を実現できることを踏まえて[8]，慎重に判断されるべきである。

(2) **債務の承継における相続分の意義をめぐる問題**

もっとも，金銭債務についての分割承継の原則が維持されるとしても，そこでの分割の基準が法定相続分と指定相続分のいずれなのかが問題となる。この問題については，債権者との関係での分割承継の基準と共同相続人間での分割承継の基準とを分けて検討することが適切であろう。

(ⅰ) 債権者との関係での分割承継の基準

遺言による法定相続排除のドグマを貫くのであれば，相続債務についても指定相続分に応じて承継されると考える余地がある。しかし，この立場を前

---

6) 債務の承継に関して，相続人の固有財産も含めた上で，債権者がどのような利害関係を有するかという基本的な問題については，小粥太郎「遺産共有法の解釈——合有説は前世紀の遺物か？」論ジュリ10号（2014年）112頁における分析を参照。

7) 高木多喜男『口述相続法』（成文堂，1988年）188頁。

8) もっとも，谷口編・前掲注4)『注釈民法(25)』18頁［右近］は，相続人の側では限定承認を選択することができるという点を指摘して，不可分債務としての処理の可能性を説明し，財産分離が可能であるということを論拠として持ち出すことは適当ではないとする。その点では，財産分離や限定承認を持ち出して議論をすることは，水掛け論となる側面は否定できない。

提とすれば，債権者が法定相続分による債務の承継を前提として，相続人に対して債権を行使することを説明することは困難である。遺言によって法定相続が排除されるということを貫徹するのであれば，仮に債権者に対する対抗の問題であるとしても，その前提となる実体法上の基礎を欠くことになるからである。

　この問題に明示的に言及する文献では，法定相続分に応じて債務が承継されることを支持するものが多いが，債権者の合理的期待の保護の観点からも，法定相続分を基準として債権者の権利を認めることは，一定の説得力を有する。そもそも，債務者は債務の処遇（分割承継のあり方）について処分権限を有していない。債務者が，自らの負担する債務について，債権者の同意を得ることなく，共同相続人の誰がどのようにそれを負担するかを決めるというのは，そもそも債権（債務）の性質として，不可能なことだと考えるべきである。被相続人の遺言における処分権限は，被相続人の生前の財産についての処分権限の延長で理解されるのであり，生前においても債務についての処分権限を有さない被相続人の行為を説明することはできないのである[9]。

　もっとも，このように法定相続分を基準とする場合，以下の疑問に答えておく必要があると思われる。

　ひとつは，相続分の指定では積極財産とセットで債務の処遇が決められているのであるから，許容可能なのではないかという疑問である。もっとも，これに対しては，債務が積極財産を上回る場合に，本当にそのような説明が妥当するのかという実質的な問題（積極財産がゼロの場合であれば，相続分の指定とは，単なる債務の帰属についての決定にほかならない）とともに，そもそも積極財産とセットだと，なぜ本来不可能な被相続人による債務の処分が正当化されるのかという原理的な疑問がさらに投げかけられることになるだろう。

　さらにもうひとつの疑問は，指定相続分によって承継される積極財産と，

---

[9]　こうした債務の性質に即した説明は，中川善之助『相続法』（有斐閣，1964年）170頁，177頁において，すでに明確に述べられている。内田・前掲注5)380頁は，指定相続分に従う債務の分割は，「債権者の同意なしに免責的債務引受がなされたに等しい」とする。

法定相続分によって承継される債務とで齟齬が生じ，結果的に，承継される被相続人の財産を責任財産として債務の実現が図られるという基本的枠組み（金銭債務の分割承継の原則の背後にあると考えられる枠組み）が維持されなくなるのではないかということである。この点は，債権者の保護の観点からも問題となる。もっとも，これに対するひとつの手当てが，前掲最判平成21・3・24の③として示されたものだという理解が可能である。すなわち，債権者の側から相続分の指定を承認することによって，指定相続分が債権者との関係でも有効なものとなり，承継される被相続人の責任財産と債務の一致が実現されるという理解である[10]。ここでは，指定相続分によって承継される積極財産と法定相続分によって承継される債務の齟齬は，あくまで債権者のイニシアティブによって解決されることになる。

このように被相続人は自らの債務について処分権限を有さないという基本的な前提をとる以上，指定相続分を分割承継の第1次基準とすることはできない。そうだとすると，法定相続分による分割承継を原則とした上で，債務を含む相続分の指定について相続債権者が同意した場合にのみ，指定相続分が第2次基準として機能することになる。この場合の相続債権者の同意は，（免責的）債務引受けに関する債権者の承諾と同質のものと理解することができるだろう。そして，このような考え方は，現在の判例ともほぼ一致する。もっとも，このようなルールを採用する場合，それが明確に示されていることが必要であり，相続分の指定があった場合の法律関係について明確ではない現行法の規定（指定相続分が全面的に法定相続分に取って代わり，それによって承継する権利・義務の範囲が決まるかのような規定）は適切ではなく，また十分なものでもないものと思われる。

---

[10] なお，指定相続分を債権者が承認することの意義が，承継される責任財産と債務を一致させる点にあるとすれば，そのことは，遺産分割との関係にも及ぶのではないかが問題となる。遺産分割においてなされているのが何なのかという点にも関わるが，ここでは，そうした問題があることを確認しておきたい。

(ⅱ)　共同相続人間での分割承継の基準
　　　——新たな制度的な手当ての必要性

　従来の議論においては，もっぱら債権者との関係に焦点を当てて，債務の分割承継の基準が議論されてきたが，共同相続人間でどのように債務が承継されるのかも問題である。なぜなら，債務者たる被相続人が，自らの負担する債務の帰属を決定することができないというのは，債権者との関係だけではなく，本来，債務を引き受けることになる共同相続人との間でも妥当するからである。相続分の指定は，共同相続人間の内部的な関係では有効だということは自明ではないだろう。

　もっとも，この問題を現在の制度において適切に解決することは困難である。本来，被相続人の行為によって，法定相続分を超えて債務を引き受ける相続人については，その同意がない以上，そうした債務引受けは有効とはならないはずである。しかし，現行法上は，限定承認を度外視すれば，指定相続分を前提とする相続を承認するか，相続を放棄するかといった二者択一にならざるを得ず，共同相続人が同意をしなければ法定相続が実現されるというしくみにはなっていないからである。

　この点は，相続分の指定をどのような債務者の処分行為として理解するかにも関わるが，相続分の指定は法定相続分と異なる割合での相続分を指定する処分行為だと理解するのであれば（したがって，相続分の指定という処分の対象は法定相続分と指定相続分とがずれる部分となる）[11]，法定相続分を超えた相続分の指定を受けた者[12]については，被相続人の一方的意思表示によって引き受ける債務が増加することを踏まえて，その同意を必要とするしくみが求められるのではないだろうか。

---

11)　最決平成24・1・26家月64巻7号100頁は，法定相続分との関係を意識することなく，相続分の指定が被相続人の処分行為であるという理解を前提としていると考えられるので（法定相続分と同じ割合を遺言で示した場合にも，それが相続分の指定として遺留分減殺請求の対象となるとする），ここで示したような立場とは異なる。この点については，窪田充見「相続分の指定と遺留分をめぐる問題——被相続人の処分と共同相続人間の遺留分の実現を考える枠組み(1)(2・完)」曹時65巻10号1頁・同11号1頁 (2013年)。

この場合の同意であるが，相続分の指定が，積極財産と債務とを一体としてなす被相続人の処分である以上，増加する債務の承継のみを拒絶することはできず，一体としての相続分の指定に対しての同意と考えるべきであろう。そして，その同意をしない場合については，その相続人については指定相続分ではなく，法定相続分によって被相続人の権利・義務を承継するということを明確にする必要がある（その範囲で，他の共同相続人の相続分も影響を受ける）。

なお，このような制度設計は，新たな法制度の整備を必要とするものであると同時に，法定相続と遺言相続との関係をどのように理解するかについても，一定の意味を与えることになるだろう。すなわち，債務まで視野に入れるのであれば，遺言による法定相続排除のドグマは貫徹されないことになるからである。また，相続人の関与なく当然にその効果が生ずるとする分割方法の指定に関する判例[13]の基本的枠組みについても，分割方法の指定が相続分の指定を伴う場合については見直しが必要となるものと考えられる。

Ⅲ. 金銭債権の相続をめぐる問題

1. 現在の法律状態の確認[14]

債権者である被相続人が自らの有する金銭債権の帰属について決定することについては，理論的な障害はない。したがって，債務の場合とは異なり，相続分の指定がある場合には，分割承継の原則を前提とするのであれば，指定相続分が基準になると考えてよい。

---

12) なお，法定相続分を基準とするのではなく，相続分の指定はすべて被相続人による処分行為だとし，かつ，債務引受けに相当する部分については相続人の同意が必要だとすれば，法定相続分より少ない相続分の指定を受けた者についても同意が必要だということになる。その場合，相続分の指定（と包括遺贈）は，実質的に機能しないことになるだろう。

13) 最判平成3・4・19民集45巻4号477頁。

14) 預金債権の帰属に関して従来の判例と議論状況を網羅的にフォローする近時の文献として，伊藤栄寿「共同相続における預金債権の取扱い」名古屋大学法政論集250号（2013年）155頁，川地宏行「共同相続における預金債権の帰属と払戻」同254号（2014年）908頁。

金銭債権について問題となるのは，むしろ，判例が「金銭その他の可分債権……は法律上当然分割され各共同相続人がその相続分に応じて権利を承継する」[15]（当然分割の命題）とし，そこから，金銭債権は遺産分割の対象となる遺産を構成しない（遺産分割からの排除），としている点である。形式的な論理としては，金銭債権は相続によって共同相続人の準共有となり（民264条），同条ただし書の「特別の定め」としての民法427条によって当然分割承継が説明される。それは，同時に，金銭債権については，相続法のルールから外れ，遺産分割のプロセスに乗らないことをもたらす。

もっとも，現在においても，金銭債権を共同相続人の遺産分割協議の対象としえないとまでされているわけではなく（預金債権を含む遺産分割が無効になるわけではない），また，遺産分割審判についても，共同相続人全員の同意がある場合には，審判の対象となるという立場が実務においても一般的だとされる。

2. 金銭債権の承継に関する問題の検討と考えられる制度設計の方向
(1) 当然分割の命題をめぐる問題
（ⅰ） 当然分割の正当性[16]

判例が採用する当然分割の命題については，学説上は異論も多い。最も基本的なものは，民法264条ただし書にいう「特別の定め」とは民法427条ではなく，相続法の規定，すなわち相続財産を共有とする民法898条や遺産分割に関する民法906条等であり，むしろ，民法427条はこれらの規定とは矛盾するという批判である[17]。

---

15) 最判昭和29・4・8民集8巻4号819頁。同判決に先立つ大審院時代からの判決の流れと同判決の位置づけについては，山田誠一〔同判決判批〕法協104巻6号（1987年）966頁。

16) なお，金銭債権の共同相続については，判例の採用する分割承継の原則を前提として，その射程をめぐる議論もひとつのテーマである。山田・前掲注15)は特に反対給付との関係でこれを検討しており，また，定額郵便貯金についての最判平成22・10・8民集64巻7号1719頁をめぐっても，そうした議論がなされている。本稿は，そのような特定の種類の金銭債権の問題を検討する前段階として，金銭債権一般の共同相続に関する基本的なルールに焦点を当てて論じるものである。

このような批判は，単に形式的な条文をめぐる批判ではなく，相続財産について，相続法の規律をどこまで重視するのかという基本的な問題に深く関わっている。遺産については，周知のように共有説と合有説との対立があるが[18]，金銭債権についての当然分割の命題とそれによって導かれる遺産分割からの排除は，それを超えた内容を有している。すなわち，共有説を前提とする場合であっても，金銭のように可分のものについても当然に分割承継されるわけではなく，遺産分割の対象となる遺産に含まれるとされているからである[19]。

ここでは，そもそも多数当事者間の債権・債務関係についての受け皿規定としての意義を有するにすぎない民法 427 条が同 264 条ただし書の「特別の定め」に本当に該当するのか，民法 427 条はそこまでして実現しなければならない実質を有する規定なのかが問われているように思われる。

（ⅱ）　当然分割の命題の実質的意義

（a）　当然分割の命題によるメリット

当然分割の命題には，遺産分割を待つことなく，金銭債権の帰属が明確になるというメリットがあるようにもみえる。もっとも，こうしたメリットの実質的意義や正当性は疑問である。

共同相続人からみれば，遺産分割を経ずに，相続と同時に，権利を分割承継して行使することができるのはメリットであろう。しかし，そうしたニーズだけであれば，金銭債権に限らず，可分である金銭についても考えられるはずである。金銭を含めて遺産分割によって適切な帰属を実現しようとする相続法の理念からすれば，金銭債権についてのみ，そうしたニーズが保護されるべき正当性が認められるかは疑わしい。

他方，債務者の側からみたらどうだろうか。債務者にとって，当然分割の

---

17)　金銭債権一般ではなく，預金債権に対象を限定した上での分析であるが，米倉明「銀行預金債権を中心としてみた可分債権の共同相続——当然分割帰属なのか」法学雑誌タートンヌマン 6 号（2002 年）1 頁，41 頁以下。

18)　こうした対立の図式と意味については，小粥・前掲注 6)参照。

19)　最判平成 10・6・30 民集 52 巻 4 号 1225 頁。

命題が積極的にメリットを有することは考えにくい。債権の場合、法定相続分が基準とならず、指定相続分によって帰属が決まるとする前提をとるのであれば、仮に法定相続分に応じた弁済を求められても、それが正当な請求であるかは判断できない。遺言書が示されたとしても、その遺言が最終的に有効な遺言だという保証はない。銀行実務においては、預金の払戻しについて、相続関係を示す書類とともに、預金債権の帰属を明らかにする遺産分割協議書や相続分皆無証明書等の提示を求めるのが一般的であるとされてきたが[20]、それはこうした問題状況に照らせば、合理性を有するものだと思われる。結局、民法427条によって当然分割が認められるといっても、債務者として、誰にどれだけ弁済すればよいかが自動的に明らかになるわけではないのである。

(b) 当然分割の命題によるデメリット

他方、当然分割の命題によって金銭債権を遺産分割の対象から除外することがもたらす問題は深刻である。特に重要なのは、遺産分割のプロセスから排除することで、具体的相続分を通じた共同相続人間の公平が実現されなくなるという問題である。

当然分割の命題を貫徹するのであれば、金銭債権だけが被相続人の遺産であるが、共同相続人の1人に大きな特別受益があり、その具体的相続分がゼロとなる場合であっても、そうした特別受益（や他の相続人の寄与分）は考慮されることなく、その金銭債権は当然に分割承継されることになる。それ

---

[20] ただし、近時の銀行実務においては、相続人から求められた場合には、法定相続分に応じた払戻しを認め、また遺言書に示された相続分に応じた払戻しを認めるという状況も生じているとされている。この背景には、銀行としては、預金を払い戻すということ自体の必要性は認めているのであり、こうした払戻しの請求に対して争うことは、かえって遅延利息の発生のリスクや紛争それ自体のコストをもたらすものだという事情があるようである。その点では、相続分に応じて当然に分割承継されるという判例を前提として、法定相続分や遺言書に示された指定相続分に基づいて払戻しをし、実際の相続分がそれと異なる場合には、民法478条によって保護されるという点で、こうした近時の動きも理解されるところである。ただ、ここで前提となっているのは、あくまで本文でその妥当性を問題としている、「金銭債権は相続分に応じて当然に分割承継される」という命題であるという点を確認しておきたい。

自体，かなり不公平な結論だと思われるが，これについて当然分割の命題を前提としつつ，不当利得等によって修正を図ることは困難である。当然分割の命題によって分割承継される債権について法律上の原因の存在を否定することはできないだろう。ここでの不公平であるという感覚を基礎づけている具体的相続分は，判例によれば，遺産分割の前提として位置づけられるものにすぎず，それ自体は権利性を有さないのであるから[21]，遺産分割のプロセスに乗らない問題に対して，それを基礎として修正を図ることはできないのである。

さらに，このような問題は，共同相続人全員の同意があれば金銭債権も遺産分割審判の対象となるとする実務において一般的だとされる修正ルールの実効性にも疑問を投げかけることになる。相続法についての十分な知識があり，自らの特別受益が大きいことを認識している相続人であれば，そのような同意を与えないのが，むしろ経済的には合理的な行動となるからである。

このような検討からは，当然分割の命題には，そのメリットや正当性が希薄であるにもかかわらず，バランスを欠いて大きな意味が与えられているといわざるを得ない。

（ⅲ）　損害賠償請求権についての分割承継[22]

上記の検討は，もっぱら預金債権のような被相続人が有していた資産としての債権を想定した上での検討である。それに対して，金銭債権についての当然分割承継が用いられる場面としては，被相続人が不法行為等によって死亡した場合の損害賠償請求権の相続をめぐる問題がある。金銭債権の分割承継をめぐる問題を扱う場合については，この点についても意識しておく必要があるだろう。

現在の一般的な損害賠償法理論によれば，被相続人の死亡による損害賠償請求権は，その逸失利益や慰謝料のいずれについても，いったんは被相続人

---

21) 最判平成 12・2・24 民集 54 巻 2 号 523 頁。
22) なお，ここで扱う問題に焦点を当てて，以下の別稿を用意しているので，詳しくは同論文を参照していただきたい。窪田充見「人身損害賠償における相続構成について――相続という視点からの検討」立命館法学 363・364 号（近刊）。

に生じ，それが相続によって相続人に承継されるとされている（いわゆる「相続構成」[23]）。したがって，遺族が加害者に対して損害賠償請求をなす場合，法定相続分を前提として，請求することが可能であり，実際，そのように運用されている。それに対して，法定相続分による当然分割承継を否定した場合，具体的相続分を前提として遺産分割がなされる必要があり，こうした扱いは，従来の処理に比べて非常に煩雑となり，迅速な救済を妨げることになるのではないかという問題が生ずる。さらに，被害者である被相続人の死亡による損害賠償請求において，特別受益や寄与分が考慮されるということについては，実質的な違和感が伴うことも否定できないだろう[24]。

しかし，この点については，被害者の死亡による遺族の損害賠償請求権の特殊性を考慮すべきであるし，その点についての理解が，こうした債権を，上記の金銭債権についての枠組みの中で扱うか否かという判断を左右するものであるように思われる。この問題に関しては，周知のように，遺族の固有損害構成と相続構成という基本的な部分での対立があるが，かりに相続構成を前提とする場合であっても，まったく別の2つの方向でのアプローチが考えられるのではないだろうか。

ひとつは，損害賠償法の問題として，遺族の固有損害という構成をとらず，被相続人の損害賠償請求権の相続という構成を維持する以上，もはや仕方がないという説明である。すなわち，現在の相続構成が，被相続人の損害賠償請求権の特殊性を認めず，慰謝料まで含めて金銭債権として一般化しており，そうした金銭債権がいったんは被相続人に帰属し，それが相続を通じて，その承継者に帰属するという法律構成を採用する以上，被相続人が有していた

---

23) 窪田充見『不法行為法』（有斐閣，2007年）295頁以下，356頁以下。
24) なお，死亡事故における損害賠償請求権の相続構成においては，もっぱら法定相続分を前提として議論がされており，相続分の指定があった場合には指定相続分によるといったことは意識されていなかったように思われる。そこには，単に，これまで問題とされてきた事案で，相続分を指定した遺言がなかったというだけではなく，以下に述べるような損害賠償請求における相続構成の持つ独自の意味があったように思われる。すなわち，特別受益や寄与分を考慮して損害賠償請求の内容が決まるという違和感と同質の違和感が，相続分の指定があった場合にはそれによって決まるという場合にもあるのではないだろうか。

他の金銭債権と区別することを説明するのは困難である。この場合の相続構成とは，あくまで相続法の規律一般に解決を委ねるものだということになる。したがって，金銭債権について当然分割承継を否定し，それが遺産分割の対象となる遺産を構成するという立場をとるとすれば，そうした枠組みは，死亡事故における損害賠償請求権にも及ばざるを得ないということになる。

　もうひとつの考え方は，相続構成がとられているとしても，その背景には固有損害構成では十分に遺族の損害を塡補することができない等々の価値判断があるのであり[25]，そこでの損害賠償請求権は実質的にはあくまで遺族の損害賠償請求権であって，相続構成というのはそれをいわば仮想的に実現するものにすぎないのだと理解するものである。このような理解においては，相続構成において主として企図されているのは，総額としての賠償額を一定の程度実現することであり，そして，それとともに，損害賠償額がいくらとなるのか，誰が損害賠償請求権を有するのかという問題を，より単純に解決するために，相続という構成が採用されているにすぎない。そこでは，生じた損害賠償請求権を死亡した被害者にいったん帰属させ，それが相続によって承継される形式を採用することが，実質的に重視されているわけではないということになる。このように考えるのであれば，こうした相続構成は死亡事故における損害賠償の問題を解決するために展開されたものであり，必ずしも，被相続人自身が有していた他の金銭債権と同じ処理をする必要はないと考える余地もあるのではないだろうか。

　この問題は，死亡事故における損害賠償請求権について，遺族固有の損害賠償請求という構成を採用するのか，相続構成を維持するのかという点とともに，相続構成を維持するとしても，その相続構成の意味をどのように理解するのかという観点を踏まえて判断されるべきものだということになる。それは最終的には損害賠償法の問題として検討されるべきものであるが，さしあたり，ここではこうした問題状況があることを確認しておくことにしたい。

---

[25]　窪田・前掲注23)358頁．

(2) 考えられる制度設計の方向

　上記のような検討からは，死亡事故における損害賠償請求権については留保するとして，金銭債権についても，遺産分割の対象とすることが実質的にも適切だと考えられる。そして，この点については，それをより明確にするためには法改正が望ましいと考えられる。現行法の解釈論としても，民法264条ただし書の「特別の定め」を相続法に規定されたルールと解することで，その実現は可能だとも考えられるが[26]。しかし，こうした現在の規定を前提としてすでに判例が形成されていることに照らせば，立法的にこの点を明確にすることが望ましいだろう。

　なお，遺産分割前の金銭債権の扱いについて，以下の2点を確認しておきたい。

　まず，金銭債権の共同相続について民法427条の適用を排除するとした場合，遺産分割前の金銭債権は不可分債権だと解する可能性もある。しかし，この場合，共同相続人の1人が全額を請求しうることになり（民428条[27]），分割承継の原則をとっていた場合以上に，遺産分割を通じた金銭債権の最終帰属の確定を阻害することになる[28][29]。この点に照らせば，遺産分割前の金銭債権は，共同相続人に準共有され，共同相続人全員の同意を得ないと行使することができないと解する立場[30]が説得的だと思われる。このことは共

---

26)　なお，金銭債権が分割承継されるとしつつ遺産分割の対象となることを肯定する見解として，阿部徹「預金取引と相続」遠藤浩ほか監修『現代契約法大系5』（有斐閣，1984年）180頁，185頁以下，山田・前掲注15) 981頁以下があり，金銭債権が分割承継されるか否かという問題と遺産分割の対象となる遺産を構成するかという問題を直結させないということも考えられる。

27)　民法（債権関係）改正法案では，現行428条は，条文番号はそのまま，「次款（連帯債権）の規定（第433条及び第435条の規定を除く。）は，債権の目的がその性質上不可分である場合において，数人の債権者があるときについて準用する。」と改められる。そして，新設される432条は，連帯債務に関して，「債権の目的がその性質上可分である場合において，法令の規定又は当事者の意思表示によって数人が連帯して債権を有するときは，各債権者は，全ての債権者のために全部又は一部の履行を請求することができ，債務者は，全ての債権者のために各債権者に対して履行をすることができる。」とされ，この規定が改正428条によって，不可分債権にも準用されるので，この点に関する法律状態は，現在と変わらない。

28)　米倉・前掲注17) 38頁。

同相続人の新たな負担になるようにみえるが，現在でも，預金の払戻しにおいては実質的に同様の手順が求められているのであり[31]，また，遺産分割は共同相続人の側でなすべきものなのであるから，このような考え方をルールとして導入することは，現在の状況に極端な変化をもたらすものではなく，その負担も合理的な範囲内のものだと考えられる[32]。

次に，遺産分割前の段階で，法定相続分ないし指定相続分に応じた預金債権が，相続人の債権者によって差し押さえられた場合にどうなるのかという問題があるが，これは基本的には，遺産について共有説をとった場合に生ずる一般的な問題だと考えられる。

ただ，その点を確認し，かつ，本論文の射程を超えることになるが，遺産分割前の法律関係について考えられる制度設計について，ごく簡単に触れておきたい。すなわち，遺産分割の効果については，宣言主義と移転主義との対立の枠組みで考えられているが，例えば，相続開始後の一定の期間内の遺産分割（協議や期間内に手続が開始した審判）であれば，それ以前になされた差押え等との関係でも，遡ってそれを覆すことが可能であり（宣言主義の

---

29) もっとも，遺産に属する不可分債権について，民法 428 条を適用し，共同相続人の 1 人が全額を請求することができるものとするという前提自体の妥当性については問題があるだろう。不可分債権に関するこのような規律が遺産分割を実効化することの妨げになるということは，金銭債権について述べたことと共通するからである。その点では，遺産に属する財産を遺産分割の対象とするということを実効化するためには，不可分債権についても，こうした前提自体を再検討し，遺産分割前の段階では，共同相続人全員の同意が得られないと行使することができないこととするといった可能性を探る必要性があるものと思われる。
30) 米倉・前掲注 17)46 頁は，準共有に係る債権の行使は債権を消滅させるものであるとして，民法 251 条の準用という構成を示す。
31) ただし，この点については，前掲注 20)参照。
32) なお，ここで扱った問題を含めて，中田裕康「共同型の債権債務について」星野英一先生追悼『日本民法学の新たな時代』（有斐閣，2015 年）393 頁が，「『その内容を実現するためには多数当事者全員が共同して行うことが必要である』という共同型の債権債務の概念」（同 424 頁）を検討している。その分析の中では，こうした共同型の債権債務について，複数のレベルでの「共同」があり，それぞれの性格に即して処理する方向が示されている。同論文で示されている分析の視角と検討方法は，多数当事者の債権債務についての既存の概念の枠組みを超えて，ここで扱った問題に対してアプローチする可能性を示唆しているものと思われる。

立場），他方，その期間経過後については移転主義で処理するといった制度設計は考えられないだろうか。現在の制度においては，遺産分割について期間制限がなく，結果的に，遺産分割がなされないまま長期間が経過することが少なくない。そうした状況は，遺産に関して宣言主義を貫徹することを躊躇させるし，民法909条ただし書の重要性を意識させることにもなる。しかし，現行法においても，熟慮期間内であれば，相続人の債権者については相続放棄のリスクもあるのであり[33]，その点では，債権者の期待はなお十分に保護に値するものとして実質化していないように思われる。このようなしくみを導入することは，最終的に，早期の遺産分割を促し，不安定な状況が長期にわたることを回避することにもつながるのではないだろうか。

---

[33] 最判昭和42・1・20民集21巻1号16頁。

第4章

遺言と遺留分

8

包括遺贈と相続分指定
―― 立法的課題を含む

潮見佳男

I. 課題の提示
II. 現在の制度・理論状況の確認
III. 包括遺贈と相続分指定の交錯
IV. 問題の波及 ―― 特定遺贈・「相続させる遺言」と相続分指定
V. 立言 ―― 制度間競合からの解放
VI. 結びに代えて

I. 課題の提示

　本稿は，共同相続人に対する包括遺贈が許容されている現状を前にして，包括遺贈の制度と相続分指定の制度が交錯すること（制度間競合）によって生じる理論面での問題点を指摘し，両制度のあるべき関係を立法論も交えて示すことを目的とするものである。
　本稿において取り上げる課題は，端的にいえば，次のものである。
　共同相続人に対する包括遺贈が許容される中で，相続分指定の制度を併存させたり，維持したりする意義はどこにあるのか。他方，相続分指定の制度が存在する中で，共同相続人に対する包括遺贈を認める意義はどこにあるのか。共同相続人に対する包括遺贈の制度と相続分指定の制度が併存する状態を放置しておくのは，適切な判断といえるか。

II. 現在の制度・理論状況の確認

　はじめに，相続分指定の制度と包括遺贈の制度の現状と，その特徴を確認しておく[1]。

相続分指定の制度は，被相続人の意思による共同相続人間での遺産の共有・分配割合の指定を目的とした制度である。この制度は，死後における自己の財産の帰属・処分に関する被相続人の決定自由の保障，最終意思尊重の理念から出たものである。そして，支配的見解によれば，純粋な割合指定のみならず，具体的遺産を指示したり，遺産の種別を指示したりするタイプのものも，相続分の指定として捉えることができる²⁾。なお，共同相続人の一部に対する相続分指定も有効であることは，条文上で明らかである（民902条2項）。

　包括遺贈は，受遺分に応じて，積極財産のみならず，消極財産も受遺者に移転するものである。

　包括受遺者の権利義務を定める民法990条は，「包括受遺者」と「相続人」を識別する文言のみならず，沿革からみても，非相続人に対する包括遺贈を基礎に据えたものであった（"非相続人に対する包括遺贈モデル"）。先駆的かつ先行的研究[3]によれば，包括遺贈の制度は，ローマ法における信託遺贈のスキーム，すなわち，相続人に指定できない者を受益者とし，相続人を受託者とするスキームに端を発し，債務の承継が加わった形で形成されたものである。明治民法の起草者の1人も，包括遺贈において，非相続人に対する包括遺贈を想定していた[4]。遺贈の減殺に関する民法1034条も，非相続人に対する包括遺贈モデルを基礎に据えている[5]。わが国の通説は，さらに進んで，包括遺贈の制度が実質的に「相続人指定の代用」であると考えてきた[6]。

　他方で，今日におけるわが国の通説・判例は，共同相続人への包括遺贈を認めている（"共同相続人に対する包括遺贈モデル"）。その上で，通説は，

---

1)　紙幅の関係で，注での文献引用は，必要最小限度にとどめる。
2)　谷口知平＝久貴忠彦編『新版注釈民法(27)〔補訂版〕』（有斐閣，2013年）172頁［有地亨＝二宮周平］。
3)　有地亨「包括受遺者の地位の系譜」法政研究29巻1～3号（1963年）4頁以下。
4)　梅謙次郎『民法要義巻之五』（有斐閣，1984年〔1913年復刻版〕）266頁，340頁。
5)　そのために，最判平成10・2・26民集52巻1号274頁が，共同相続人に対する包括遺贈の減殺に関する判例法理を構築することを迫られた。

包括受遺者が共同相続人の１人である場合には，包括遺贈の制度が相続分の指定と「同一の機能」を果たすとの指摘もしている[7]。

こうした中で，わが国の通説の一部からは，相続分の指定の制度がある以上，共同相続人に対する包括遺贈を考えるのは「無意味」であるとの指摘もされている[8]。その一方で，相続分指定と包括遺贈を切り離し，包括遺贈（さらには，特定遺贈や贈与も）は法定相続分・指定相続分の外にあって，「これらの数字により計算した『本来の相続分』に充当されはするが……，これらの数字そのものとは無関係である」[9]とする指摘も，一部の研究者から出されている。

III. 包括遺贈と相続分指定の交錯

1. 制度間競合問題の発生

通説によれば，共同相続人に対する包括遺贈は相続分の指定と「同一の機能」を営むものであるところ，共同相続人に対する包括遺贈と相続分指定とが競合ないし交錯する主たる場面（または，そのいずれと解すべきかが問題となる場面）には，次のものがある。

(1) 負担付遺贈の場合

共同相続人に対して何らかの割合（100％の場合を含む）により遺産が供与され，かつ，これと合わせてこの者に対し負担が課された場合は，負担の部分は，相続分の指定だけでは説明がつかない。ここから，この種の事案は負担付遺贈と解すべきであるとの指摘がある[10]。

---

6) 中川善之助＝泉久雄『相続法〔第4版〕』（有斐閣，2000年）598頁。これに対する批判として，伊藤昌司「包括遺贈」久貴忠彦編集代表『遺言と遺留分(1)〔第2版〕』（日本評論社，2011年）234頁。

7) 中川善之助＝加藤永一編『新版注釈民法(28)〔補訂版〕』（有斐閣，2002年）219頁［阿部徹］，窪田充見『家族法〔第2版〕』（有斐閣，2013年）469頁。

8) 我妻栄＝立石芳枝『親族法・相続法』（日本評論新社，1952年）551頁，山畠正男「相続分の指定」中川善之助教授還暦記念『家族法大系VI』（有斐閣，1960年）274頁。

9) 伊藤・前掲注6)241頁。

(2) 「法定相続分とは別に，A（共同相続人の1人）に○分の1を与える」
　　　旨の遺言がされた場合

　この場合は，全体として捉えたときに，相続分指定と解せないわけではないが，"法定相続分＋割合的包括遺贈（○分の1の包括遺贈）"であるとの指摘もある[10]。

(3) 共同相続人が承継する割合がこの者の法定相続分よりも小さい割合で
　　　示された場合

　この場合は，"当該割合（割合的包括遺贈）＋法定相続分"となるのか，それとも"相続分指定"なのかが問題となる。これについては，相続人の意思次第であり[12]，個別判断によらざるを得ない[13]との指摘がある。他方，(2)でなければ，相続分の指定と解するほかないとの見解もある[14]。

(4) 代襲が問題となる場合

　共同相続人に対する包括遺贈であるとされた場合は，代襲の問題は起こらない（民994条1項）[15]。これに対して，共同相続人に対する相続分指定であるとされた場合は，指定相続分への代襲が生じる[16]。

(5) 割合指定を受けた共同相続人の1人が相続を放棄した場合

　共同相続人に対する包括遺贈であるとされた場合は，相続の放棄にもかかわらず，受遺者としての地位は残るから，この者は受遺分を受けることになる。これに対して，共同相続人に対する相続分指定であるとされた場合は，この者は，相続の放棄により相続人としての地位そのものを失うから，もは

---

10) 内田貴『民法Ⅳ〔補訂版〕』（東京大学出版会，2004年）503頁，窪田・前掲注7)470頁。
11) 窪田・前掲注7)470頁。
12) 山畠・前掲注8)273頁。
13) 窪田・前掲注7)470頁。
14) 内田・前掲注10)503頁。法定相続分よりも小さい場合は（(2)を除き）相続分の指定，大きい場合は（(1)を除き）包括遺贈と解すべきであるということになる。
15) 当該遺贈の趣旨を補充遺贈と解する余地を否定するものではない。
16) 「相続させる遺言」については，「通常，遺言時における特定の推定相続人に当該遺産を取得させる意思を有するにとどまるものと解される」との理由により，遺言の意思解釈として代襲を否定した最判平成23・2・22民集65巻2号699頁がある。

や相続財産に対する持分を有しない。

(6) 割合指定を受けた者以外の相続人が相続を放棄した場合

共同相続人に対する包括遺贈であるとされた場合において，この相続人の取り分を指定した割合で確定する（当該相続人の受ける割合は，指定されたもの以上でも以下でもない）のが遺言者の下した決定であり，これに拘束されるべきである[17]と解するならば，他の者による相続の放棄によって当該割合指定を受けた相続人の取り分が増加することにはならない。例えば，3人の子A・B・CがPを相続し，Pが遺言でAの受遺分を60％と示していた場合において，Cが相続を放棄したときは，Aの受遺分は60％で変化がない。

これに対して，共同相続人に対する相続分指定であるとされた場合は，割合指定の意味をどのように理解するかで結論が変わりうるが，3人の子A・B・CがPを相続し，Pが遺言でAの指定相続分を60％と示していた場合において，Cが相続を放棄したときは，Aの指定相続分は60％で変化はなく，Cの放棄した分はBが受けることになると考えるのが素直であろう。

(7) 割合指定型の場合に残りの部分についての処理が問題となる場合

共同相続人に対する包括遺贈であるとされた場合は，残りの部分について法定相続分による割合での取得となる可能性がある。これに対して，共同相続人に対する相続分指定であるとされた場合は，この者は，指定された割合だけで満足をしなければならない。

(8) 遺留分減殺の場合

共同相続人に対する包括遺贈であるとされた場合は，遺留分減殺請求の問題となる（民1031条以下）。これに対して，共同相続人に対する相続分指定であるとされた場合は，指定相続分の減殺によるか，当然無効とみるかによる見解の対立がある。判例は，遺留分減殺構成を採用している[18]。

このようにみたとき，①問題の性質上，共同相続人に対する包括遺贈とみ

---

17) 中川＝加藤編・前掲注7)222頁［阿部］の含意するところである。
18) 最決平成24・1・26家月64巻7号100頁。

なければならず，相続分指定とみるのは適切でないという場面はあるものの（(1)），その逆は，なさそうである。また，②包括遺贈と解するか相続分指定と解するかで，結論に決定的な相違をもたらすものではないという場面もないではない（(6)。さらに(8)で遺留分減殺構成を支持した場合)。そうはいいながら，③包括遺贈と解するか相続分指定と解するかで，結論を異にする場面は少なくない（(2)～(5)，(7)，さらに，(8)で当然無効構成を支持した場合)。

　しかしながら，上記③に関して，共同相続人に対する包括遺贈がされる場合は，通説によれば，これが相続分の指定と「同一の機能」を営むところ，相続財産に対する持分の供与という点で相続分指定と包括遺贈は同じ目的から出た制度となるはずなのに，要件・効果その他の法的処理の面で内容を異にする準則が併存してよいものか。このことへの回答として，"相続人"と"包括受遺者＝非相続人"の違いをいくら並べても，"包括受遺者＝相続人"であるケースの説明をしたことにはならない。これでは，法定相続分・指定相続分の制度目的と遺贈の制度目的との違いを示す立場[19]からの批判に耐えられない。

2. 制度間競合問題の処理——解釈論・立法論としての諸説

　共同相続人に対する包括遺贈と相続分指定との交錯問題の処理に関して，これまで解釈論または立法論として提示されている見解には，次のものがある（ただし，諸説の中には，理由を付することなく，結論のみを示すものもある[20]）。

---

[19]　伊藤・前掲注6) 241頁。
[20]　これ以外にも，吉田克己「遺言による財産処分の諸方法・諸態様と遺産分割」野田愛子＝梶村太市総編集『新家族法実務大系4』（新日本法規出版，2008年）218頁は，「効果に向けられた遺言者の意思」に従い，いずれかと解すべきであるとする。相続分指定と包括遺贈に関わる遺言処分の法性決定の必要性を論じるものの，代襲以外の場面における両制度の「効果の差異」がほとんどないから，代襲の場面についての「遺言者の意思に即して，法性決定をなすべきである」と説く。

(1) 相続分指定説

相続人に対する包括遺贈は相続分の指定とみるべきである[21]とか，相続人に対する遺贈は相続分の指定と解されることが多いであろう[22]とか，相続人に対して取得割合が指示されている場合は，相続分の指定と解すべきであって，包括遺贈とみるべきではない[23]とするものである。これらの見解によれば，第三者に対する割合指定は包括遺贈，共同相続人に対する割合指定は相続分の指定であると整理され，包括遺贈と相続分指定の制度の棲み分けが図られることになる。

(2) 指定内容による二分論

純粋に割合指定のみの場合は相続分の指定であり，与えられる財産が具体的に指定されている場合（金額での指定を含む）は包括遺贈であるとするものである[24]。

(3) 指定目的による二分論

共同相続人の全員に対する割合指定は，全員の法定相続分の変更であるから，相続分の指定であるのに対して，共同相続人の一部に対する割合指定は，特定の者に対する財産の付与であるから，包括遺贈であるとするものである[25]。

(4) 包括遺贈への一元化論

立法論的色彩の強い見解であるが，相続分指定の制度を廃止し，遺贈＋遺産分割方法の指定へと一元化すべきであるとするものである[26]。

---

21) 鈴木禄弥『相続法講義〔改訂版〕』（創文社，1996年）132頁。
22) 阿部浩二「包括受遺者の地位」中川善之助教授還暦記念『家族法大系Ⅶ』（有斐閣，1960年）216頁。
23) 泉久雄ほか『民法講義(8)』（有斐閣，1978年）316頁［泉］。
24) 中川善之助責任編集『註釈相続法（上）』（有斐閣，1954年）167頁以下［加藤一郎］。
25) 伊藤・前掲注6)267頁，伊藤昌司『相続法』（有斐閣，2002年）221頁，二宮周平『家族法〔第4版〕』（新世社，2013年）401頁。
26) 山畠・前掲注8)279頁以下。

Ⅳ. 問題の波及
——特定遺贈・「相続させる遺言」と相続分指定

　共同相続人に対する包括遺贈と相続分指定の関係をどのように考えるか，とりわけ，相続分指定の制度のあり方をどのように考えるかは，包括遺贈と相続分指定の制度間競合の域を超えて，特定遺贈・「特定の遺産を特定の相続人に相続させる」遺言・「すべての遺産を特定の相続人に相続させる」遺言（以下，後二者を「相続させる遺言」という）と相続分指定の制度の関係をどのように考えるかという問題にも波及する。というのも，現在の判例法理の下では，特定遺贈・「相続させる遺言」において名宛人とされた相続人に対して与えられる財産の価額がこの者の法定相続分を超える場合には，そこに相続分指定の意味も含まれている（"特定遺贈・「相続させる遺言」⊃相続分指定"のモデル）と解されているからである[27]。

　もっとも，この判例法理のように，特定遺贈・「相続させる遺言」には一定の条件を満たした場合に相続分の指定が含まれると解したときは，名宛人は，特定の財産のみならず，当該財産が遺産に占める割合によって相続債務も承継することになるが，はたしてそれでよいか[28]。

　さらに，より問題となるのは，法定相続分よりも小さい価額の財産についての特定遺贈・「相続させる遺言」と相続分指定との関係である。この種の内容が記載された遺言は，"法定相続分＋当該特定遺贈・「相続させる遺言」"という意味のものか，それとも当該財産の価額に対応する相続分指定がされている（"特定遺贈・「相続させる遺言」⊃相続分指定"）という意味のものか。現在主張されている理論から推察すれば，この種の事案において特定遺贈・「相続させる遺言」の中に相続分の指定が含意されているとみているも

---

27) 「すべての遺産を特定の相続人に相続させる遺言」につき，最判平成21・3・24民集63巻3号427頁。「特定の遺産を特定の相続人に相続させる遺言」につき，最判平成3・4・19民集45巻4号477頁，最判平成14・6・10判時1791号59頁。
28) この問題の処理は，「相続させる遺言」における遺留分減殺の効果へと波及するが，本書では松川論文および青竹論文の守備範囲であるため，本稿では扱わない。

のは少ないのではなかろうか。しかし，そうであるとするならば，法定相続分よりも大きい価額の財産の供与か，小さい価額の財産の供与かによって，相続債務の承継にもつながる相続分指定がついてくるかこないかが決まるというのは，正当化することができるものだろうか。

V．立言——制度間競合からの解放

1．包括遺贈制度への統合（規範統合）

およそ，制度間競合問題を処理する際には，同一目的に出た2つの制度が併存することは避けられるべきである。理論面での評価矛盾を回避する必要があるとともに，同一の目的に向けた具体的事案処理のばらつきを回避する必要があるからである。そして，共同相続人に対する包括遺贈が許容されている現状を前にしたとき，包括遺贈の制度と相続分指定の制度は，まさにこの意味での制度間競合の関係にある。

この場合に，評価矛盾を回避すべく，共同相続人に対する割合指定を専ら相続分指定の制度で捉え，包括遺贈からはずすこと（"非相続人に対する包括遺贈モデル"）には躊躇をおぼえる。むしろ，共同相続人に対する包括遺贈も認めた上で，相続分指定の意味を包括遺贈の制度に組み込み，これに統合するのが適切である。共同相続人に対する包括遺贈がされた場合は，"共同相続人に対する包括遺贈における割合指定＝この者に対する相続分指定"と捉えれば足り，包括遺贈とは別の（独立の）制度として相続分指定を残す理論的・実践的意義はない。このように考える理由は，以下の点にある。

第1に，比較法的・歴史的にみて，相続分指定の制度自体が，大陸法系に属する民法においては異質ないし稀有のものである。相続分指定の制度と包括遺贈の制度とがその目的を共通にするものであるならば，包括遺贈への統合は考えられても，相続分指定への統合は考えにくい。

第2に，相続分指定の制度に結びつけられた目的からみても，相続分指定の意味を包括遺贈の制度に組み込み，これに統合するのが適切である。すなわち，共同相続人の一部のみに対する相続分指定が承認されている規律（民902条2項）の下では，相続分指定の制度が実現しようとしているのは，被

相続人による相続財産に対する共同相続人の持分割合全体の変更というよりは，被相続人から名宛人とされた共同相続人に対する相続財産の割合的供与である。いいかえれば，相続分指定の制度が保障しているのは，被相続人が相続財産の中から個々の相続人が取得すべき割合を，被相続人自身の意思で決定することができることである。この意味において，相続分指定は，被相続人による共同相続人に対する相続財産の（100％の場合も含んだ）割合的な供与を目的としたものであり，包括遺贈と同質のものである。

第3に，相続分指定の制度へと一元化し，共同相続人に対する包括遺贈を否定することは，規律適用面での困難や技巧を回避する点でも困難である（とりわけ，共同相続人に対する負担付包括遺贈の処理）。

なお，立法論的には，"共同相続人に対する包括遺贈における割合指定＝この者に対する相続分指定"を示す規律を設けるのが適切である。立法のイメージとしては，民法990条または民法964条に2項を設け，「前項の遺贈が共同相続人の全部または一部に対してされた場合は，当該遺贈における当該相続人に対する割合指定は，相続分の算定において，この者の法定相続分に代わる。」と定めることになる。その上で，それでもなお，相続分指定の制度に，包括遺贈と切り離された独立の価値を見出すのであれば，これを"共同相続人の全員に対する割合指定のみをする制度"として純化するのが適切である（前記Ⅲ 2 の(3)説。このとき，①共同相続人の一部に対する割合指定変更のみを目的としたものや，②共同相続人全体の割合指定をするのに加えて特定の遺産の帰属先をも指定するものは，いずれも相続分指定の制度からはずされる）。

ところで，以上に述べたのは，共同相続人に対する割合指定がされている場合には，これを包括遺贈と捉えるとともに，その中で相続分の指定もされているとみるべきであるとの見方，そして，共同相続人に対する割合指定がされた場面で，包括遺贈に関する規範と相続分指定に関する規範を統合すべきであるとの見方である。このように捉える場合には，共同相続人に対する割合指定がされたときには，これを共同相続人に対する包括遺贈と捉えた上で，この者についても，寄与分や特別受益も考慮して遺産分割を行う方向にかじを切るべきであると考えられる。この点では，同じ包括遺贈であっても，

"共同相続人に対する包括遺贈における割合指定＝この者に対する相続分指定"である場合は，非相続人に対する包括遺贈とは違うとみるのが適切である。そして，寄与分・特別受益の制度が保護の目的とした価値は割合指定を受けた共同相続人の人的属性に結びつけられて把握されるものであるから，たとえ，この者に対する割合指定を「包括遺贈」をベースに捉えるべきであるからといって，寄与分・特別受益に関する規範の保護目的が考慮されなくてよいということにはならない。

2. 法定相続分の制度との調整法理

共同相続人に対する相続財産の割合的供与を包括遺贈に統合し，"共同相続人に対する包括遺贈における割合指定＝この者に対する相続分指定"と捉えるときは，割合指定に現れた被相続人の最終意思（自己決定）を尊重すべきであるゆえに，その割合が当該相続人の法定相続分より大きかろうが，小さかろうが，被相続人が示した割合をもって，この者の相続分（指定相続分）と解すべきである。法定相続分による割合での相続財産の承継を当該相続人に保障するとの被相続人の意思を，当該遺言から明示または黙示に導くことのできる場合が，これに対する例外となる。

このようにみるときには，例えば，「（法定相続分が2分の1である）Aに遺産の4分の1を与える」と表示された遺言では，4分の1がAの相続分（指定相続分）であり，「法定相続分とは別に，Aに4分の1を与える」と表示された遺言では，4分の3がAの相続分であるということになる[29]。

3. 特定遺贈・「相続させる遺言」と相続分指定の交錯問題の処理

共同相続人に対する包括遺贈と相続分指定の関係を上記のように捉えるこ

---

29) 共同相続人に対する包括遺贈・相続分指定の場合における債務の承継について一言触れておく。被相続人が遺言で法定相続分と異なる割合指定をした場合に，遺言による債務の負担者に関する指定は，共同相続人内部においては拘束力を持つものの，債権者の同意がなければ債権者に対抗することができず，同意をしない債権者との関係では法定相続分による処理がされるものとみるべきである。

とは，特定遺贈・「相続させる遺言」に関する枠組みにも影響を及ぼす。前述したように，特定遺贈・「相続させる遺言」では一定の場合に相続分指定を伴うというのが判例法理であり，また，遺留分に関する判例は，全部包括遺贈を特定遺贈の集合体として捉えているからである[30]。

　もっとも，このうち"全部包括遺贈＝特定遺贈の集合体"とする構成は，再検討を要する。この構成を示した最高裁判決は，遺留分減殺により取り戻した財産につき物権法上の共有が成立するものとして処理することで通常裁判所の管轄のもとに置くか，それとも遺産共有が成立するものとして処理することで家庭裁判所の管轄のもとに置くかとの関連で，この旨を述べたものであり，これを一般化することには慎重を期すべきだからである[31]。むしろ，包括受遺者は権利義務に関して相続人とみなすという民法990条の規律の合理性からみても，"包括遺贈＝積極財産・消極財産の（100％の場合を含んだ）割合的承継"という見方を堅持するのが適切である。個別事案の具体的性質に鑑みれば特定遺贈の集合体と解すべき場合（「遺贈の対象となる財産を個々的に掲記する代わりに」・「財産全部を」・「包括的に表示する」意図で遺言が書かれた場合）は，端的に，同時にされた複数の特定遺贈が存在しているものと捉えれば足りる[32]。

　ひるがえって，特定遺贈や「相続させる遺言」は，積極財産のみの特定承継を基礎に据えたものであり，法定相続分を超える価額の特定の財産を特定承継させる旨の遺言が書かれたとしても，当該遺言は，当該財産が遺産全体に占める割合で画定される消極財産（債務）も名宛人に承継させる趣旨と読むべきではない。特定遺贈・「相続させる遺言」には，相続分指定の意味が含まれていないものとみるべきである[33]。

　このように，特定遺贈・「相続させる遺言」に相続分指定の意味が含まれ

---

30) 最判平成 8・1・26 民集 50 巻 1 号 132 頁。
31) 伊藤・前掲注 6) 236 頁以下も同旨。
32) 複数の具体的遺産を指示したり，遺産の種別を指示したりするタイプのものを包括遺贈とする伝統的見解には，疑問がある。これらは，特定遺贈の集合体と捉えれば足りる。
33) 伊藤・前掲注 25) 221 頁。

ていないとすると，特定遺贈の受遺者が共同相続人の1人でもある場合に，法定相続分との二重取りの問題が生じる。ここで，二重取りが不適切であると考えるときは，法定相続分の制度と特定遺贈・「相続させる遺言」との調整が必要となる。

特定遺贈・「相続させる遺言」に相続分指定の意味が含まれていないとするならば，①法定相続分よりも小さい価額の財産の特定遺贈・「相続させる遺言」にあっては，法定相続分を超えていない取得ゆえに，当該相続人には，法定相続分に満つるまでの遺産の取得を認めるべきである。特定遺贈等により取得した財産は，法定相続分を起点として計算をした結果として当該相続人が取得しうる相続財産に充当されるとみれば足りる。他方，②法定相続分よりも大きい価額の財産の特定遺贈・「相続させる遺言」にあっては，法定相続分を超えた取得ゆえに，当該相続人には，もはや遺産を構成する当該財産以外の積極財産の取得を認めないものとすべきである。いずれにせよ，③債務の承継については，特定遺贈・「相続させる遺言」は債務負担と連動すべきものではないゆえに，①，②のいずれの場合も法定相続分によるべきである[34]。

VI. 結びに代えて

最後に，本文で指摘した点に関わる若干の問題に言及して，本稿を閉じる。
1 共同相続人に対する包括遺贈における代襲問題について。受遺者死亡

---

[34] 判例・通説によれば，②のケースは特定遺贈を受けた受遺者への相続分指定を伴うことから，可分債務は，共同相続人の内部においては指定相続分に従い分割承継されるが，債権者との関係では，債権者の関与なくされた相続分指定の効力はこの者に及ばないということになる。前掲注27)最判平成21・3・24。これに対して，本文で示したのは，②のケースは特定遺贈であって，そもそも相続分指定を伴わない（特定遺贈の価額が"受遺者＝相続人"の法定相続分を超えたにすぎない）——したがって，債務の承継に関する指定はない——という見方である。この場合に，被相続人が遺言で，特定遺贈の受遺者である共同相続人に対し，法定相続分を超えた割合による債務の履行をする負担を課し（これ自体は，特定遺贈とは別の債務承継指定である），この者がこれに同意をしたとしても，それは履行引受にすぎず，債権者との関係では意味を持たない。

による遺贈の失効を定めた民法994条が非相続人への遺贈（包括遺贈・特定遺贈）を想定して立案されたものである点に鑑みれば，"共同相続人に対する包括遺贈における割合指定＝この者に対する相続分指定"と捉えたときは，共同相続人に対する包括遺贈については代襲を認めてよい。国家法が予定した相続法上の制度という観点から相続分の指定を捉えた場合には，相続分の指定という制度は法定相続分を指定相続分へと割合的に置きかえるものにすぎないから，代襲の枠組みについては法定相続分と同様に，共同相続人に対する包括遺贈における割合指定の場合もこれを認めるという結論になるのが一貫するのではないかと思われる[35]。

2 相続放棄の処理について。共同相続人の1人である受遺者による包括遺贈の放棄は，遺贈の外への法定相続分のはみ出しが認められる例外的場合（「受遺分＋法定相続分」型の場合）を除いて，相続放棄の意思をも内包する——包括遺贈を放棄すれば相続も放棄したことになり，相続を放棄すれば包括遺贈も放棄したことになる——とみることができるのではなかろうか（「受遺分＋法定相続分」型の場合は，包括遺贈を放棄しても相続を放棄したことにはならないが，相続を放棄すれば包括遺贈も放棄したことになる）。もっとも，これに対しては，「負担附遺贈，法定相続分を縮減する遺贈を放棄する場合，相続権そのものを喪失することになりかねない」とし，ドイツ民法1948条への参照を通じて，「指定相続権を放棄して法定相続権を承認する」考え方を示唆するものもある[36]。この立場からは，包括遺贈を放棄し

---

[35] 本稿と異なり，前掲注32)で挙げたタイプのものを包括遺贈と性質決定するときは，この種の遺贈は非相続人に対する包括遺贈と区別して扱う理由がないため，民法994条を適用して処理すべきである。なお，相続させる遺言における前掲注16)最判平成23・2・22は，相続させる遺言について，これを遺贈と見ないとした上で，遺言の解釈としては代襲の余地を認めているかのような説示をしている。この判例法理の基礎に，代襲を認めるかどうかは遺言者の意思次第であって，遺言の解釈によって決せられるのだという思想があるとするならば，相続分指定の場合，さらには，共同相続人に対する包括遺贈の場合にも，遺言者の意思による相続財産の帰属承継について，遺言の解釈として代襲を認めたり，逆に認めないとしたりすることがありうる。ここでも，立論の方向は，相続制度として予定された代襲制度というものを，相続分指定，あるいは包括遺贈という形で，遺言者である被相続人の最終意思によってどこまで変えられるのか，代襲制度に国家が結びつけた価値というものをどこまで強固に保障するのかに関わってくる。

ても法定相続権は残るとの理解へと進む。法定相続分だけは最低保障してやろうとする見方であるが，説得力に乏しい。

  3 　指定相続分と登記について。法定相続分より少ない割合を指定された共同相続人が，遺産中の不動産に法定相続分での共有登記がされたのを利用して当該法定相続分による持分を第三者に譲渡し，この者への所有権移転登記をしたとき，判例は，上記指定を相続分の指定とみた上で，法定相続分における共有と登記の法理（無権利の法理）を用い，第三者の権利取得を否定している[37]。しかし，本稿の立場からは，この例は割合的包括遺贈と解すべきであり，その効果を第三者に対抗するには登記が必要である[38]。

  4 　遺留分について。現民法の遺留分制度は，共同相続人間の遺留分問題を処理するのに適切なものとなっていない。この問題を処理するのに適した遺留分制度はどのようなものであるべきかの立案は，松川論文および青竹論文の検討対象であり，ここで語る余裕はない。本稿との関連では，"共同相続人に対する包括遺贈における割合指定＝この者に対する相続分指定"という枠組みを基礎に据えたとき，共同相続人に対する包括遺贈における遺留分の問題を「包括遺贈」面に着目して捉えるか，「相続分指定」面に着目して捉えるかの考究が必至である点のみを指摘するにとどめる。

---

36) 　山畠・前掲注8)274頁。
37) 　最判平成5・7・19判時1525号61頁。
38) 　潮見佳男『相続法〔第5版〕』（弘文堂，2014年）158頁。鈴木・前掲注21)110頁，内田・前掲注10)503頁も結果的に同旨。

9

受遺者の処分権行使の制限
―― 負担付遺贈の一考察

石綿はる美

　Ⅰ．はじめに
　Ⅱ．フランス法の検討
　Ⅲ．日本法の検討
　Ⅳ．おわりに

Ⅰ．はじめに

1．問題の所在

　相続とは，被相続人の財産が承継されるプロセスであり，その際，負担付遺贈のように受遺者に一定の義務を課すことも可能である。しかしながら，その義務の限界は，必ずしも明確にされてこなかったのではないだろうか。

　遺言に関しては，遺言自由の原則があり，被相続人である遺言者は，自由に財産処分を行うことができるといわれる。その理由としては，個人の私有財産の処分の自由の一態様として，死後処分の自由が認められることが挙げられる[1]。しかしながら，遺言者は完全に自由に遺言を行うことができるわけではない。まず，遺言の方式は法律によって厳格に定められている（民960条・967条～984条）。また，内容に関しては，遺留分による制約が存在することが明示され（民964条ただし書），公序による制約も受ける[2]。

　さらに，そもそも遺言によってできることは「遺言事項」に限定されるとも説明され[3]，それ以外のことを記載しても，その部分は法的には効力を有

---

1) 中川善之助責任編集『註釈相続法（下）』（有斐閣，1955年）1頁以下［中川善之助］，於保不二雄『相続法』（インターナショナル・ブック，1949年）133頁，前田陽一ほか『民法Ⅵ親族・相続〔第3版〕』（有斐閣，2015年）357頁以下等。

しないとされる。しかしながら、遺言事項については、それが列挙されるものの、その具体的な内容については、必ずしも十分に検討されてこなかった[4]。

遺言において行いうる財産処分としては、遺贈（民964条）のほかにも一般社団法人の設立（一般法人152条2項）や信託の設定（信託3条2号）が認められている。遺贈として、特定遺贈・包括遺贈を行いうるということには争いがないが、その遺贈に条件や期限、あるいは負担を付すことができるとして、どのような内容であれば認められるかということは、必ずしも明確ではない。その顕著な例が、処分者Aが、財産をBに遺贈し、その後Cに帰属させようとする遺贈、いわゆる「後継ぎ遺贈」の有効性についての議論であろう。後継ぎ遺贈の法律構成としては、条件付遺贈、期限付遺贈、負担付遺贈等が考えられるが、判例の立場は必ずしも明確ではなく[5]、学説においてもいまだ見解の一致をみていない[6]。

近時、信託法との関係で遺言事項について再検討が行われているように[7]、

---

2) 内田貴『民法Ⅳ〔補訂版〕』（東京大学出版会、2004年）488頁。
　　公序による制約については、最判昭和61・11・20民集40巻7号1167頁を中心に議論がされているが、不倫関係の維持を目的とする遺贈が問題になる事案が多い。詳細は、蕪山厳ほか『遺言法体系Ⅰ〔補訂版〕』（慈学社出版、2015年）332頁以下［田中永司］参照。

3) 遺言事項については、中川善之助＝加藤永一編『新版注釈民法(28)〔補訂版〕』（有斐閣、2002年）47頁以下［中川＝加藤］、中川善之助＝泉久雄『相続法〔第4版〕』（有斐閣、2000年）491頁以下等。

4) この点について指摘するものとして、松尾知子「遺言執行からみた遺言の解釈」野村豊弘＝床谷文雄編著『遺言自由の原則と遺言の解釈』（商事法務、2008年）81頁。遺言事項について再検討を促すものとして、本山敦「遺言事項とは何か？」判夕1284号（2009年）88頁。

5) 最判昭和58・3・18家月36巻3号143頁は、遺言者Aの「Bに不動産を遺贈する。」「Bの死亡後は、Cらで権利分割所有す。但し、Cらが死亡したときは、その相続人が権利を継承す。」という旨の遺言について、次のような解釈可能性を提示する。①第一次遺贈の条項はBに対する単純遺贈で、第二次遺贈の条項は遺言者の単なる希望、②Bに対する遺贈につき、遺贈の目的の一部の不動産の所有権をCらに移転すべき債務をBに負担させた負担付遺贈、③B死亡時に不動産の所有権がBに存するときには、不動産の所有権がCらに移転するとの趣旨の遺贈、④Bは遺贈された不動産の処分を禁止され実質上は不動産に対する使用・収益権を付与されたにすぎず、Cらに対するBの死亡を不確定期限とする遺贈。もっとも、これらの法律構成が有効な処分か否かについては明らかにしていない。

遺言において行いうることを明らかにすることには，理論上，一定の意義がある。また，遺言の利用が増加している今日において，紛争が生じた際に，当該遺言の内容が遺言事項に該当しないとして無効となることを防ぐためにも，遺言において行いうることを明らかにすることは実務上も意義があろう。

2. 検討課題・検討方法

遺言において行いうる財産処分として明らかにすべきことについては，信託法との関係で，遺言による抵当権・地上権の設定等が指摘されているところではあるが[8]，本稿では，遺言において受遺者に譲渡禁止の義務を課すことができるのかという点に検討対象を限定する。

後継ぎ遺贈のような財産処分を確実に遂行するために，遺言者Ａが受遺者ＢにＣへの財産の移転義務のみならず譲渡禁止義務を併せて課すということ，あるいは，Ｃに遺贈を行い，Ｂに使用・収益させるという義務とともにＢの使用・収益権を保護するためにＣにＢの生存中は財産の譲渡を禁止する義務を課すようなことは，考えられるのではないだろうか。財産処分の自由，遺言の自由から考えれば，遺言者は受遺者にどのような義務を課すこともできるということになろう。しかしながら，受遺者に譲渡禁止義務を課すということは，逆に所有権者である受遺者の財産処分の自由を制限するこ

---

6) 判例・学説の包括的な検討については，七戸克彦「後継ぎ遺贈の目的および法律構成について——後継ぎ遺贈型受益者連続信託との『使い分け』に向けて」THINK 司法書士論叢 107 号（2009 年）163 頁。

7) 沖野眞已「信託法と相続法——同時存在の原則，遺言事項，遺留分」論ジュリ 10 号（2014 年）135 頁以下，道垣内弘人「遺言でもしてみんとてするなり」法教 332 号（2008 年）120 頁以下。

8) 抵当権・地上権の設定について検討するものとして，前掲注 7)各文献，本山・前掲注 4)89 頁以下。遺言による地上権の設定は，地上権が設定される土地の所有権者（相続人あるいは受遺者であることが想定される）に，地上権の設定義務を課し，土地に物権的な制限を付すことになる。このような問題を検討する前提として，所有権の中心的な権能であると考えられる処分権を制限しうるのかという問題を検討することに，一定の意義はあると考える。もっとも，所有権の中心が処分権にあるのか，あるいは使用・収益権にあるのかという点についても，再検討が必要な問題である。フランス法についてこの点の再検討の必要性を指摘するものとして，齋藤哲志「用益権の法的性質——終身性と分肢権性」日仏法学 28 号（2015 年）89 頁以下，特に注 151。

とになる。物権法定主義等，所有権の理念との衝突はないのか，そのような義務を，本当に負担として課してよいのかが問題となろう。

この問題については，2つの視点からの検討が必要であると考える。

第1は，財産法の視点からの検討である。遺贈は財産の処分であることから，物権法の制約に服することは当然である。第2に，現行法の相続秩序では，財産処分の自由に対する制約は遺留分制度のみである旨の指摘がなされるところではあるが[9]，遺留分以外の制約原理は存在しないのか，存在しうる余地はないのかということは検討の必要があろう。例えば，物権法の原則では行いうるとしても相続の場面において行えないということがあるのではないかとも考えられる。

以下では，まず，負担付遺贈の負担の内容についての規定が存在するフランス法を検討対象としながら，物権法の原則が相続法の理念により変容しうる余地があることを示す（Ⅱ）。それゆえに遺言において行いうる財産処分について検討する際に，物権法・相続法の両面からの検討が必要であるという前提に立ち，比較法から得られた視点を参考にしながら，日本法の議論を検討する（Ⅲ）[10]。

Ⅱ．フランス法の検討

1. 序

まず，フランス法の負担付恵与（以下，遺贈・贈与を包括するものとして「恵与（libéralité）」という語を用いる）についての議論を検討することにする。

---

9) 田中亘「後継ぎ遺贈——その有効性と信託による代替可能性について」米倉明編著『信託法の新展開——その第一歩をめざして』（商事法務, 2008年) 256頁。
10) なお，本稿の検討課題について，同様の視点からより詳細な検討を行うものとして，石綿はる美「遺言における受遺者の処分権の制限——相続の秩序と物権の理念(1)〜(7・完)」法協131巻2号277頁・3号552頁・4号833頁・5号937頁・7号1362頁・8号1475頁・9号1685頁(2014年)。

フランス民法典 900 条は,「生存者間の,又は遺言によるすべての処分においては,不能条件及び法律又は習俗に関する条件は,書かれなかったものとみなされる。」と規定する。ここでは「条件（condition）」という言葉が用いられているが,民法典は,条件と「負担（charge）」を区別せずに用いていることから,同条は負担についても適用されると考えられている[11]。負担は,受益者（以下,フランス法の紹介においては,受遺者・受贈者を包括するものとして「受益者」という語を用いる）に課せられた義務（obligation）であると説明される[12]。

民法典 900 条において,違法,不道徳とされる条件・負担については,受益者が独身であることあるいは再婚しないことを条件とする等身分に関すること,受益者に譲渡禁止の義務を課す等財産に関することが挙げられる[13]。そして,譲渡禁止義務についてより具体化しているのが,継伝処分（substitution）の禁止（民法典旧 896 条）と譲渡禁止条項の効力（同 900 条の 1）についての規定である[14]。継伝処分は,通常の負担付恵与と異なり,負担のみならず恵与全体が無効になり,違反の効果の点で違いがあるが[15],受益者に義務を課すという点で負担付遺贈である。

以下では,まず,それぞれの制度について概観することにより,譲渡禁止

---

[11] Malaurie et Bernner, Les successions, Les libéralités, 6éd, Paris, LGDJ, 2014, n. 389, p. 199. 松川正毅『遺言意思の研究』（成文堂, 1983 年）96 頁。

[12] Malaurie et Bernner, supra note 11, n. 388, p. 198.

[13] Terré, Lequette et Gaudemet, Droit civil, Les successions, Les libéralités, 4éd, Paris, Dalloz, 2013, n. 354 et s., pp. 328 et s.

[14] フランスの信託との関係でこれらの制度について検討するものとして,中原太郎「フランス民法典における『信託』について」水野紀子編著『信託の理論と現代的展開』（商事法務, 2014 年）277 頁以下。

[15] 禁止された継伝処分が行われた場合,民法典 900 条を適用し,違法な条件である義務のみが無効になるのではなく,民法典旧 896 条により,恵与全体が無効となる。その理由は,継伝処分において継伝義務者に課せられた義務のみを無効としても,継伝義務者は処分者の意思に従って継伝権利者への財産移転を行うこと,処分者の意思としては継伝義務者への恵与と負担は不可分の関係であることが考えられること等が挙げられている（Grimaldi, Droit civil, Successions, 6éd, Paris, Litec, 2001, n. 376, pp. 376 et s.）。

義務についての原則的な考え方を明らかにし (2), その原則が, 一定の場面において変容しうるということを示す (3)。

2. 譲渡禁止義務に対する原則的な考え方
(1) 継伝処分禁止の原則

継伝処分は, 処分者が連続する2人の受益者を指定し, 第1の受益者の死亡時に, 第2の受益者に財産が移転するという制度である。第1の受益者は継伝義務者 (grevé), 第2の受益者は継伝権利者 (appelé) と呼ばれる。第2の受益者への財産の移転を確実なものにするために, 継伝義務者には, 移転した財産を保持・保存 (conserver) する義務と継伝権利者に移転 (rendre) する義務[16]が課せられる。財産の保持・保存の義務が課せられ, そして死亡時に指定された者に財産を移転する義務があることから, 財産を終身にわたって譲渡することが禁止される。

継伝処分はローマ法の信託遺贈 (fideicommissum) に起源を有する制度であり, フランス古法においても利用されていた[17]。しかしながら, フランス革命後, 貴族階級と長子の特権の維持に寄与する制度であり, 平等に反するという理由, および財産の流通が妨げられ, 社会全体の利益に反するという理由から, 継伝処分は禁止された。その方針は, 民法典制定後も変わらず, 継伝処分は原則として禁止されている (民法典旧896条)。民法典における継伝処分の禁止の理由としては, 家庭内での不平等を惹起すること, 継伝義務者が財産を譲渡することができないことから財産の価値を増加させても利益を受けることがなく, 財産の管理を行わないおそれがあること, 財産の流通を妨げること等が挙げられる[18]。

---

16) 継伝義務者の死亡後に, 財産を継伝権利者に引き渡すことが必要となるので, 実際に義務を履行するのは, 継伝義務者の相続人である。

17) ローマ法, フランス古法における利用方法について紹介するものとして, 足立公志朗「フランスにおける信託的補充指定の歴史的考察(1)～(3)」神戸学院法学43巻3号669頁・44巻1号95頁・44巻2号441頁 (2014年)。

18) Fenet, Recueil complet des travaux préparatoires du Code Civil, t. 12, Paris, Videcoq, 1827, pp. 516 et s., Grimaldi, supra note 15, n. 364, p. 364.

しかしながら、フランス民法典は、継伝処分と類似する性質を有すると説明される用益権・虚有権の恵与（libéralité en usufruit et nue-propriété）を有効な処分として認めている（民法典899条）。用益権とは、財産の使用・収益のみを行う物権であり、用益権者は物の実体の保存義務を負う（民法典578条）。また、期限付きの物権である。自然人が用益権者である場合には、用益権者の死亡により消滅すると定められることが多いことから、「終身の物権」とも説明される[19]。一方、虚有権は、用益権が設定された結果、所有権者に留保された処分権のみの名目的な所有権である。用益権が消滅すると、虚有権者が財産の使用・収益権を取得し、完全な所有権者となる。つまり、処分者Aが、用益権をB、虚有権をCに恵与することで、Bは生存中、財産の使用・収益をする。Bは当該財産の処分権を有さず、Bが死亡すると、財産は虚有権者であるCに帰属するということになる。

継伝処分と用益権・虚有権の恵与は、どちらも、処分者Aから、第1の受益者B、第2の受益者Cへと財産の使用・収益権が連続して移転するという共通点がある。そして、第1の受益者Bが死亡すると、第2の受益者Cが確定的に所有権を取得する。また、第1の受益者Bの財産の処分が制限されている点でも、類似する機能を有する。用益権・虚有権の恵与を利用すると一代限りで継伝処分を復活させることができるとも指摘されるように、用益権者に長子、虚有権者に孫を指定するという利用が可能である。したがって、用益権・虚有権の恵与は、継伝処分が禁止される理由である、家族内の不平等の惹起、長子間の財産の承継という問題点を解決していない。

それにもかかわらず、継伝処分が禁止され、用益権・虚有権の恵与が容認されている理由は、第1の受益者に課せられている義務の違いにあると考えられる。

継伝義務者には、恵与された財産の保持・保存と移転の義務が課せられ、財産を譲渡することができない。用益権者も、用益権が設定された財産を処分することができないという点では同様であるが、その理由は、譲渡禁止義

---

19) 用益権の終身性については、齋藤・前掲注8)57頁以下。

務を課せられたことではなく，そもそも恵与されたのは使用・収益権に限定された物権であり，当該物権の処分権限がないことにある。また，用益権者は，用益権自体を処分することはできる[20]。つまり，用益権者には，「恵与された物権」についての譲渡禁止義務は課せられていない。この点が，両者に課せられた義務の違いであるといえよう。ここから整理をすると，継伝処分が禁止されている理由には，連続する財産の移転を制限するという点に加えて，受益者に，恵与された物権の譲渡禁止義務を終身にわたって課すことは原則として認めないという点もあるといえよう。継伝処分が禁止されている経済的な理由である財産の流通の保護との関係でも，用益権者は用益権を自由に処分することができることから，用益権自体は流通するということになり，財産の流通の可能性が確保されているといえよう。

(2) 譲渡禁止条項についての議論

譲渡禁止義務を終身にわたり課すことは認められないという考え方は，譲渡禁止条項についての議論においてもみられる。

恵与に際して，受益者に，恵与された財産を譲渡しないという義務を課す条項を付すことがあるが[21]，その条項を譲渡禁止条項という。所有権者となった受益者は財産を処分することができず，また，債権者が差押えをする

---

20) 用益権は譲渡可能な物権である。終身の物権であると説明されることから，譲渡された場合の存続期間が問題となるが，その存続期間は，譲受人の終身ではなく譲渡人の終身となる。したがって，譲渡をすることにより，用益権の存続期間が変化することはない。

21) 譲渡禁止条項を付す理由は様々である。特に用益権を留保した贈与分割 (donation-partage) で利用されるとも説明される (Malaurie et Bernner, supra note 11, n. 392, p. 202.)。贈与分割とは，「父母その他の尊属がみずから，自己の有する現存の財産を推定相続人である子その他の直系卑属のために分配すること」である（山口俊夫編『フランス法辞典』〔東京大学出版会，2002年〕183頁以下。詳細は，山口俊夫『概説フランス法（上）』〔東京大学出版会，1978年〕543頁以下）。贈与分割の場合に限らず，処分者が自らに用益権を留保した上で，虚有権を恵与する際に，恵与の受益者に，「処分者の生存中は，譲渡を禁止する」，「受贈者（受遺者）の生存中は，譲渡を禁止する」といった条項を付与することが多い。用益権と虚有権は同じ財産の上に両立する2つの物権であり，特に用益権者にとっては誰が虚有権者であるかということは重要であることがその背景にあると考えられる。また，恵与の受益者に浪費癖がある場合等に，財産を浪費しないようにという目的で利用されることもある (Witz, La fiducie en droit privé français, Paris, Economica, 1981, n. 62, p. 58.)。

こともできないとされる。ただし，この義務は債権的な効力を有するにとどまると説明される[22]。

判例・学説は，当初，譲渡禁止条項は所有権者の処分権の行使を制限するので，いかなる場合も無効としていたが[23]，その後，期間が限定され，重大かつ正当な利益があれば，譲渡禁止条項は有効であると立場を変更した[24]。そして，1971年7月3日の法律（Loi n° 71-526 du 3 juillet 1971）は，従来の判例の立場を継承する形で，民法典900条の1を制定した[25]。

民法典900条の1第1項は「贈与財産又は遺贈財産にかかわる譲渡禁止条項は，それが一時的であり，かつ重大かつ正当な利益によって相当とされる場合でなければ，有効でない。」とする。つまり，①一時的であること，②重大かつ正当な利益があることが，譲渡禁止条項が有効とされる要件である[26]。この要件は「財産の自由な流通と契約自由という矛盾する2つの原則を両立させるものである」と説明される[27]。

まず，「一時的」の判断基準が問題になるが，これは譲渡が禁止される年数により決まるものではない[28]。判例・学説は，処分者・第三者の生存中の譲渡禁止条項は，一時的であるとする[29]のに対し，恵与の受益者の生存

---

22) 継伝処分においても，継伝義務者は譲渡禁止義務を課せられているが，所有権者であることから，財産を自由に処分することができると説明され，その義務は債権的な効力を有するにとどまる。しかしながら，継伝処分が開始した場合（継伝義務者が死亡し，その際に継伝権利者が生存していた場合）には，継伝義務者の処分行為は効力を失うことになり，継伝義務者との間で行われた譲渡行為や抵当権等の制限物権の設定は無効となり，譲受人等の第三者は，継伝権利者に対して権利取得を対抗することができない。この点では，継伝処分における譲渡禁止義務は物権的な効力を有しているともいうことができる。逆に，継伝権利者が継伝義務者より先に死亡し，継伝処分が開始しない場合は，継伝義務者が行った譲渡は，継伝義務者の死亡により効力を失わない。

23) Terré, Lequette et Gaudemet, supra note 13, n. 356, p. 330.

24) Cass. Civ., 20 avr. 1858, DP 1858. 1. 154.

25) Terré, Lequette et Gaudemet, supra note 13, n, 356, p. 330. 民法典900条の1の立法過程については，石綿はる美「財の譲渡禁止条項についての一考察(1)——フランス民法典九〇〇条の一の検討」法学78巻6号（2015年）465頁以下。

26) 各要件についての判例・学説の検討については，別稿で行う予定である。

27) Malaurie et Bernner, supra note 11, n, 393, p. 202.

中の譲渡禁止条項は,「永久」の譲渡禁止に該当するとして,無効であるとする[30]。このような区別の理由について,一般に処分者のほうが受益者より年長であり,処分者の終身の場合は,譲渡禁止の期間が短いと説明されることもある[31]。しかしながら,各事案において,処分者や受益者の年齢を考慮し,財産の流通が阻害される期間について実質的に判断するのではなく,単に「誰の」終身にわたって譲渡禁止義務が課せられているのか,という点を基準に判断をしているのではないかと考えられる。

「重大かつ正当な利益」が存在する場合とは,浪費癖のある受益者の保護や,処分者自身の保護[32]を目的とするような場合が挙げられる[33]。

譲渡禁止条項についての議論からは,そもそも原則として所有権者に譲渡禁止義務を課すことについての慎重な態度が明らかになろう。そして,例外的に,期間を限定して譲渡禁止義務を課すことを認めるとしても,恵与財産の所有権者である受益者の終身にわたる譲渡禁止は認められないというのが,フランス法の立場である。

なお,民法典900条の1は,無償譲渡である恵与についての条文であるが,有償譲渡においても同様に考えられるとされている[34]。つまり,譲渡禁止についての考え方は恵与という無償譲渡特有のものではなく,条文の規定はないものの,有償譲渡も含めた財産法一般の考え方であるということができよう。

---

28) 民法典900条の1の制定過程においては,「21年」という期間を基準にすることが提案されたが,裁判所による柔軟な対応を可能とすること等を理由として,結局は,現在の文言となった。
29) Cass. Civ., 8 janv. 1975, JCP G 1976. II. 18240.
30) Cass. Civ., 24 janv. 1899, DP 1900. 1. 533.
31) Malaurie et Bernner, supra note 11, n. 393, p. 202.
32) 用益権を処分者に留保し,虚有権を贈与し,譲渡禁止義務を課すような場合である。詳細は,前掲注21)参照。このような場合,譲渡禁止の期間は用益権者である処分者の終身ということが多く,譲渡禁止条項は,「一時的」の要件との関係でも,「重大かつ正当な利益」の要件との関係でも,有効であるということになる。
33) Terré, Lequette et Gaudemet, supra note 13, n, 357, p. 331.

(3) 譲渡禁止の制限の根拠

以上のように，所有権者にその終身にわたって譲渡禁止義務を課すことは認められないという原則が存在すると考えられる。その理由としては，譲渡禁止条項の議論の際により強調される，「財産の流通の必要性」，「財産の自由な流通の保護」が挙げられる。財産の自由な流通の保護のために，財産の処分の自由は保障されていると説明され[35]，民法典においては，自由な処分権の行使が保障されている（民法典537条・544条）。

譲渡禁止義務が認められるか否かの基準が「終身」である理由は，必ずしも明確ではないが，財産の流通を確保するための期間制限のひとつの合理的な基準になりうるということ，終身で譲渡禁止義務を課すような場合は終身の物権である用益権を利用すればよいと考えられること等が考えられよう。

3. 原則の緩和
(1) 継伝処分禁止の原則の例外

終身にわたる譲渡禁止義務を課すことは認めないという原則は，一定程度後退することがある。そのひとつの例が，一定の要件の下で，継伝処分を例外として認めるということである。

継伝処分禁止の原則はフランス民法典の公序とされるが，民法典の起草時から，例外として，継伝処分を行うことが認められる場合があった（民法典旧897条・1048条・1049条)[36]。継伝義務者に，処分者の子，処分者に子がいない場合にはその兄弟姉妹を指定し，継伝権利者には，継伝義務者のすべての子を指定する場合には，例外的に認められるのである[37]。また継伝

---

34) 民法典900条の1の制定過程においても，無償譲渡に限定する意図はなかった。900条の1が無償譲渡のみを対象としているのは，無償譲渡と有償譲渡において，条件が違法であった場合の効果が異なるからであり（有償譲渡の場合は，合意全体が無効になる〔民法典1172条〕のに対し，無償譲渡の場合は，条件のみが無効となる〔同900条〕），条件の有効性について異なる基準で扱うべきであるという考えに基づくものではない。

　近時，有償譲渡においても同様に考えることを明示する判決として，Cass. Civ., 31 oct. 2007, D. 2008. 14. 963。

35) Carbonnier, Droit Civil, t. 3, Les biens, 19éd, Paris, P.U.F., 2000. n. 84, p. 150.

処分の対象財産は，処分者の自由分[38]に限定されている。

継伝処分が例外として認められた理由としては，浪費癖があり，財産管理に不安がある者（継伝義務者）およびその卑属の生活の保障の必要性が挙げられる。

(2) 段階的恵与の承認——2006年相続・恵与法の改正

2006年相続・恵与法の改正（Loi n° 2006-728 du 23 juin 2006 portant réforme des successions et des libéralités）により，段階的恵与（libéralité graduelle）が導入された（民法典新1048条以下）[39]。段階的恵与は，第1の受益者に，対象となる財産または権利を保持・保存する義務と，その死亡時に指定された第2の受益者へと財産または権利を移転する義務を課す処分である。「段階的恵与」という呼称が用いられているが，法的性質は継伝処分と全く同じであり，段階的恵与の導入により継伝処分禁止の原則は事実上形骸化したと説明される[40]。

2006年相続・恵与法の改正の目的のひとつに，被相続人の相続財産に対する自由の実現というものがある。被相続人による財産処分の自由化は，自由に処分しうる財産の増加（直系尊属の遺留分の廃止，遺留分の事前放棄の容認）と，財産処分の方法を広く認めるというものである。段階的恵与の承

---

36) 制度の詳細について日本語文献としては，足立公志朗「フランスにおける信託的な贈与・遺贈の現代的展開(1)——『段階的継伝負担付恵与』・『残存物継伝負担付恵与』と相続法上の公序」民商139巻4・5号（2009年）480頁以下，大島俊之「信託的継伝処分（後継遺贈）(1)」大阪府立大學經濟研究36巻1号（1990年）89頁以下。一定の要件の下で継伝処分が認められた経緯については，稲本洋之助「相続法における立憲君主制的契機——19世紀前半のフランスをみて」社會科學研究18巻3号（1966年）3頁以下。

37) 一代限りに限定することで，財産の長期間の流通が妨げられるという不都合を一定程度避けることができる。また，継伝権利者に継伝義務者のすべての子を指定することで，子の間の平等の実現が図られている。

38) 相続財産から，遺留分を除いた部分であり，被相続人が任意に恵与をすることができる部分をいう。詳細は，山口・前掲注21)『概説フランス法（上）』500頁以下。

39) 段階的恵与については，足立・前掲注36)483頁以下，同「フランスにおける信託的な贈与・遺贈の現代的展開(2・完)——『段階的継伝負担付恵与』・『残存物継伝負担付恵与』と相続法上の公序」民商139巻6号（2009年）607頁，中原・前掲注14)350頁以下。

認は，後者に含まれると整理することができよう。

　段階的恵与が認められた理由には，障害を持つ子の保護や，再婚家庭における生存配偶者の生活保障とその死後に財産を家族の中にとどめるための手段として有用だと考えられたことがある。遺留分の事前放棄と組み合わせ，第1の受益者に自由分を超えた財産を恵与すると同時に，その処分権の行使を制限することで，財産管理に不安のある者の生活保障を実現することを目指している[41]。

　継伝処分と同様，一代限りに制限されているが，第1の受益者，第2の受益者に指定することができる者に制限がないという点で，大きく自由化が進んでいる。しかしながら，一代限りという制限が残っていることから，財産の流通が制限される期間は，第1の受益者の終身ということになり，財産の流通との関係では一定の歯止めになっている。

(3)　緩和の理由

　以上の検討からわかるように，終身にわたる譲渡禁止義務を課すことは，受益者の財産処分の自由に反することから認められないという原則があるが，相続の場面において，受益者の生活保障という目的を実現するために，例外的に，終身にわたる譲渡禁止義務を課す処分が認められている。つまり，受

---

40)　Nicod, Libéralités graduelles et résiduelles: quelques difficultés d'application, JCP N 2008, Étude 1249, n. 3, p. 40.

　　2006年相続・恵与法の改正によって，民法典896条が次のように変更された。

　　民法典旧896条

　　「1項　継伝処分は禁止される。

　　2項　受贈者，指定相続人又は受遺者がそれを保持・保存し，かつ第三者に移転する義務を課せられている処分は全て，受贈者，指定相続人又は受遺者との関係においても，無効である。」

　　民法典新896条

　　「ある者が保持・保存し，かつ第三者に移転する義務を課せられている処分は，法律によって認められた場合にのみ効力を生じる。」

　　継伝処分の禁止は明示されていないが，依然として継伝処分禁止の原則は維持されていると，立法段階から一貫して理解されている。

41)　もっとも制度の導入の目的は，子や生存配偶者の生活保障の必要性であったが，受益者に指定できる者に制限を加えていないことから，長子間の財産の承継等に利用することも可能ではある。

益者の生活保障という遺言者の意思の実現のために，譲渡禁止義務を課すことに対する制約が緩和されている。

そして，2006年相続・恵与法の改正の前後を比較すると，譲渡禁止義務を課すことができる範囲が拡張している。これは，所有権者である処分者の意思の尊重[42]，相続・恵与法の契約化によると説明されている。

Ⅲ．日本法の検討

1．序

日本法において財産の譲受人に譲渡禁止義務を課すことについてどのように考えられているのか（2），そのような義務を負担付遺贈において行うことができるのか（3）という点について，検討をしていく。

2．物権法における議論

(1) 物権法における説明

「所有者は，法令の制限内において，自由にその所有物の使用，収益及び処分をする権利を有する。」（民206条）と規定されている。整理の仕方は様々であるが，所有権が制限される場合として，法令による制限，権利濫用による制約，相隣関係等が挙げられる[43]。

では，所有権者に譲渡禁止義務を課し，その処分権の行使を制限するような合意が認められるのだろうか。法律の認めない新しい種類の物権を作ること，法律に認められた物権でも法律に定めているのと異なる内容を与えることは認めないという物権法定主義（民175条）[44]を厳密に解すると，譲渡禁

---

42) ミシェル・グリマルディ（北村一郎訳）「フランスにおける相続法改革（2006年6月23日の法律）」ジュリ1358号（2008年）75頁。

43) 川島武宜編『注釈民法(7)』（有斐閣，1968年）226頁以下［川井健］，鈴木禄弥『物権法講義〔5訂版〕』（創文社，2007年）9頁以下，星野英一『民法概論Ⅱ』（良書普及会，1973年〔合本新訂，1976年〕）112頁以下等。

44) 舟橋諄一『物権法』（有斐閣，1960年）19頁。

止義務を課すというのも，所有権の権能のひとつである処分権の行使を制限することになり，物権法定主義に反するのではないか，とも考えられる。

しかしながら，一般に，所有権について法律の根拠なく物権的な制限を課すことは認められないが，当事者のみを拘束する債権的な効力を有する制限であれば，認められると説明される[45]。譲渡禁止義務についても，譲渡性のない所有権を創出することはできないが，債権的合意であれば，当事者間に効力が制限されるので認められる[46]と説明される。

債権的な効力しか有しないのであれば譲渡禁止義務を課すことが認められるとしても，その期間は問題になろう。この点について，末弘博士は，「何等か適正の目的の為め公益に反する程度に至らずして一時処分を禁止する特約は有効である。併しそれに対してさへ物権的効力を与へることは吾現行法上不可能である。」[47]と端的に述べる。つまり，期間については，一定の限界があると考えられるのである。

(2) 譲渡禁止の期間制限

譲渡禁止の期間については，大審院において，公序良俗との関係で論じられてきた[48]。

（ⅰ） 公序良俗に反する場合

譲渡禁止義務を課すことが，公序良俗に反して無効であるとした大審院判決として，2つの判決を挙げることができる。

大審院明治32年3月15日判決（民録5輯3巻20頁）（以下「明治32年判決」という）は，譲受人が当該土地を他の者に売却しないことを義務として約束した贈与契約について，譲渡人が契約解除の訴えを行った事案において，前提として，契約の有効性が問題となった。大審院は，「受贈者ニ於テ

---

[45] 稲本洋之助『民法Ⅱ（物権）』（青林書院新社，1983年）269頁。
[46] 平野裕之「物権法定主義と当事者意思」法教417号（2015年）20頁。
[47] 末弘厳太郎『物権法（上）』（有斐閣，1921年）329頁。
[48] 我妻栄「判例より見たる『公の秩序善良の風俗』」同『民法研究Ⅱ総則』（有斐閣，1966年）152頁以下（初出・法協41巻5号〔1923年〕146頁以下），山本敬三『公序良俗論の再構成』（有斐閣，2000年）132頁以下。

土地所有権ヲ絶対永久ニ他ヘ譲渡セサルコトヲ約諾シテ土地ノ贈与ヲ受クルハ，即チ物ノ融通ヲ阻遏シ土地ノ改善ヲ妨害シ其生産力ヲ減少シ国家ノ公益ヲ害スルコト大ナルヲ以テ，公ノ秩序ニ反スル事項ヲ目的トスル法律行為ナリト謂ハサルヲ得ス」（読点は筆者）とする。つまり，「絶対永久に」財産の譲渡をしないことを約束した贈与，永久の財産の譲渡禁止義務が課せられた贈与は，財産の流通を害し，土地の改良を妨げることから公序良俗に反するというのである。

大審院明治45年5月9日判決（民録18輯475頁）（以下「明治45年判決」という）も，財産の永久の処分禁止を定めた贈与契約の有効性が問題となった事案である。明治32年判決と同様に，公序良俗に反し認められないとして負担契約が無効とされたが，その理由は，「契約ヲ以テ永久ニ」所有物の処分を禁止するのは，「①所有者及ヒ其子孫ヲシテ絶対ニ所有者タルノ実ヲ失ハシムルノミナラス②物ノ改良融通ヲ阻遏スルニ至リ社会経済上ノ利益ヲ害スル」（「①」，「②」は筆者）というものである。明治32年判決で指摘されている財産の流通を害するという点（②）に加えて，所有者である実質を失わせるという点（①）も理由として挙げられており，大審院は物権法定主義との関係も念頭に置いているのではないかとも考えられる。

この2つの判決から，所有権の行使を「永久に」制限することは認められないと考えられる。明治45年判決が，所有者およびその子孫の所有者である実質を失わせると述べることから，「永久」というのは，受贈者のみならずその相続人に対しても譲渡禁止義務が課せられる場合であるということになろう。

（ⅱ）　公序良俗に反しない場合

それに対し，譲渡禁止条項が有効だとする判決もある。

大審院大正6年10月10日判決（民録23輯1564頁）（以下「大正6年判決」という）は，譲受人が他人に当該土地の所有権を移転しないという特約が存在した事案であった。大審院は，本件事案においては，そもそも，譲受人Bが従来利用していた不動産を，Bの名義とし，「其使用収益ノ権ヲ確保センカ為メニBノ要望ニヨリAヨリBニ所有権移転登記ヲ為シ」たという事情があると認定する。そして，譲渡禁止の義務は，Bの使用・収益の確保

という目的のために設定されていることから，Bの終身という期間を限度とするものであると認定する。その上で，「此ノ如ク自己ノ終身間所有権ヲ移転セサルヘキ義務ヲ相手方ニ対シテ負担スル約款ノ如キハ，本件ニ於ケルカ如ク親族関係ヲ有スル者ノ間ニ於テ親族ノ一方ヨリ他方ニ対シ其終身ヲ期シテ物ノ使用収益ノ権ヲ確保セントスルカ如キ場合ニハ，往往必要缺クヘカラサル約款ニシテ，Bカ本論旨ニ於テ主張スル所ノ相手方ヲシテ物ノ所有権ヲ永久他人ニ移転セサル義務ヲ負担セシムルカ如キ約款トハ全然其趣ヲ異ニスル」(読点は筆者)として，本件契約は，公序良俗には違反しない，とした。譲渡禁止が「永久」という絶対的な制限ではなく，譲受人に使用・収益権を確保するという目的での終身にわたる譲渡禁止にとどまることから，当該契約は公序良俗に反することなく有効であると判断したのである。

さらに，売買契約における譲渡禁止について判断したものとして，大審院大正15年7月6日判決（民集5巻608頁，法律学説判例評論全集15巻諸法318頁）がある。目的物の終身にわたる他人への移転禁止の特約を付した事案において，大審院は，「不動産ノ買主ヲシテ其ノ終身間売買ノ目的物ヲ他ニ移転セサル旨ノ債権的ノ義務ヲ負担セシムル合意ハ右不動産ノ売買契約ヲ不法ナラシムル筋合ニアラサルコト論ヲ俟タサル」と述べて，契約は有効であると判断している。ここでも，終身にわたる譲渡禁止は有効なものであるとされている[49]。

（ⅲ）小括

上記の4つの判決からは，永久に財産の譲渡禁止義務を課すことは公序良俗に反するが，財産の所有者に終身にわたる譲渡禁止義務を課す場合には，それは公序良俗に反することなく有効である，というのが大審院の立場であると考えられる[50]。永久の財産の譲渡禁止義務が公序良俗に反する理由としては，財産の流通を害し，土地の改良を妨げる，という点が挙げられている。このように，判決においては，「永久」か否かという点が，公序良俗違

---

[49] なお，本件売買契約は，買主を売主の妾として情交関係を維持するために締結されたということであるが（我妻栄〔判批〕法協45巻9号〔1927年〕1743頁），大正15年判決は，大正6年判決と異なり，譲渡禁止条項を定めた目的については言及していない。

反を判断するひとつの基準になっているものと考えられる。

しかしながら，永久の譲渡禁止条項は無効で，終身であれば有効ということは明らかであるが，財産の譲受人の終身という期間を超えてどこまでが有効であるのかは必ずしも明確ではない。明治45年判決からは，譲受人の次の取得者にまで当然に譲渡禁止が及ぶような場合は永久となるのではないか，やはり基準は譲受人の終身限りか否かというところにあるのではないか，と考えられる。

3. 相続法における議論
(1) 負担付遺贈

遺言において受遺者に何らかの義務を課す場合の法律構成としては負担付遺贈が考えられる[51]。

負担とは，遺贈に付された付款であり，「遺贈者によって受遺者に課された法律上の義務ないし債務」である[52]。法律上の義務であれば，必ずしも金銭的価値があることは必要ないとされ，受遺者に作為や不作為を命じることもできる[53]。そして，負担は，一般には相続人，第三者，社会公衆，あるいは遺言者自身を受益者とすると説明されるが[54]，受遺者自身のために付すことも考えうるのではないかと考えられる[55]。

負担付遺贈についての規定は，旧民法には存在しなかったというその欠点について補うために，明治民法において，明治民法1004条・1005条・1141条（民1002条・1003条・1038条）が置かれることになった[56]。しかしながら，「負担」の内容に関する条文はなく，「負担」としてどのような内容を

---

50) もっとも大正6年判決においては，終身の譲渡禁止条項であると判断した前提の事情についても認定されている。このことから，譲渡禁止が課せられた理由に，正当な理由があることが特に重視されたとみることができる，とも説明されている（山本・前掲注48）133頁）。ここでいう「正当な理由」とは，親族間において，譲受人に対して終身での財産の使用・収益権を与えようとする目的がある，ということである。そうすると，終身の譲渡禁止義務であっても，譲受人に使用・収益権を与えるという目的ではない場合（例えば，家産の維持，世襲財産の創出等が考えられよう）には，譲渡禁止義務が公序良俗に反して無効であると解される余地もあるのではないかとも考えられる。

定めることができるのかという点は，必ずしも明確にはされていない。

　負担の内容については，負担が無効な場合として，次のように説明される[57]。不動産の遺贈に際して，永久に処分を禁止するというように公序良

---

51) 本稿の検討の対象外であるが，遺言によって，相続人に負担を課すことができるかという問題もあるであろう。相続人に相続した財産の譲渡禁止義務を課すことができるのだろうか。

　近藤博士は，相続人に一定の負担を課し，それにより相続人の法定の権利を制限することについて，民法には規定がないが，遺留分を害する結果を生じない限り，有効とすべきとする（近藤英吉『判例遺言法』〔有斐閣，1938 年〕134 頁，210 頁以下）。その理由として，遺贈も相続人の法定の権利を制限するという意味では相続人に対する負担であり，遺贈と負担の違いは，遺贈の場合は特定の者に対して直接に権利を与えるのに対し，負担においては相続人のみが義務を負担し，その反射的効果として受益者が利益を享受するという点にあると説明する。また，相続人と同一の地位を取得する包括受遺者に対して負担を課すことができることも理由として挙げている。なお，近藤博士は，負担としては，財産の出捐のみではなく，作為または不作為も負担の内容とすると述べる。その上で，民法が規定する負担として，遺言執行者の指定や遺産分割方法の指定を，民法に規定のないものとして，遺産債務の弁済方法に関する指図や相続財産の管理に関する指図等を挙げている。

　相続人に負担を課しうるのかという問題は，相続人に一定の割合の財産の供与が行われ，同時に負担も課された場合の遺言の解釈の問題とも関連しよう（この点について，潮見佳男「包括遺贈と相続分指定——立法的課題を含む」論ジュリ 10 号〔2014 年〕106 頁）。負担を課す場合に，負担付遺贈と考える見解もあるところだが，相続人に負担を課すことができるということになると，相続分の指定と解する余地もあるということになろう。

52) 中川＝加藤編・前掲注 3) 277 頁〔上野雅和〕。
53) 中川＝加藤編・前掲注 3) 277 頁〔上野〕，蕪山ほか・前掲注 2) 422 頁〔田中〕。
54) 中川＝加藤編・前掲注 3) 278 頁〔上野〕，中川責任編集・前掲注 1) 130 頁〔薬師寺志光〕。
55) 財産管理に不安のある受遺者に使用・収益権のみを与えるという目的のために譲渡禁止義務を負担として課すということも考えられるのではないだろうか。なお，負担付贈与について，受贈者の利益のために負担を課しうるとするものとして，乾政彦「負担付贈与ノ性質」法学志林 9 巻 11 号（1907 年）247 頁。
56) 法典調査会編『民法修正案理由書〔第四編親族　第五編相続〕』（博文館，1898 年，復刻版：信山社，1993 年）353 頁。

　なお，旧法の起草過程では，フランス民法典旧 896 条・900 条と同内容の条文を入れることが提案されていた（石井良助編『明治文化資料叢書(3)法律編（下）』〔風間書房，1960 年〕104 頁以下）。最終的に，フランス民法典 900 条を参考にして，財産取得編に「353 条 1 項　遺言書中ニ存スル不能又ハ不法ノ条件ハ之ヲ記セサルモノト看做ス」という規定が置かれた。

57) 中川＝加藤編・前掲注 3) 280 頁〔上野〕，蕪山ほか・前掲注 2) 424 頁〔田中〕，前田ほか・前掲注 1) 384 頁等。

俗に反するもの，財産を遺贈する代わりに誰と結婚してはならないというように，婚姻等の身分行為を目的とするもの，事実上または法律上不能なものであるときは，負担は無効であるとされるのである。

　永久に処分を禁止することが公序良俗に反するという点は，負担付贈与についての大審院の判例を念頭に置いているものと考えられる。負担付遺贈の負担の内容は，贈与についての負担と同様に考えることができると一般に考えられている[58]ことからも，永久の譲渡禁止義務を課すことはできないことに争いはない。

　では，終身にわたる譲渡禁止義務を課すことはできるのかという点であるが，大正6年判決のように，使用・収益権を確保するという目的で，終身の譲渡禁止義務を課すことは認められるのではないかと考える。

　そのような目的を超えて，処分者AがBに財産を遺贈した後，Bの死後の財産の移転もコントロールするために譲渡禁止義務を課すことができるのだろうか。例えば，AがBに財産の一部または全部をCに移転（遺贈）する義務と譲渡禁止義務を課すことが考えられる。そもそも，受遺者に遺贈義務，死後の財産の移転義務を課すことができるかということも問題になるが，この点については，一般的に，認められると考えられているといえよう[59]。その理由としては，義務の効果は債権的なものにとどまり，あくまで財産の所有権が当然にBからCに移転するわけではないということ[60]，負担の履行者が受遺者の相続人になるが，他の負担付遺贈においても，負担を履行する者が，受遺者ではなく受遺者の相続人となる場合が存在すること[61]等が挙げられている。そして，これらの見解は，遺贈義務が確実に履行される前

---

58)　蕪山ほか・前掲注2)422頁〔田中〕。
59)　近藤・前掲注51)209頁注25，窪田充見『家族法〔第2版〕』（有斐閣，2013年）472頁。遺贈という文言は用いないが，死亡時に財産を特定の者に移転する義務を課すことができるとするものとして，川淳一「負担付遺贈・後継ぎ遺贈・遺言信託」野田愛子＝梶村太市総編集『新家族法実務大系4』（新日本法規出版，2008年）250頁，常岡史子「共同相続人間の遺留分減殺請求と負担付遺贈に関する問題」判タ1327号（2010年）38頁。
60)　窪田・前掲注59)472頁。
61)　川・前掲注59)250頁。

提として，財産の譲渡禁止義務を課すことを黙示に念頭に置いているものと解される。そうすると，財産の移転のコントロールという目的での終身の譲渡禁止義務も認められ，譲渡禁止義務を課す目的に制限はないのではないかと考えられる。

(2) 限界の可能性

終身の譲渡禁止義務を課すことができるとして，その義務と財産の移転義務を関連させると，例えば「Aに財産を遺贈する。Aに将来子が生まれたらその子に財産を移転するように。それまでは，財産の譲渡を禁止する」というような遺言をした場合に，遺言の効力発生時にまだ懐胎されておらず，権利能力のない者に財産を移転することも，可能となるようにも考える。このような拡張的な利用を制限するひとつの解釈として，同時存在の原則に反する条件を付すことはできないという見解[62]を参考に，自然人に関しては，負担の受益者も，遺言の効力発生時に権利能力を有する者に限定されるとすることがありえよう。

(3) 小括

日本法の相続法には，譲受人の終身の譲渡禁止義務を課すことは，永久ではないことから認められるという原則について，その期間を制限したりあるいは延長したりするような議論はなく，また譲渡禁止義務を課す目的について限定するような議論も存在しない。フランス法とは異なり，物権法の原則が相続法の理念により変容しておらず，譲渡禁止義務の議論については，財産処分の自由に対する制約は遺留分制度のみであるという指摘は，説得力を持つものであると考える。

---

[62] 条件の内容について，相続法上の同時存在の原則に反するような内容の条件の場合は，無効とすべきではないかとの指摘がある。例えば，「将来Aが子を産んだらその生まれた子に遺贈する」という停止条件を付けた場合に，遺言の効力が生じた時にいまだ，胎児として懐胎されていない場合にまで，遺言を有効と認めることはできないとする（蕪山ほか・前掲注2)329頁［田中］，中川＝泉・前掲注3)576頁注13等）。それに対して，有効と解する見解として，近藤・前掲注51)146頁，156頁，和田于一『遺言法』（精興社書店，1938年）233頁等。

同時存在の原則については，沖野・前掲注7)132頁以下。

Ⅳ．おわりに

1．本稿のまとめ

日本法の現在の議論状況を整理すると，負担付遺贈において，受遺者に譲渡禁止義務を課すことは認められる，その期間は受遺者の終身であっても問題ない，ということになるのではないかと考えられる。その結論の当否は別にして，日本法はフランス法と比較すると，受遺者に譲渡禁止義務を課すことについてより広く認めており，遺言者の自由が広く認められているといえよう。

その理由は，第1に，債権的な義務であっても，財産の流通を害することを重視して，所有権者に譲渡禁止義務を課すことに対して慎重なフランス法（Ⅱ 2）とは対照的に，日本法においては，物権的な義務を課すのではなく，あくまで債権的な義務であれば，永久ではない一時的な譲渡禁止義務を課すことができ，譲受人の終身であれば有効であると考えられてきたことにある（Ⅲ 2）。第2に，日本法では，相続法には，終身の譲渡禁止義務であれば認められるという考え方を，制約あるいはさらに緩和する方向に働く議論が存在しないことがある。譲渡禁止義務を課す際の目的を限定するような議論も，明示的にはなされていない（Ⅲ 3）。

2．今後の課題

負担付遺贈における譲渡禁止義務についての現状の解釈論から示唆されるように，負担付遺贈の「負担」は債権的な義務しか受遺者に課さないということもあり，その内容について必ずしも十分に検討されてこなかったが，より深い議論が必要であると考える。

例えば，後継ぎ遺贈は，期限付所有権の創出になるということから，条件付遺贈あるいは期限付遺贈という法律構成の有効性について慎重に解する見解がある[63]。それに対して，現行法の解釈論では，受遺者に財産の移転義務（と譲渡禁止義務）を課した負担付遺贈という形であれば行いうるとも考えられる。たしかに，負担付遺贈は債権的効果しか有しない処分ではあるが[64]，条件付遺贈・期限付遺贈と実質的に同じ効果を作り出すことが，本当

に認められるのかという点を検討する必要があろう[65]。

　同様のことは、近時議論されている抵当権・地上権の設定に関しても指摘できる。抵当権や地上権の設定も、受遺者に負担として義務づければ行いうるようにも考えられる[66]。ただ、これらの行為については、遺言においてそもそも行いうるか明確ではない[67]。「負担」として行うならば可能であるとするならば、相続法の内部でのある種の矛盾が生じる可能性がある。

　負担付遺贈という制度は、財産を遺贈するとともに、受遺者に一定の義務を課すことを認めているものである。「負担」はあくまで債権的な効力しか生じないものであり、それゆえに負担の内容を広く認める、その結果遺言において行いえない（、あるいは行いうるかが不明確な）処分について、負担という形であれば行いうるとするのは、ひとつの考え方であろう。しかしな

----

63) 大村敦志「物権と契約——後継ぎ遺贈論を素材に」同『学術としての民法Ⅱ新しい日本の民法学へ』（東京大学出版会、2009年）240頁以下〔初出・同「『後継ぎ遺贈』論の可能性」道垣内弘人ほか編『信託取引と民法法理』〔有斐閣、2003年〕222頁以下〕、能見善久『現代信託法』（有斐閣、2004年）187頁以下。

64) 相続人には履行請求権が認められている（民1027条）。かつては、負担の受益者に履行請求権を認めないという見解が一般的であったが（於保・前掲注1）155頁）、近時は、受益者に履行請求権を認めるべきであるという見解が有力である（中川責任編集・前掲注1）132頁〔薬師寺〕、高野竹三郎『相続法要論』〔成文堂、1982年〕342頁、内田・前掲注2）492頁等）。

　　　このように、履行請求権者を広く認めることで、負担付遺贈は一定の実効性のあるものとなるとも考えられる。

65) 田中・前掲注9）220頁。

66) もっとも、譲渡禁止義務は、あくまでも債権的な効果しか有しないということが有効と考えられているひとつの理由であると考えられる。それに対して、制限物権の設定は、負担である限り債権的効力しか有しないという点では譲渡禁止義務と同様であるが、負担が履行された結果、物権的な効力が生じ、受遺者に対して物権的な制限が生じるという点では、譲渡禁止義務と異なる。

67) 議論の蓄積は十分ではないが、遺言による抵当権の設定を否定するものとして、中川＝泉・前掲注3）492頁、制限物権の設定を肯定するものとして、近藤・前掲注51）138頁。

　　　近藤博士は、遺贈について、受遺者に財産上の利益を与えるものであるという前提に立つ。そして、積極的に、物または財産権の移転、制限物権、使用借権、賃借権の設定、消極的に、受遺者の債務の免除、その他受遺者の負担となる権利の放棄もまた遺贈であるとするのである。

　　　抵当権や地上権の設定が遺言において行いうるのかという点について検討する際には、そもそも、「遺贈」とは何かという点から再検討をしていく必要があるのかもしれない。なお、遺贈の定義について、必ずしも学説の説明が一致していないことについて、沖野・前掲注7）135頁以下。

がら，そうすると，相続法は制度内在的に矛盾を抱える可能性があり，それを正当化する十分な説明が求められよう[68]。

　いずれにしても，検討すべき財産処分について，まず，そのような財産処分が所有者の財産処分の自由の原則の下で行いうるのか否か，行いえないのならばその理由は何かということを明らかにすることが必要であろう。同時に，相続の場面において，考慮すべき事情は何か（例えば，受遺者の生活保障という遺言者の意思の尊重というのもひとつの考え方であろう）ということを明らかにした上で，財産法での原則論を変容する必要があるのかという点について議論をすることが求められよう。それらの作業を通じて，相続法の「公序」の内容を具体化していくことが，今後の課題であると考える。

---

68) 抵当権・地上権の設定に関連して，同様の指摘をするものとして，沖野・前掲注 7) 137 頁。

10

遺留分制度の意義について
―― 裁判例の分析による一考察

青竹美佳

Ⅰ．はじめに
Ⅱ．権利の濫用が問題とされた事例の分析
Ⅲ．遺留分を侵害する遺言・生前贈与をした理由の分析
Ⅳ．おわりに――現代における遺留分制度の積極的意義について

Ⅰ．はじめに

　遺留分制度の意義については，これまで，家族の生活保障を図ること[1]，相続人間の平等を維持すること[2]，被相続人の財産の維持・増加に貢献した部分を確保すること[3]等が挙げられている。しかし，高齢化や相続意識の変化，家族関係の多様化が進み，遺留分制度の意義は，いまや自明のものとはいえない。例えば，高齢化により，遺留分制度の生活保障という意義は，配偶者の老後の生活を保障するという点ではあてはまるが，親から独立した生計を立てるはずの年齢に達している大部分の子にはあてはまらなくなっている[4]。

　また，相続人間の平等を維持する意義も，相続意識の変化の下では疑わしい。つまり，現代では，長男などの特定の立場にある者に遺産を集中させる

---

1) 鈴木禄弥『相続法講義〔改訂版〕』（創文社，1996年）151頁，高木多喜男『遺留分制度の研究』（成文堂，1981年）125頁など。
2) 伊藤昌司『相続法』（有斐閣，2002年）363頁，二宮周平『家族法〔第4版〕』（新世社，2013年）423頁など。
3) 二宮・前掲注2)423頁は，夫婦別産制における生存配偶者の財産形成の協力を相続において評価するという観点からの遺留分制度の意義を重視する。

という発想よりも，介護などで貢献した者に相続させる対価的な発想から遺言がなされる場合が多い[5]。しかし，遺留分制度によると，貢献した者に報いる内容の遺言を，貢献のない遺留分権利者が妨害することも認められる。したがって，不公平な内容の遺言等を減殺することにより相続人間の平等を維持するという遺留分制度の意義には，疑問が生ずる。

　さらに，被相続人の財産の維持・増加に貢献した部分を確保する意義も，家族関係が多様化した現代社会ではわかりにくくなっている。つまり，家族関係が多様化し，親子関係についてみると，一方では，親と同居して介護や家業に尽くし貢献する子もいるが，他方では，就職や婚姻を機に親から独立した家庭を築いている者も多い。また，夫婦関係についてみると，若くして婚姻し，一方が死亡するまで専業主婦（夫）として家事・育児・介護に貢献してきた者もいれば，夫婦共稼ぎであった者，高齢になって婚姻し老後の数年だけを同居してきたという者もいる。つまり，被相続人の財産の維持・増加に貢献した者もいれば，貢献しない者もいるはずであり，また，貢献したとしても，その程度は様々であり，どの程度の貢献が典型的な家族にあてはまるともいえなくなっている。ところが，遺留分制度は，貢献の有無や程度を度外視し，一定の相続人に一定の遺留分を保障する制度になっている。したがって，遺留分制度の，被相続人の財産の維持・増加に貢献した部分を確保する意義については，批判的にみられるのである[6]。

　このような遺留分制度の意義に対する疑問は，現在進められている相続法改正の議論との対比においても目立つようになっている。すなわち，相続法

---

4)　西希代子「遺留分制度の再検討(10・完)」法協 125 巻 6 号（2008 年）1332 頁は，遺留分制度の意義として近親者の生活保障を重視しつつ，平均寿命が著しく伸長する現代社会では遺留分制度の意義が限られていると指摘する。もっとも，経済不況で失業する等のために親に依存する子が増加していることを，遺留分制度との関係でどのように捉えるかという新たな問題が生じている。本稿ではこの問題を考察することはできないが，今後検討を要する問題である。

5)　大塚明「実務から見た高齢者の遺言と『遺言能力』」久貴忠彦編集代表『遺言と遺留分(1)〔第 2 版〕』（日本評論社，2011 年）77 頁以下。

6)　西希代子「遺留分制度の再検討(1)」法協 123 巻 9 号（2006 年）1713 頁は，一定範囲の相続人に無条件に一定の遺留分を保障する遺留分制度を硬直的であるとして批判的に検討する。

改正の議論では，生存配偶者の居住の確保や相続人等の貢献に応じた遺産分割など，具体的な必要性や個別の事例における妥当な財産分配に主眼が置かれている[7]。ところが，遺留分制度は，具体的な必要性や個別の事例における妥当な財産分配を無視し，一定の相続人に固定した割合の遺産を保障する原則をとっているために，その存在意義の不明確さが際立つのである。

　そこで，本稿では，遺留分制度の意義が現代では実際に小さくなっているのか，また意義があるとすればどのような意義であるのかを，裁判例を分析することにより考察することにする。裁判例から遺留分制度の意義を検討する試みは，すでに1996年に，鈴木眞次助教授により行われている[8]。そこでは，遺留分の機能として，①相続の平等の理念をある程度まで守る，②法律婚に財産をある程度残す，③老親扶養にあたらなかった子にも財産をある程度相続させる，といった機能が提示されている。ここで，③に関して，扶養と引換えの遺贈や贈与を妨げるという遺留分制度の消極的な面が指摘されている[9]。同研究は，遺留分制度の解釈や立法を検討する上で貴重な研究成果である。もっとも，鈴木助教授が遺留分の判例を分析された時から20年近くが経過し，その間，遺留分の判例が多数公表され，また，高齢化，相続意識の変化，家族関係の多様化の傾向がより一層進んでいる。とりわけ，非嫡出子の相続分を嫡出子の2分の1とする民法900条4号ただし書（当時）を違憲とする最高裁の判断が示された後は[10]，非嫡出子と嫡出子の相続分を平等とする民法改正があり，法務省に設置された相続法制検討ワーキングチーム，法制審議会民法（相続関係）部会において相続法改正作業が進められるなど，相続をめぐる法的状況が大きく変化した。そこで，本稿では，こ

---

7) 「相続法制検討ワーキングチーム報告書」(http://www.moj.go.jp/shingi1/shingi04900197.html)，法制審議会民法（相続関係）部会第3回会議（平成27年6月16日開催）資料3「相続法制の見直しに当たっての検討課題(2)」(http://www.moj.go.jp/shingi1/shingi04900261.html)。
8) 鈴木眞次「裁判例に見る遺留分の機能」星野英一先生古稀祝賀『日本民法学の形成と課題（下）』（有斐閣，1996年）1249頁。
9) 鈴木・前掲注8)1273頁〜1274頁。
10) 最大決平成25・9・4民集67巻6号1320頁。

れまで蓄積された裁判例を，新たな視点から分析し，現代における遺留分制度の意義に迫り，よって今後の遺留分制度の解釈や立法を検討する上での一助となることを試みる。

裁判例の検討の仕方として，本稿では，遺留分に関する裁判例を2つの視点から集め[11]，遺留分制度の意義を分析することとする。1つは，遺留分減殺請求権の行使が権利の濫用にあたるか否かが争われた事例の分析である（Ⅱ）。もう1つは，前述1996年鈴木論文で行われているように，遺留分を侵害する遺言・生前贈与がなされた理由を読み取ることができる事例の分析である（Ⅲ）。

Ⅱ．権利の濫用が問題とされた事例の分析

遺留分減殺請求権の行使が権利の濫用であるとして争われた13事例を，当事者が濫用と主張する根拠に分けて検討することとする。当事者が濫用と主張する根拠は，被相続人と遺留分権利者との不和・疎遠（1），被減殺者による被相続人への寄与（2），遺留分放棄の約束（3）の3つに分類することができる。以下この順に検討する。

1．被相続人と遺留分権利者との不和・疎遠

被相続人と遺留分権利者との不和・疎遠は，濫用が問題とされた13事例の中で，濫用の根拠として最も多く主張されている。

(1) 非嫡出子による減殺請求

最初にみる①は，非嫡出子が，父である被相続人に嫌がらせ行為をしていたにもかかわらず遺留分を主張したことが権利の濫用といえるかが問題とされた事案である。

①東京地裁平成25年3月15日判決（判時2190号53頁）の事案において，

---

[11] 本稿において挙げる裁判例で出典表示のないものは，データベース（Lexis AS ONE, Westlaw Japan）から引用した。

被相続人Aには，妻Y₁と長女B，次女Y₂のほかに，非嫡出子Xがいた。Xは，1日に2，3度Aの自宅を訪れ，インターホンを何度も鳴らし，玄関前に座り込んだり，居宅の周辺を徘徊したりするなど，Aとその家族の平穏な生活を妨害する行為をしていた。Aは，公正証書遺言により，Y₁，B，Y₂に不動産その他の財産を相続させることとしていたので，Aの死後，Xは，Yらに対して遺留分減殺請求権を行使した。これに対して，Yらは，Xが，AおよびYらに嫌がらせをして身体・精神に重大な被害を与えたにもかかわらず，遺留分減殺請求をするのは権利の濫用であるなどと主張した。

裁判所は次のように判示した。

XのAおよびその家族に対する行為は，常軌を逸した嫌がらせ，生活妨害行為といわざるを得ず，それによりAおよびその家族が著しい精神的苦痛を受けたことは明らかである。したがって，Xの遺留分減殺請求が権利の濫用にあたる旨強く主張するのも十分理解できる。しかし，Xの嫌がらせ行為に対しては和解が成立し，その後，Xは嫌がらせ行為をしていない。したがって，Xの遺留分減殺請求は権利の濫用にあたらない。

(2) 配偶者による減殺請求

次の②～④は，婚姻関係が破綻した配偶者からの遺留分減殺請求権の行使が権利の濫用にあたるか否かが問題となった事案である。

②東京地裁平成4年5月27日判決（金法1353号37頁）の事案において，Aの相続人は，妻X₁，子X₂，Y₁，Y₂であった。Aは，全財産をY₁・Y₂に各2分の1の割合で相続させる旨の遺言をして死亡した。X₁・X₂が遺留分減殺請求権を行使したのに対し，Y₁・Y₂は，被相続人Aと妻X₁は，44年間別居状態にあり，その夫婦関係は形骸化しているから，X₁による遺留分減殺請求権の行使は権利の濫用であるなどと主張した。

裁判所は，権利の濫用とするには，夫婦関係が形骸化していることのみならず，相続廃除に相当する事由（民法892条による虐待，侮辱，その他の著しい非行）があることを要するとし，本件では，どちらも認められないとして権利の濫用を否定した。

③仙台高裁昭和49年11月27日判決（高民集27巻7号944頁）の事案において，被減殺者（被相続人の子）は，減殺者（被相続人の妻）が，病床の

被相続人を置いて家出し離婚調停の申立てをしていたにもかかわらず，遺留分減殺請求権を行使しており，このようなことは権利の濫用であり許されないと主張した。裁判所は，減殺者の家出，離婚調停の申立ては，親族間の紛争に起因し，減殺者を一方的に責めることはできず権利の濫用とはいえないと判示した。

④東京地裁平成25年2月28日判決（平成21年（ワ）第37603号）の事案において，Yら（被相続人の子ら）は，X（被相続人の夫）が被相続人に暴力をふるい，不貞行為をしたことにより夫婦関係が破綻し，約12年間別居していたにもかかわらずXが遺留分減殺請求権を行使するのは権利の濫用であると主張した。

裁判所は，夫婦関係が破綻していたことを認める一方，約12年間の別居に先立って約30年間の夫婦の共同生活があったことを評価し，Xによる遺留分減殺請求権の行使が権利の濫用にあたるということはできないとの判断を示した。

(3) 養子による減殺請求

次の⑤～⑦は，関係の形骸化した養子による遺留分減殺請求権の行使が権利の濫用にあたるか否かが問題となった事案である。

⑤東京地裁平成19年2月8日判決（平成17年（ワ）第24730号）の事案において，Aは，X_1・X_2夫婦と養子縁組をしたが，Xらは縁組直後からAと疎遠になった。その後，Aは，Y・B夫婦とも養子縁組をし，すべての財産をYに遺贈するという内容の公正証書遺言を作成した。Aが高齢になると，Y・B夫婦は，Aの日常生活の面倒をみるようになった。Aが死亡すると，Xらは，遺留分減殺請求権を行使し，Yは，上記の状況でのXらによる遺留分減殺請求権の行使は権利の濫用であると主張した。

裁判所は，Aとの交際状況，看護状況を考慮しても，XらのYに対する遺留分減殺請求権の行使は権利濫用にはあたらないとの判断を示した。

⑥名古屋地裁昭和51年11月30日判決（判時859号80頁）の事案において，被相続人Aには，3人の養子B，X，Yがいた。B・X（夫婦）は，養子縁組の後に，A所有の不動産をめぐってAとの間で感情的に対立し，Aと同居していた家を出て行った。その後，YがAと同居し，高齢で病身の

Aの世話・介護を行い，自らの収入を生活費にあてた。これに対してB・Xは，Aが死亡するまでの25年間，ほとんど音信不通の状態であった。Aが全財産をYに遺贈したので，Xおよび死亡したBの相続人らが遺留分減殺請求権を行使した。これに対して，Yは，Xらの遺留分減殺請求権の行使は権利の濫用にあたると主張した。

裁判所は次のように判示した。

B・Xは，Aが死亡するまでの25年間，Aとはほとんど音信不通であり事実上の離縁状態にあった。これに対し，Yは，Aが死亡するまでAの世話や介護に尽くし，Aの財産の維持に努めた。したがって，遺留分減殺請求権を根拠とするXらの請求は，法が設けた遺留分制度の趣旨にもとり，権利の濫用として許されない。

⑦仙台高裁秋田支部昭和36年9月25日判決（下民集12巻9号2373頁）は，事実上の離縁状態にある一方の養子からの，被相続人のために農業に従事し，扶養に尽くした他方の養子に対する遺留分減殺請求権の行使を権利の濫用とする判断を示している。

2. 被減殺者による被相続人への寄与

被減殺者が，遺留分減殺請求権の行使を濫用であると主張する根拠として次に目立つのは，被減殺者が，被相続人に対して介護などの寄与をしていたということである。寄与への対価として受けた遺贈・贈与には正当性があり，これらを減殺しようとするのは信義に反し権利の濫用にあたるというのが被減殺者の主張である[12]。

(1) 濫用を否定した事例

①東京地裁平成19年6月29日判決（平成16年(ワ)第8043号）の事案において，被相続人Aは，4人の子X・Y_1・Y_2・Y_3に相続させる旨の遺言をして死亡したところ，XがYらに対して遺留分減殺請求権を行使した。Y_3

---

[12] なお，上述1の⑤東京地判平成19・2・8および⑥名古屋地判昭和51・11・30においても，減殺者と被相続人との不和・疎遠に加えて，受遺者・受贈者による被相続人への寄与が，遺留分減殺請求権の行使を権利の濫用とする根拠として主張されている。

は，Aの遺言は，Y₃によるAの介護その他の寄与に報いるものであるから，これについてXが遺留分減殺請求権を行使することは権利の濫用にあたると主張した。

　裁判所は，Y₃がAの介護に尽くした事実を認めつつ，このような貢献をもって，Xの遺留分減殺請求の効力の全部または一部を失わせることはできない，として権利の濫用を否定する判断を示した。

　②東京地裁平成16年5月27日判決（平成14年(ワ)第24516号）の事案において，被相続人Aには，長男X，長女B，二男Cがいた。Aは，全財産を，Bの子Y（Aの孫）に包括遺贈する旨の遺言をして死亡した。XがYに対して遺留分減殺請求権を行使したところ，Yは，Xによる遺留分減殺請求権の行使は，以下の理由で権利の濫用であると抗弁した。すなわち，Y，B，Cは，Aと同居し，Aの世話をし，介護費用を負担していた。本件遺贈は，このような寄与を考慮してされたものであるから，Xの遺留分減殺請求は権利の濫用にあたる。

　裁判所は，YらによるAへの世話のみをもっては，Xの遺留分減殺請求が権利の濫用にあたるということはできないと判示した。

　③東京地裁平成19年1月31日判決（平成18年(ワ)第15865号）の事案において，被相続人Aは，全財産を長男Yに相続させる旨の遺言をして死亡した。長女Xが遺留分減殺請求権を行使したのに対し，Yは，妻子とともにAと同居し介護一切を行ってきたこと，本件遺言には文句を言わないでほしいと遺言に記載されていたことから，Xによる遺留分減殺請求権の行使が権利の濫用にあたると主張した。

　これに対して，Xは，Aの介護費用等を負担してきたなどとして，遺留分減殺請求権の行使が権利の濫用にはあたらないと主張した。

　裁判所は，遺留分減殺請求権の行使が権利の濫用であるというためには，相続廃除（民892条）の事由またはこれに準じた事由が認められなくてはならないところ，本件でXがAと同居してこなかった事実は，そのような事由にあたらないとした。また，Xは，Aとは特に争いなく親族としての交際があり，介護費用等も負担しているという事実を認定し，Xによる遺留分減殺請求権の行使は権利の濫用にはあたらないとした。

(2) 濫用を肯定した事例

④東京高裁平成4年2月24日判決（判時1418号81頁）の事案において，被相続人Aが本件土地を長女Yに遺贈したのに対し，長男X_1，三男X_2が遺留分減殺請求権を行使したことが権利の濫用になるかが争われた。Yは，高齢のAを世話する者がいないので，やむを得ずこれまで住んでいた好条件の住宅を手放して，A宅に家族とともに移り住み，長期にわたりAの世話をすることになった。本件土地をYに遺贈する遺言の作成にあたって，Aは，X_1，X_2および四男に，相続について権利を主張しないよう求めたところ，これに同意する旨の返事があった。

裁判所は次のような判断を示した。

本件遺言は，Yおよびその夫による長年にわたるAとの同居，世話に対する謝礼ないし代償の趣旨でなされたものである。しかも，Xらは，相続権を放棄する旨の意思表示をしていた。これは，遺留分の放棄の意思表示に該当し，民法1043条による家庭裁判所の許可の審判の申立てがなされていたとすれば許可されるべきであったと認められる。そして，Xらの遺留分減殺請求が認められれば，Yには価額弁償をするだけの資力がなく，結局，本件土地および本件土地上に建築した建物を処分せざるを得ないことになり，予期しない多大の損害を被ることになる。

以上のことから，Xらによる遺留分減殺請求は，信義誠実の原則に反し，権利の濫用にあたるといわざるを得ない。

3. 遺留分放棄の約束

遺留分権利者が遺留分の放棄を約していたにもかかわらず，相続開始後に遺留分減殺請求権を行使したことを根拠に権利の濫用が問題にされた事例を紹介する[13]。

①東京地裁平成18年5月26日判決（平成14年(ワ)第15325号）の事案では，被相続人Aは，長男Y_1およびY_1の長男でAの養子でもあるY_2に，

---

13) 上述2の④東京高判平成4・2・24にも放棄を約した事実がみられる。

遺産のほぼすべてを相続させる遺言をして死亡した。三男Xが，遺留分減殺請求権を行使したのに対し，Yらは，次のように抗弁した。すなわち，Xは，Aから土地および建物の贈与を受けるにあたり，遺留分を請求しないことを約し，遺留分放棄許可審判の申立てをした。ところが，Xは，無断で申立てを取り下げた。このような事情の下でXが遺留分減殺請求権を行使するのは権利の濫用である。

裁判所は，本件では，Xが遺留分放棄を約したのは，Xが生前贈与を受けるためにやむを得ずにしたものである等とし，本件請求を権利の濫用にあたるとはいえないと判示した。

②東京地裁平成15年6月27日判決（金法1695号110頁）の事案では，被相続人Aの長女Xは，Aおよびその長男Bとの間で，Aの相続に関して，相続権を放棄する合意をした。Aは，Bの長男Yに不動産を相続させる旨の遺言をして死亡した。Xが遺留分減殺請求権を行使したので，Yは，以下の理由から，Xによる遺留分減殺請求権の行使は権利の濫用にあたると主張した。すなわち，Xは，相続権を放棄する合意により，土地を取得するなどの利益を得ており，さらに，BにAとの同居，扶養・介護を託しており，本件合意は，経済的合理性を有している。それにもかかわらず，Xが遺留分減殺請求権を行使するのでは，著しく信義に反する。

裁判所は，Xによる相続権放棄の合意それ自体を権利の濫用の判断に結び付けることをせず，本件では，XとAとの身分関係が完全に形骸化していたとはいえず，遺留分減殺請求権の行使を認めることが正義衡平の観点に照らし不当と認められるような特段の事情はないとして，Xによる遺留分減殺請求権の行使は権利の濫用にあたらないと結論づけた。

4. 分析

遺留分減殺請求権の行使が権利の濫用となるかが問題とされた以上の13事例から，被減殺者にとって，遺留分減殺請求権の行使が信義に反し，許容できないと感じられる事例が少なくないことが確認された。被相続人との関係が不和・疎遠である，または介護や世話を行わず，あるいは遺留分権を行使しないことに合意していたにもかかわらず，法律上遺留分権利者であると

いうことに基づいて，遺留分権利者が減殺請求することは，現実の事例において不当であるとみられる傾向がある。

もっとも，裁判例は，遺留分減殺請求権の行使を権利の濫用と判断することに対しては慎重である。上に挙げた13事例のうち，結論として権利の濫用と認めたのは，3事例（1⑥，⑦，2④）のみである。

濫用と判断した3事例では，裁判所は，減殺者と被相続人の25年間の音信不通や被減殺者による介護（1⑥），被減殺者による農業・扶養への従事（1⑦），被減殺者による長年の同居・介護（2④）などの，具体的な状況に即した判断をしている。

濫用の判断を示さなかった事例の中にも，具体的な状況への配慮が示されているものがある。例えば，濫用と主張する被減殺者の心情に理解を示したものや（1①），逆に減殺者が介護費用を負担した事情を考慮するものがある（2③）。また，濫用の判断要素の1つとして，身分関係の形骸化や関係の破綻を挙げる事例（1②，3②），破綻の事実を認めたものの以前の共同生活を評価して権利の濫用を否定する判断をした事例（1④）では，裁判所は，形式的に遺留分権利者であればよいとするのではなく，遺留分を保障するだけの実質的な家族関係や共同生活関係の有無といった具体的な状況を考慮している。

このように，遺留分制度は，遺留分権利者が画一的に権利を実現することにより，具体的な状況に鑑みて実現すべき遺言や生前贈与を妨害するというマイナスの意義を持って実際の事例で表れることが多い。このことが，画一的な遺留分制度に含まれるマイナスの意義を，具体的な状況の考慮により緩和しようと試みる裁判例に表れている。

Ⅲ．遺留分を侵害する遺言・生前贈与をした理由の分析

上述「Ⅱ．権利の濫用が問題とされた事例の分析」からは，遺留分が争われる事例では，一定の近親者に遺産の一定の割合を保障する画一的な遺留分制度のマイナスの意義が確認された。次に，濫用が問題とされた事例に限らず，広く遺留分に関する事件の中から，遺留分を侵害する遺言・生前贈与が

行われた理由を分析することにより，遺留分制度の意義をさらに検討することにする。

1. 被相続人の世話・介護に尽くした子に財産を取得させる
(1) 判例
　遺言・生前贈与の理由として判例上最も多くみられたのは，受遺者等が被相続人の世話・介護に尽くしたということである。

　①東京地裁平成24年10月12日判決（平成22年(ワ)第39818号）は，被相続人Aが死亡するまで30年以上，同居して介護をした二男Yに全財産を相続させる旨の遺言がなされ，これに対して，長男X_1・長女X_2が遺留分減殺請求権を行使した事案である。

　Yは，YがAと長年同居し，会社を退職してAの介護を行ったのに対して，Xらが子としての義務を果たさなかったにもかかわらず遺留分減殺請求権を主張するのであれば相続人間の実質的公平を害することになる，として，Xらの遺留分額を限定することを主張した。

　しかし，裁判所は，遺留分の算定において介護の事情を考慮することを認めなかった。

　②東京地裁平成17年2月14日判決（平成14年(ワ)第22631号）も，遺留分の算定において介護の事情を考慮するべきと主張した事案である。

　被相続人Aには，妻と長女X_1，二女X_2，長男Y，二男Bがいた。Aは，Yに全財産を相続させるとともに，Yは他の相続人に代償金を払うべきとする遺言をして死亡した。Xらが遺留分減殺請求権を行使したところ，Yは，以下のように述べて遺留分の減額を求めた。すなわち，Yとその妻は，約5年間介護にあたり，そのためYは退職したのに対し，Xらは，介護への協力を全くしなかった。YによるAの介護を考慮し，相続財産に対する寄与2割を認めた上で遺留分を算定するべきである。

　裁判所は，遺留分の算定において，寄与分を考慮することはできないとの判断を示した。

　③東京地裁平成20年4月14日判決（平成18年(ワ)第27067号）の事案では，被相続人Aは，5人の子X，Y，B，C，Dのうち，Y，Cを優遇する

遺言をして死亡した。同遺言では，Yは「生前身の回りの世話をなにくれとなくよくしてくれた」こと，Cは身体に障害を持つことが遺言の理由として示されていた。さらに，同遺言には，他の相続人はこのことをよく理解し，できるだけ遺留分減殺請求をしないでほしい，とAの希望が記されていた。Xが遺留分減殺請求権を行使した。争点のひとつは，XがAから受けた生前贈与を遺留分算定において考慮すべきか否かである。

　裁判所は，同生前贈与は遺留分算定の基礎財産に算入されるとの判断を示した。

　④東京地裁平成16年11月12日判決（平成16年（ワ）第461号）の事案において，被相続人Aは，公正証書遺言において，財産全部をY（二男）に相続させることとした。同遺言には，「この遺言は，現に，Aの身の回りの世話や看病等の一切を引き受けてくれているYに遺産の全部を相続させ，死後の葬儀やお墓の維持管理等のすべてをYにお願いしたいと思い，私なりに十分考えて作成することにしたものです。」という付言があった。Aが死亡すると，Xら（長女・三男）は遺留分減殺請求権を行使した。

　裁判所は，Xらの遺留分減殺請求を認める判断を示した。

　⑤神戸地裁平成14年3月6日判決（平成13年（ワ）第856号）の事案において，被相続人Aには，Y，X_1，X_2の3人の子がいたが，YおよびYの子Dとの間で，次のことを合意した。すなわち，本件土地上にDが建物を建て，AがDに対して本件土地の使用を認め，AおよびD夫婦がその建物で同居すること，DおよびYとでAの介護にあたり，その見返りとして，AはYに対して本件土地を相続させることである。この合意に基づいて，Aは，本件土地をYに相続させる旨の遺言をし，約2年間，DはAと同居し，近所に住むYもAの介護にあたった。Aが死亡すると，X_1，X_2が遺留分減殺請求権を行使した。Yは，価額弁償の抗弁をし，価額弁償額の算定において，本件土地には賃借権等の負担があることを考慮すべきであると主張した。

　裁判所は，価額弁償額の算定につき賃借権等の負担を考慮せず，単に本件土地の価格のみを算定基準にするべきであるとの判断を示した。

　⑥仙台高裁昭和56年8月10日決定（家月34巻12号41頁）の事案にお

いては，被相続人Aの老後の面倒を子Yとその夫がみることになり，Y以外の相続人について遺留分放棄許可の審判が行われた。Aは，全財産をYに相続させる旨の遺言をした。Yとその夫はAと同居するようになったが，同居生活はうまくいかず，他の相続人であるXが夫婦でAと同居してAの面倒をみることとなった。Aが死亡すると，Xは，遺留分放棄許可審判の取消しを求めた。原審判は，相続開始後に遺留分放棄の取消しを認めることは，権利関係に無用な混乱を生じさせるとして取消しを認めなかった。Xの抗告は却下された。

(2) 判例の整理

　以上の6事例から，介護や世話の対価としてなされる遺言・生前贈与が一般化していることが確認される。当事者としては，介護や世話に報いる遺言を遺留分により妨害されたくないと考える場合が多い（上述Ⅱ2を参照）。しかし，裁判所は，介護や世話を遺留分の算定において考慮することを否定している（上述①，②）。とりわけ注目されるのは，⑤の事例では，被相続人の生前に，介護者である子および孫との間に，介護の対価として相続させることが合意されていたということである。そのような合意が遺留分減殺請求権の下で妨害されている。介護に報いる遺言や生前贈与を妨害するという点では，遺留分制度のマイナスの側面が全体として浮かび上がるが，最後の⑥の事例のように，被相続人の面倒をみた者を除外する遺言がある場合に，遺留分制度には，そのような者に遺留分の限度で報いる意義があることを確認することもできる（もっとも，⑥事例においては，被相続人の面倒をみた者は，遺留分放棄により，遺留分を確保することができない）。

　なお，④の事例では，遺留分を侵害する遺言が，被相続人の世話や看病をしたということだけではなく，死後の葬儀やお墓の維持管理等の事務処理の対価であるということが明らかになっている。死後の葬儀やお墓の維持管理等の事務処理を任せる死後事務委任契約の有効性や継続性が問題になっているが[14]，遺留分制度はこのような事務処理の対価としての遺言を妨害する可能性があることを，同事例は示唆している。

2. 農業・漁業に貢献した者に財産を取得させる

　被相続人が行っていた農業・漁業を継ぐあるいは手伝うことにより被相続人の財産の維持・増加に貢献した者に，財産を取得させる遺言をする事例がみられる。

(1) 判例

　①大阪高裁平成11年6月8日判決（高民集52巻1号1頁）の事案では，被相続人Aは，長男Yに農地の所有権および小作権を贈与するとともに，全財産をYに与える旨の遺言をして死亡した。Yへの贈与では，Aは持戻免除の意思表示をしていた。このような生前贈与や遺言の背景には，Yは，長い間Aの農業を手伝い，A夫婦と同居を続けてきたのに対し，Xら（Yの弟ら）は，就職や婚姻を機にA夫婦とは世帯を別にして生活してきたという事情がある。XらがYに対して遺留分減殺請求権を行使したところ，Yは，Aの持戻免除の意思表示がある本件のような生前贈与は，民法1030条の要件を満たさない限り，遺留分算定の基礎財産に算入すべきではないと主張した。

　裁判所は，持戻免除の意思表示をしている贈与の価額も，民法1030条の制限なしに遺留分算定の基礎財産に算入すべきであると判示した。

　②東京高裁平成3年7月30日判決（民集50巻1号147頁）の事案では，被相続人Aは，本件不動産を含む全財産を子Yに包括遺贈して死亡した。Aの相続人は，妻のほか，YおよびXを含む6人の子であった。Xが遺留分減殺請求権を行使したところ，Yは次のように抗弁をした。すなわち，Aは，死亡するまで半農半漁の生活をし，Yは幼少時からこれを手伝ってきた。したがって，Yに対する本件遺贈のうち少なくとも6割はYの寄与に報いる趣旨でなしたものであり，この部分については遺留分減殺請求権を行使することはできない。

　裁判所は，寄与分は共同相続人間の協議または家庭裁判所の審判により定

---

14) 東京高判平成21・12・21判時2073号32頁は，死後事務委任契約において委任者の地位を承継した相続人が同契約を解除することを許さない合意の存在を認めた。

められるものであるから，遺留分減殺請求訴訟において抗弁として主張することは許されないとの判断を示した。

③徳島地裁昭和46年6月29日判決（判時643号84頁）の事案においては，被相続人AにはX_1，X_2，X_3，X_4，Yの5人の子がいたが，複数の不動産を長男Yに遺贈する遺言をしてAは死亡した。本件遺言の背景には，YはAと同居して農業を継ぎ祭祀も主宰しているのに対し，Xらは，養子縁組や婚姻などを機にAと別居していたことがあった。Xらは，複数の物件のうち，特定物件を選択する権利があることを前提として遺留分減殺請求権を行使した。

裁判所は，減殺者には目的物を選択する権利はなく，減殺者は各物件について共有持分権を取得すると判示した。

(2) 判例の整理

①～③の事例では，被相続人の経営する農業に従事するなどの貢献が遺言や生前贈与の背景にあることがうかがわれる。被減殺者は，このような貢献に基づいて，持戻免除の意思表示を主張したり（①），寄与の対価と構成したりすることにより（②）遺留分を減額し，実質的に公平な解決を求めている。しかし，裁判所は，このような被減殺者の貢献に基づく遺留分の減額を認めなかった。

このように①～③の事例では，農業等への貢献に報いる意味での遺言や生前贈与が，画一的な遺留分制度によって制限されている状況をみることができ，遺留分制度のマイナスの側面を確認することができる。

3. 同居していた者に財産を取得させる

(1) 判例

被相続人と同居していた相続人を，介護などの貢献の有無を特に問題とせず遺言において優遇したとみられる事例を挙げる。

①東京地裁平成26年11月6日判決（平成23年(ワ)第3915号）の事案では，被相続人Aと夫Bとの間には，Y，X_1，X_2の3人の子がいた。A・Bが，Yおよびその家族と同居を始めて約11年後に，Aは77歳で死亡した。Aは，第1遺言および第2遺言をしており，各遺言はYに有利な内容にな

っていた。Xらは，主位的に，本件各遺言は偽造されたものであること，第1次予備的に，第2遺言は，作成当時にAが老人性認知症であるなどのため遺言能力がなく無効であること，第2次予備的に，遺言が有効であるとしても遺留分減殺請求権を行使すると主張した。

　裁判所は，本件各遺言は偽造されたものではないとして主位的請求を棄却し，第2遺言は作成当時Aが認知症であったこと等から遺言能力を欠き無効であるとし，第1遺言はXらの遺留分を侵害しておらず遺留分減殺請求は認められないとの判断を示した。

　②東京地裁平成20年4月25日判決（平成17年（ワ）第19438号）の事案において，被相続人Aは，7人の子のうち，唯一Aと同居を続けたり，同じマンションの別室に住んだりするなどして緊密な関係を続けたYに全財産を相続させる旨の公正証書遺言を作成して死亡した。他の子X_1〜X_5および死亡した子Bの代襲相続人であるX_6，X_7が遺留分減殺請求権を行使した。裁判では，YがAの預貯金等の財産を管理するようになってから，Aの預金の一部を自己の利益にあてたかどうか，すなわちYに特別受益があったか否かが争点のひとつとなっている。

　裁判所は，Yの特別受益を認め，これを遺留分算定の基礎財産に算入するとの判断を示した。

　③東京高裁平成12年3月8日判決（判タ1039号294頁）は，不動産を，そこで被相続人と同居していた相続人に取得させる遺言がなされた事案である。

　被相続人Aは，所有する甲不動産を，そこでA夫婦と同居していた長男Y_1に，乙不動産を，かつて同居していた長女Y_2に，預貯金を，二女X_1・三女X_2に相続させる旨の遺言をして死亡した。もっとも乙不動産については，同遺言の9日前に，AとY_2との間で死因贈与契約が締結されていた。XらがYらに対して遺留分減殺請求権を行使した。争点のひとつは，Y_1への遺言と，Y_2への死因贈与とを同順位で減殺すべきか否かであった。原審は，同順位で減殺されるべきであるとした。Y_2が控訴。

　裁判所は，死因贈与は遺贈と同順位ではなく，遺贈を減殺してなお遺留分が回復されない場合に初めて減殺の対象となるのであるから，本件では，

Y_2 への死因贈与を減殺することはできないと判示した。
(2) 判例の整理
　以上の3事例からは，被相続人と同居するなどして緊密な関係にある者に財産を取得させたいという意識が遺留分を侵害する遺言や生前贈与につながっていることを確認することができる。しかし，同居する者は，被相続人から利益を受けている場合もあり（②），同居者を優遇する処分においては，同居していない相続人との公平性の問題が生ずることを看過することはできない。その点では，同居していない相続人が，遺留分減殺請求をすることにより一定程度の公平性を回復するという遺留分制度の積極的な意義をみることができる。もっとも，③では，被相続人と同居してきた不動産が減殺の対象となっており，被減殺者が，遺留分減殺により居住の根拠を失う可能性にさらされるという遺留分制度のマイナスの側面を確認することができる[15]。

4. 不和・疎遠であった者を相続から除外する

　3とは逆に，被相続人と近しい関係になく，不和または疎遠であったという状況に基づいて，相続人を相続から除外する遺言や生前贈与が行われた事例を紹介する。
(1) 判例
　①東京地裁平成26年10月31日判決（平成25年（ワ）第7356号）の事案において，被相続人Aは，妻Bと離婚した後，死亡するまでの約25年間を独身で過ごし，Bとの間の子Xとも音信不通のまま一切親子の関係を持たなかった。Aは，晩年になって，同じ職場に勤務していたYと親しく付き合うようになり，自宅である本件建物や会員権をYに遺贈する遺言をした。Aが死亡すると，Yは，Aの生前の意思に従って喪主となり葬儀を執り行った。Xによる遺留分を原因とする本件建物の所有権一部移転登記手続等の請求を，裁判所は認容した。

---

15) なお，東京地判平成16・3・25（平成15年（ワ）第21767号），東京地判平成3・7・3金法1310号32頁では，逆に，同居していた者を不利に扱う遺言がなされている。したがって，同居した者を優遇する処分が一般的と結論づけることはできない。

②東京地裁平成26年8月28日判決（平成26年（ワ）第3784号）の事案において，被相続人Aには，相続人として妻Bおよび子Xがいた。Xは，Aの死亡する約半年前から，Aに接触を拒絶されるようになった。そのため，Aの甥であるY$_1$がAの通院に付き添うなどしていた。Aは，財産の大部分をY$_1$およびY$_1$の妻Y$_2$に遺贈する内容の遺言をして死亡した。Xは，本件遺言がされた当時，Aが遺言能力を欠いていたとして遺言無効確認訴訟を提起したが，判決により遺言は有効と確定した。そこで，XがYらに対して遺留分減殺請求権を行使したのに対し，裁判所は，遺留分減殺請求権は時効により消滅しているとの判断を示した。

③東京地裁平成18年7月11日判決（平成14年（ワ）第17657号）の事案において，被相続人Aの相続人は子であるXとYであった。Aは，全財産をXに相続させる旨の自筆証書遺言をした。同遺言には，Yは，Aとの間で結んだ管理委託契約に基づいて保管していたAの実印と債券を，Aが求めても返さず，Aの自宅と借地権を勝手に売ってしまったこと，Yは，Aをだまして施設に入所させ，一度も会いに来なかったことが記されていた。さらに，同遺言には，AはYからひどいいじめを受けたとされ，「このうらみは死んでもはらします」と記されている。Aが死亡すると，Xは，Yが契約に反して各債券を引き渡さないから債務不履行責任を負うとして，損害賠償を請求した。これに対して，Yは遺留分減殺請求権による相殺の抗弁を主張した。

裁判所は，Xの損害賠償請求およびYの遺留分減殺請求権による相殺の抗弁を認めた。

④前掲東京地判平成16・11・12は，Ⅲ1(1)④の事案であり，4人の子のうち，被相続人の看病や死後の葬儀等を委ねた二男Yを優遇する遺言がされた事案である。

同遺言には，次のような付言があった。「長男のC，長女のX$_1$，三男のX$_2$の3人については，B〔被相続人Aの配偶者〕が死亡したときの，遺言の執行やお墓など祭祀財産の承継等に関して，長期間にわたり裁判で争うなど，大変不愉快な思いをさせられ，その後もお互いに無関係の状況でこれまで過ごしてきていますので，この3人には，遺産は一切相続させたくありま

せん」。Aが死亡すると，Xらは遺留分減殺請求権を行使した。

裁判所は，Xらの遺留分減殺請求を認めた。
(2) 判例の整理

①は，離婚を契機に親子関係が希薄となった事案である。この事案において，遺言者は，戸籍上の子に財産を相続させる気にはならず，家族ではなくても親しい関係にあった第三者に財産を与えることを望んでいる。疎遠となった家族が，単に形式的に遺留分権利者であるというだけで遺言を一部無にして死者の財産を取得することが，遺言者には受け入れにくいという状況を①は示している。また，②～④の事例からは，実の子であっても，不和となれば相続させることを拒絶する感情を被相続人が持ち，その場合には，親しくしていた者に財産を取得させたいと考えることが，当然の感情であることを確認することができる[16]。

このように，遺留分制度は，疎遠または不和となった家族ではなく親しい者に財産を取得させたいという被相続人の意思を妨害する方向に作用する。

なお，②では，被相続人が遺言能力を欠いていたとして遺言無効が争われている。遺言をする際に，遺言者は高齢であることが多いから，遺言者の意思が遺言能力を備えた状態で形成されていたか否かには注意を要する。

5. 非嫡出子・前婚の子を相続から除外する

最後に，非嫡出子や前婚の子が減殺請求した事例，すなわち，非嫡出子であるということ，または前配偶者との間の子であるということが遺留分を侵害する遺言・生前贈与の根拠になっている可能性のある事例を検討する。
(1) 判例
　（ⅰ）非嫡出子

①東京地裁平成4年6月26日判決（家月45巻8号90頁）の事案において，被相続人A（国籍は中華民国）には，妻Y_1との間に子Y_2, Y_3, Y_4が

---

16) しかしこのような感情は，偶然の事情にも左右されることであり，そのまま尊重してよいかについては検討を要する。

おり，Bとの間に非嫡出子 X_1, X_2 がいた。A は，Y らに相続させる旨の公正証書遺言をして死亡し，X らは遺留分減殺請求権を行使した。争点のひとつは，嫡出子と非嫡出子の遺留分割合を同じとする中華民国民法が適用されるか，それとも，この問題は公序にあたるとし当時非嫡出子の遺留分割合を嫡出子の2分の1としていた日本の民法が適用されるかであった。

裁判所は，平等の遺留分割合としても，公序良俗を危うくするおそれはないとし，中華民国民法を適用するべきであると判示した。

②大阪高裁平成7年8月24日判決（判時1559号53頁）の事案において，被相続人 A には，非嫡出子 X_1, X_2 および養子 Y がいた。A は，複数の土地を Y に贈与して死亡した。X らは平成25年改正前の民法900条4号ただし書を憲法14条1項に反して無効であるとして，嫡出子と非嫡出子の相続分が平等であることを前提にした遺留分を請求した。原審は遺留分減殺請求権が時効により消滅していると判示した。X らによる控訴は棄却された。

③東京地裁平成16年12月28日判決（平成16年(ワ)第9978号）の事案において，被相続人 A には，妻 Y との間に嫡出子 B，および C との間に非嫡出子 X がいた。X は，A の父である祖父 D や，D の家政婦 E と生活をしていた。A は，X の居宅を建築するために資金を負担した。A は，全財産を Y に包括遺贈する旨の秘密証書遺言をして死亡した。そこで，X が遺留分減殺請求権を行使した。それに対して，Y は，A が X に対して居宅建築のために特別受益となる贈与をしていることを考慮すると，A の遺言は X の遺留分を侵害していないと主張した。

裁判所は，X の特別受益の額は遺留分額を上回るので，X は遺留分減殺請求権を行使することができないと判示した。

④東京高裁平成22年3月10日判決（判タ1324号210頁）の事案において，婚姻外の関係にあった A・B の間に非嫡出子 X が生まれた。その後，A は，Y および Y の子 C と養子縁組をした。A は生涯誰とも婚姻することはなかった。したがって A の相続人は非嫡出子 X と養子である Y および C の3人である。A は全財産を Y に相続させる旨の遺言をして死亡した。X は，平成25年改正前の民法900条4号ただし書は憲法14条1項に反する，少なくとも A が婚姻していない本件事例には適用されず，X の遺留分は

Y・Cと平等に6分の1であると主張して遺留分減殺請求権を行使した。原審は同規定が憲法14条1項に反して無効であると判断。Yが控訴。

裁判所は，次の理由から控訴を棄却した。すなわち，民法900条4号ただし書は，婚姻関係にある配偶者とその子を優遇するとともに非嫡出子の保護も図るという合理的な根拠を持っており違憲とはいえない。しかし，同規定をAが婚姻をしたことがない本件に適用することは違憲である。

⑤名古屋高裁平成23年12月21日判決（判時2150号41頁）の事案では，被相続人Aは，農業経営者の長男であり，当時の農家における長男の婚姻の慣習として，入籍せずにBとの婚儀を行い，BはAの子Xを出産したが，Aと婚姻しなかった。その後，Aは，Cと婚姻し，2人の間に子Y_1, Y_2, D, Y_3が生まれた。Aは，全財産を妻Cに遺贈する旨の自筆証書遺言をして死亡した。Xは，前掲④の事例と同様の根拠に基づいて，嫡出子と同じ割合の遺留分を主張した。原審がこれを認めなかったので，Xが控訴した。

裁判所は，前掲④判決と同様，被相続人が一度も婚姻したことがない状態で非嫡出子として出生した子について，民法900条4号ただし書を適用することは，その限度で憲法14条1項に反して無効であるとし，Xは，嫡出子であるD，Yらと同一割合の遺留分を有すると判示した。

⑥静岡地裁浜松支部平成24年11月9日判決（平成24年（ワ）第115号）の事案において，被相続人Aには，妻Yとの間にB，Cの2人の子がいたほか，非嫡出子Xがいた。Xが生まれた当時，AはまだYと婚姻しておらず，過去に婚姻したこともなかった。Xは，主として祖父母に養育され，成人してからAに対し認知を求め，認知された。AはXに遺留分を放棄するよう求めたがXはこれを拒んだ。XはAから合計250万円の贈与を受けていた。Aは，全財産をYに相続させる旨の公正証書遺言をして死亡し，Xは，前掲④，⑤と同様の理由で，嫡出子と平等の割合での遺留分を主張した。さらに，Xは，自身がAから養育費の支弁を受けていないのに対し，Xを除く法定相続人らはAの自宅に居住し，Aから生活費の支弁を受けていた不公平に照らし，XがAから受けた贈与を特別受益とせずに遺留分額を算定するべきと主張した。

裁判所は，前掲④，⑤判決と同様の理由から，Xの遺留分割合は，嫡出

子と同様であると判示した。なお，AからXへの250万円の生前贈与については，特別受益として遺留分額を算定するべきであるとの判断を示した。

⑦前掲東京地判平成25・3・15は，Ⅱ1で，権利の濫用が問題となった事例として挙げたものである。ここでも，たしかに非嫡出子を相続から除外する遺言がされているが，その主な根拠は，同子が被相続人とその家族に嫌がらせ行為をしたということである。

(ⅱ) 前婚の子

⑧松山地裁八幡浜支部昭和40年7月23日判決（金判44号19頁）の事案において，被相続人Aには，妻Y_1とその間の子X_1，X_2，X_3のほか，前妻との間に，亡長男の子Y_2，二男Y_3がいた。Aは本件不動産を含む財産をX_1，X_2，X_3に平等の割合で遺贈する旨の公正証書遺言をして死亡した。B銀行の代位申請によりYらおよびXらの相続分に応じた本件不動産の所有権移転登記がなされたので，Xらは，本件遺贈により共有持分各3分の1の所有権を取得していたのであり，これに反する登記は無効であるとして訴えを提起した。Y_2，Y_3は，遺留分減殺請求により本件不動産はXらおよびY_2，Y_3の共有となり，これに基づいて更正登記手続を求めるべきであると主張した。

裁判所は，本件訴訟は，遺贈による所有権取得の事実と異なる登記の抹消手続を求めるもので，遺留分減殺請求訴訟とは性質を異にするので，Y_2，Y_3の主張は妥当ではないと判示した。

(2) 判例の整理

上の8事例から，非嫡出子である，あるいは前婚の子であるということが相続から除外する遺言や生前贈与の根拠のひとつになっている事例が少なからず存在することが確認される。

非嫡出子であることが相続から除外する遺言の根拠であることを最もよく示すのが⑥である。⑥において，遺留分を主張する非嫡出子は，被相続人から養育されたり，養育費の負担を受けたりしたことがほとんどなく，生まれた時より被相続人から冷遇されてきたとみられる。その上，被相続人から遺留分を放棄するよう求められていた。最終的に，被相続人は，非嫡出子を相続から除外し，妻に全財産を相続させる遺言をしている。このような遺言は，

妻が死亡すると嫡出子が妻を相続することができるので，嫡出子に有利で非嫡出子に不利な遺言といえる。非嫡出子は，遺留分により，このような被相続人から受けた不公平を少しでも是正しようとしている。このようにみると，⑥は，公平性を維持する遺留分制度の意義の重要性を表した事例といえる。他の事案についても同様のことがいえる。

もっとも，非嫡出子であることだけが相続から除外する唯一の根拠とはいえないことがわかる。例えば，③，⑥では，被相続人が非嫡出子に生前贈与をしていたことが，相続から除外する根拠のひとつになっているとみることができる。また，⑦では，非嫡出子による被相続人に対する嫌がらせ行為が，相続から除外する主な根拠とみられる。さらに，被相続人と非嫡出子との関係が疎遠となる傾向を確認することができ（③，⑥），関係の疎遠が，相続から除外する直接の根拠であるとの見方もできる。

なお，②，④，⑤，⑥では，平成25年の民法900条4号改正前に，非嫡出子が嫡出子と平等の割合での遺留分を主張しているという点でも注目される。嫡出子と非嫡出子を公平に扱うべきであるとする意識が実務で広がっていたといえる。裁判所は，④，⑤，⑥において，同号ただし書が適用される事例に限定を加えることにより，嫡出子と非嫡出子の遺留分の割合をできるだけ平等にすることを試みている。

6．分析

遺留分を侵害する遺言・生前贈与の理由から，権利の濫用が問題とされた事例と同様に，遺留分制度の持つマイナスの側面が見出される。例えば，介護や家業での貢献に基づく遺言等を，貢献のない遺留分権利者が減殺請求により妨害すると評価しうる事例が判例に多く表れている（1，2を参照）。ここから，遺留分制度は，貢献に基づく合理的な遺言等の処分を一定程度無にしてしまうというマイナスの側面を持っていることがうかがわれる[17]。また，

---

17) 鈴木・前掲注8)1274頁の「遺留分制度はこのような扶養と引換えの遺贈や贈与を妨げることもある」という分析結果をここでも確認することができる。

被相続人と不和または疎遠である者が，被相続人と緊密な関係にある者を優遇する遺言等を遺留分によって妨害する場合についても同様に，遺留分制度のマイナスの側面が目立つ（3，4を参照）。なお，非嫡出子・前婚の子が遺留分減殺請求権を行使する場合には，たしかに，不平等を少しでも取り除く，遺留分制度の積極的意義がみられる（5を参照）。しかし，ここでも，被相続人との人間関係・財産関係等の，様々な事情に基づいてなされた尊重すべき遺言等が妨害されるというマイナスの側面を見出すことができる。

　もっとも，いくつかの点を考慮する必要がある。第1に，遺留分の事例では，遺言者が高齢である等のために遺言能力がないとして，同時に遺言無効が争われる場合が少なくないということである[18]（3①および4②を参照）。第2に，被相続人が偶然の事情や個人的な感情に依拠して遺言をする可能性もあるということである（3および4を参照）。これらの点を考慮すると，相続人の貢献や関係性に基づいた遺言等をする場合に，これを合理的であるといえるかどうかについては，慎重な判断が必要である。しかし，この点を考慮しつつ，遺言・生前贈与の理由についての事例を全体としてみると，遺留分制度は，不合理な遺言等を減殺することによって平等や生活保障を実現するというような積極的意義を持った形で争われる事例よりも，相続人の介護等による貢献や関係性等，様々な事情を考慮した上での尊重すべき被相続人の財産処分を妨害する，というマイナスの意義を持って表れる事例の方が多いといわざるを得ない。

Ⅳ．おわりに
——現代における遺留分制度の積極的意義について

　以上の裁判例の分析から，現代における遺留分制度は，多くの事例では積極的な意義を持たず，逆に現実の家族関係や財産関係に基づいた尊重すべき

---

[18]　潮見佳男教授は日本公証法学会（2015年6月13日）「遺留分法の立法的課題」においてこの点を指摘されている。

遺言・生前贈与を妨害する不利益の多い制度となっていることが確認される。では，今後遺留分制度は，廃止する，あるいは弱化させるべきであろうか。ここでⅢ5の事例に着目したい。そこでは，非嫡出子・前婚の子を不利に扱う遺言・生前贈与が実際に少なくないことを確認した。もっとも，非嫡出子・前婚の子であること自体が，そのような遺言・生前贈与の唯一の根拠となっているのではなく，人間関係や財産関係などの様々な事情が根拠となっている可能性を指摘した。しかし，唯一の根拠とはいえなくても，非嫡出子・前婚の子であること自体が，何らかの形で相続から除外する処分の根拠となっているのであれば，不平等な処分であるとの評価を，完全には免れることができない。とりわけ非嫡出子と嫡出子の相続における平等の確保は，前掲注10)最大決平成25・9・4をきっかけとして，個人の人格や尊厳に関わることであり重視すべきであるとする社会的合意が形成されている。もちろん，同決定は，両者を不平等に扱う民法の規定自体が法の下の平等に反し違憲であると判断したのに対し，遺言によって非嫡出子を相続から除外することは，基本的には，被相続人の財産処分の自由の領域に属し，最大決平成25・9・4と同じ意味で不平等であるということはできない。しかし，非嫡出子と嫡出子の不平等な扱いが人格や尊厳に関わる問題であるとの認識が広がっている現在では，遺言等の財産処分において非嫡出子をどのように差別的に扱うのも被相続人の自由であり，それについて民法は無関心であってよい，という立場は受け入れにくくなっている[19]。

　このような認識は，ドイツの遺留分法の議論においてもみられるところである。そこでは，遺留分権が遺言の自由を制限するものと捉えられ，遺留分制度の意義についての批判的研究が蓄積されている。ここで示唆的なのが，ドイツの相続法学説による次のような理解である。すなわち，ドイツ相続法

---

19) 契約自由と平等扱いの問題に取り組む研究としては桑岡和久「契約自由の原則と平等取扱い(1)(2・完)」民商147巻1号1頁・2号165頁(2012年)が重要である。桑岡教授は，外国人であることを理由に入店や入浴が拒否された事例等において不法行為責任を認めた裁判例を検討した上で，平等扱いを人格権等の一部として位置付けつつ契約自由の制限を公序とする学説を，ドイツ法における議論との対比で分析する。

第4章　遺言と遺留分

において遺言の自由が被相続人の権利として保障されている以上，遺留分制度がなければ，婚外子と婚内子の相続法における同地位の付与が危険にさらされてしまう。したがって，最低限の公平性を形式的に守る遺留分制度には重要な意義がある，という理解である[20]。

現代の日本においても，遺留分制度は，非嫡出子と嫡出子の間の被相続人の財産処分における不平等な扱いを，一定程度是正するというところに，無視しえない重要な意義を有すると評価することができる。また，前婚の子である，女子・男子であるなどの一定の立場や属性に基づく不公平な財産処分に対する遺留分制度の意義についても同様のことがいえる[21]。

以上のことから，遺留分制度は，現代では，尊重すべき被相続人の遺言等を妨害するというマイナスの意義をもって多くの事例で表れるとしても，個人の人格や尊厳に関わる平等を最低限守るという側面では無視できない重要な意義を有するといえる。

---

[20] 青竹美佳「遺留分制度の機能と基礎原理(2・完)」論叢155巻3号(2004年)37頁。さらに，ドイツにおいては，遺留分剥奪制度の議論においても同様に，婚外子と婚内子の平等性を重視する見解がみられる。例えば，バウアーは，婚外子（および父母が離婚した子）は，父母の一方と生活をともにしないことが多く，相続上不利に扱われる傾向があるのであるから，その上に関係の破綻に基づく遺留分の剥奪を認めて遺留分法上不利に扱うべきではないと主張する。ドイツの学説については，青竹美佳「相続廃除の基準としての『相続的協同関係の破壊』の現代的意義について」修道法学37巻1号(2014年)30頁以下を参照。

[21] 伊藤・前掲注2)363頁が主張する平等主義を担保する遺留分制度の意義は，家産を集中させる家族主義的な遺言においてではなく，現代では，非嫡出子や前婚の子，女子・男子であるなどの一定の立場や属性に基づいた遺言において，より重要な意義を有するといえる。

11

フランス法における遺留分

松川正毅

> Ⅰ. 序
> Ⅱ. 自由分と遺留分
> Ⅲ. 遺留分と充当の具体的な分析
> Ⅳ. むすび

Ⅰ. 序

　本稿では，フランス法における遺留分を分析の対象とする。フランス法の遺留分は理解が困難と思われている。2014年度の私法学会シンポジウムでは，フランス法の遺留分の重要な事柄をわかりやすく解説することも心がけた。本稿では，日本の法律家に向けての解説を試みている。ここで触れる事柄は，フランスの研究者や実務家には，当然のことであり，特に問題とされることも，またあえて解説が加えられることも少ない。しかし，日本法の観点からは，相違点にも配慮しつつ基本的な事柄の理解から始めなければ，母法の解釈とはかけ離れた解釈をしてしまった現在では，フランス相続法の理解は難しいかもしれない。

　なお，フランス法の観点からの重要な論点の解説や分析（例えば2006年の相続および無償処分に関する民法改正[1]）を削ることになるが，本稿では，むしろ日本法の観点から見失われがちなフランス法の理論，遺留分の解釈の原点を明確にすることに注意を払いたいと思っている。

　フランス法の遺留分を理解するためには，自由分の理解に加えて，充当という概念の理解も必要となる。この充当という概念はわが国にはなく，フランス遺留分制度の理解が難しいと思われるひとつの原因となっている。しかし，原則論は単純でむしろわかりやすいものである。本稿では，充当につい

ても触れることにする。「遺留分」,「自由分」,「充当」,この3つの制度が三位一体のように関係し合いながら,フランス法の遺留分は規定されている。一面的な理解では,フランス遺留分制度の理解は進まない。

　フランス法における遺留分を理解するためには,必然的に「自由分」の理解が前提となる。遺留分という考え方と自由分という考え方は密接な関連性を有している。自由なる処分を前提として,遺留分が存在している以上,遺留分の理解は,自由分の理解を経て可能となる。つまり自由分が存在して初めて,遺留分が存在しているといえる。またそれと同時に,被相続人の処分が,いずれに属するものの処分であるのかについて,古くからのフランス法の伝統的な考え方があり,これによって,被相続人がした無償処分が「遺留分」と「自由分」に振り分けられていく作業が行われるのである。この伝統的な考え方は,「充当」と呼ばれる。

　遺留分を理解するためには,また同時に,「持戻し」概念も明確にしなければならない。遺留分減殺と持戻しは,ともに遺産分割に必要な作業として,現れてくるからである。わが国では遺留分減殺請求としてなされる事柄が,フランス法では持戻しで実現しうることもある。そこでこれらの総合的理解が不可欠となる（Ⅱ）。

　遺留分に関して,フランス法的な発想であれば,日本法で問題になっている事柄の何が解決できるのかについても,本稿で分析している。フランス法の理解を深めるために,フランス法的な視点で,日本法が抱えている問題の分析をも試みている[2]（Ⅲ）。

---

1) 2006年の相続法改正は重要である。例えば,遺留分に関しては,尊属を遺留分権利者から除いたことを指摘できる。また,かつては,相続人でない者に対してなされた無償処分の減殺は現物で,そして,相続人に対してなされた無償処分の減殺は価額で弁償がなされていたが,改正後は,いずれの場合にも価額弁償を原則とした。さらに,フランス民法924条以下参照。また公序の要素の後退とも説明されることのある,R.A.A.Rと呼ばれる遺留分事前放棄の制度も929条以下に設けられている。この事前放棄には,日本法の遺留分放棄と比較すれば,要件にかなりの制限が加えられている。稿を改めてこの分析を試みたい。

2) 遺留分に関する最近の研究として,加賀山茂「遺留分減殺請求権の法的性質,および,減殺方法」明治学院大学法学研究98号（2015年）89頁以下がある。

以下の記述では，IIとして，遺留分の理解を深めるために，フランス法における「遺留分」と「自由分」そして「充当」について分析する。そして，IIIとして，わが国で問題となっている事例を，フランス法的に分析することにする。このことによって，フランス法の理解がより深まるものと考えている。

II．自由分と遺留分

まず，自由分，遺留分と遺産分割について，その概略を説明することにする。論究ジュリストでの筆者の論文では，自由分という発想が明確であれば，①わが国の解釈上の問題に解決が図れることが多いということと，②遺留分減殺請求の遺産分割での一体化が可能となることの2つを主張した[3]。

自由分という考え方は，現在でも理解されにくい概念であるが，奥田義人博士[4]，柳川勝二博士[5]，近藤英吉博士[6]を始めとする明治時代から昭和初期にかけてのわが国の相続法の体系書では，直接または間接的に触れられている。また，この相続法の遺留分制度のフランス法からの継受に関する研究はすでに，高木多喜男・神戸大学名誉教授[7]，伊藤昌司・九州大学名誉教授[8]によって深められている。遺留分制度は，フランス法を母法とすることは争いのないことであろう[9]。

---

3) 松川正毅「遺留分減殺請求」論ジュリ10号（2014年）126頁以下参照。
4) 奥田義人『民法相続法論〔第13版〕』（有斐閣，1916年）402頁，406頁以下では，自由に処分できる財産として説明がある。
5) 柳川勝二『日本相続法注釈（下）』（巌松堂書店，1920年）603頁，606頁参照。
6) 近藤英吉『相続法論（下）』（弘文堂，1938年）1143頁以下では，自由分という言葉を用いての分析がなされている。遺留分侵害とは，「遺留分権者の受けた財産額が遺留分の額に充たないこと，換言すれば，被相続人が，その自由分を超えて生前若くは死後処分をなすことを言ふ」との記述がある。換言すれば以下は，まさにフランス法の解釈そのものである。
7) 高木多喜男『遺留分制度の研究』（成文堂，1981年）。
8) 伊藤昌司『相続法』（有斐閣，2002年）213頁以下，363頁以下。同『相続法の基礎的諸問題』（有斐閣，1981年）参照。
9) 柳川・前掲注5)594頁参照。有地亨『家族法概論〔新版〕』（法律文化社，2003年）346頁。

しかしながら，明治時代から昭和初期の体系書では，自由分が積極的に解釈に応用されているということは，ほとんどなかったように思われる。そしていまなお，フランス遺留分制度の解釈は複雑で理解が難しいという印象を我々に与えており，母法ではありながら，フランス法とは全く様相の異なる解釈論が展開されているのが現状であるといえよう。

以下において，フランス相続法の基礎理論たる自由分と遺留分を，「充当」も含めて，俯瞰的に分析したいと思っている。最終的には，遺産分割をいかに行うかということに問題は集約されていくことが理解できよう。1で制度の全体を概観し，諸制度の結びつきを明らかにしたいと思う。そして2以下では，遺産分割に向かうプロセスの中で，自由分，遺留分，充当の制度を個別に分析することを試みている。

1. 自由分，遺留分，そして遺産分割の概観
(1) 遺産分割の対象財産

フランスの相続法には，「自由分と遺留分」という考え方があり，遺留分を考える上で，基礎的な法理論を形成している。また，「遺留分減殺」と「持戻し」，この2つの法的なテクニックによって，相続人に対する無償処分を相続と関連させている。このことによって，わが国で問題とされている相続人に対する無償処分に関する多くの事例が，解決されている。わが国では，無償処分が，相続人に対してなされているにもかかわらず，相続法との関係では解釈が紛糾しているのとは対照をなしている。「持戻し」「遺留分減殺」いずれも，無償処分に関連して，遺産分割の対象となる財産を構成するための法的な手法である。前者は，相続人に対する無償処分にのみ関係する。後者は，相続人に対する処分に限ることはない。まさに相続開始時に財産がなくても，すでに相続人の1人に贈与がなされている場合でも，遺産分割の対象たる財産は計算される。

わが国の法解釈と比較して，フランス相続法の特徴と思われることとして，「遺産分割の対象となる財産」が明確であることを指摘することができる[10]。かつて被相続人の財産であったが，贈与などでいまはなくなっている財産も，相続人間での財産の分割を考える際には，持戻しまたは遺留分減殺により，

これを返還させて相続財産を構成することがある。すでになされた無償処分も，最終的には遺産分割の対象とするのでなければ，先に贈与を受けた者が得をして，分割の平等が実現できないことになる。フランス法では，遺産分割において，この「遺産分割の対象となる財産」をどのように作っていくのかに注意が払われているといっても過言ではない。またすべての相続法に関する手続がこの遺産分割に集約されていることの理解も重要である。

受贈者の立場からすれば，もらっても返却の可能性があるということになる。また無償処分を受けていない他の相続人にすれば，被相続人の有していた財産が，あたかも処分がなされていないことのように把握できて，しかもこの処分の存在が明確であるということは，その分，相続人間の平等を実現することになる。相続人間の平等の意識の高さを反映した制度となっている。

(2) 持戻しと遺産分割

なされた贈与は，原則として持ち戻さなくてはならず，被相続人の死亡時に，相続人間で分割するために存在することになる。これに対して，持戻しを免除してした贈与は，その後に被相続人が大きな財産を作り，それを残して死亡した場合には，Ⅲで述べるように，その無償処分した財産を保持しうる確率は高まることになる。被相続人は，自由に処分しうる財産の割合が増し，遺留分減殺請求の対象となる確率が減少するからである。

相続人に対する無償処分は，あるものは「持ち戻されて」，またあるものは「遺留分減殺されて」，ともに相続財産を形成することになる。後に述べることになるが[11]，わが国では遺留分減殺請求として分析されている事例の中には，フランス法では持戻しで解決が図られていることもありうる。持戻しは，いわゆるわが国の具体的相続分に関係する持戻しとは異なり，現実に返さなければならないのである。わが国の，無償処分の持戻し制度の解釈は，単に残った財産の分割の際に必要とされるものであり，実際に持ち戻すことまでは求めないものであり，必要とあれば，日本法では遺留分減殺請求

---

10) 金子敬明「相続財産の性質論再考」私法 77 号 (2015 年) 199 頁。
11) Ⅲ 1【事例 3】参照。

第4章　遺言と遺留分

が問題になるにとどまる。フランス法の持戻しはこのような概念的なものではなく，現実に返すのであり，このことの理解は重要である。

このように，フランス相続法では，相続開始時に財産が存在していなくても，場合によっては，「持戻し」と，「遺留分減殺」によって遺産分割の対象財産が構成されることがある。「持戻し」も，無償処分のなされた財産が相続財産に戻されることになるものであり，その意味においては，「遺留分減殺」と同じ機能を果たすことになっている。

このように，「持戻し」と，「遺留分減殺」がなされ，遺産分割の対象財産が計算されることになる。

(3) 充当と遺産分割

フランス相続法をわかりにくいと感じることがあるとすれば，それは多分に「充当」という制度であると思われる。自由分と遺留分は，被相続人のなす無償処分に従い，いずれかに分類されていくことになる。処分が自由分としての処分なのか，遺留分としての処分なのか，これが重要なのである。被相続人は，自由分の範囲内であれば，全く自由に処分することができる。この処分は遺留分減殺請求の対象となることはありえない。もしも，自由分を超過することがあれば，遺留分侵害となる。このように，処分がいずれのものであるのかが決せられ，これを「充当」(imputation) という。どのような無償処分がいずれに該当するのかが，民法典で詳細に定められている。この結果，持戻し，遺留分減殺が有機的に関連し合い，解釈されていくことになる。まさに最終的には，いくらもらったのかよりも，自らの財産を，どれほど処分しえたのかという，被相続人の視点が，相続と無償処分の領域では重要となるのである。自由に処分できない財産が遺留分減殺請求となって現実化するからである。

(4) フランス相続法の特徴

自由分，遺留分，充当によって，フランス法は，相続人に対する無償処分も，第三者に対する無償処分も，一連のものとして解釈することができることになる。相続人に対する無償処分は，持戻しと遺留分減殺が問題となり，第三者に対する無償処分は，場合によっては遺留分減殺が問題となるにすぎないのである。相続人に対する処分であるか，第三者に対する処分であるか

をとりたてて区別して考える必要性はない。判断の基準が，無償処分の性質と被相続人がどれほど自由に処分しえたかにかかっているといえるからである。

またそれと同時に注意すべき事柄は，すべては遺産分割に集約されていくということである。持戻しの対象たる財産や遺留分減殺請求の対象たる財産，残存する相続財産などを区別して解釈する必要性もなく，当然のこととして一括して相続財産として，「遺産分割の対象」としている点に，わが国の解釈とは異なる大きな特徴を有する。

以下，自由分，遺留分，持戻し，そして充当の制度について，その総合的な関連性に注意しながら，分析を進めることにしたい。

2. 「自由分」と「遺留分」

自由分，遺留分はどのような意味を有するのであろうか。

自由分と遺留分は，フランス民法典では，同じ条文である民法912条で定義されている。遺留分と自由分は，一方が制限であると表現すれば，他方は自由であるので，ひとつの条文での規定は，ある意味，自然な規定の仕方である。民法912条は以下のような規定である。

「遺留分とは，ある相続人つまり遺留分権利者が，相続権を有し，相続を承認した場合に，これらの者に相続財産と権利につき負担なき帰属を保証する割合である。

自由分とは，法によって遺留されることのない，被相続人が自由に無償処分によって処分しうる相続財産と権利の割合である」。

この条文は2006年の改正の際に，定義条文として設けられたものである。遺留分とは，被相続人が自由に処分できない財産であり，これに対して，自由分とは，被相続人が自由に処分できる財産であることが理解できる。遺留分に対置して，自由に処分できる財産として自由分が位置づけられていることが重要である。

一方で処分が制限された財産があり，その他方で，自由に処分しうる財産が存在することになる。加えて重要なことは，いずれも相続財産を対象としていることである。相続財産は，すべての贈与の仮想の合算（réunion fictive)[12]によってふくらみ，それをベースにして，自由分と遺留分の範囲が理解されることになる。そして，持戻し，遺留分減殺による財産が，残存している財産と合わさり，遺産分割の対象たる財産を構成していくことになる。

このことはつまり，被相続人の無償処分は，「自由分」の範囲であれば，全く自由にすることができることを意味することになる。自由にすることができるということは，遺留分減殺請求の対象財産とはならないことを意味する。しかし，被相続人の財産との関連で，その自由分の範囲を超過する部分は，遺留分減殺請求の対象となる。これがフランス相続法の基礎となる考え方のひとつであるといえる。

フランス相続法では，まさに遺留分とは，被相続人が「どれだけ自由に無償処分しえたのか」に関係することになる。

3.「仮想の合算」

フランス相続法には，自由分と遺留分の範囲を知るために，被相続人によってなされた贈与を残存財産に加算する，いわゆる「仮想の合算」の制度がある。

遺産分割の対象となる財産を構成する前に行うべき作業として，相続人に対してなされたすべての贈与の合算によって，死亡時に残存する財産[13]との仮想の合算がなされる。この合算された財産額から，自由分がいくらかを知る計算が可能となる[14]。これは持戻しとは異なる作業である。

すべての贈与は残存財産と合算されて，自由分算定のための財産となる。

---

12) 仮想の合算については，伊藤・前掲注 8)『相続法』288 頁参照。
13) 残存財産には，遺贈の対象財産が含まれている。したがって，仮想の合算のときには，遺贈は加算しない。Claire FARGE, "Masse partageable en présence de libéralités: la réduction des libéralités," Droit patrimonial de la famille sous la direction de Michel GRIMALDI, n. 264-62, 2008. グリマルディ教授の編集によるこの書物は，計算例が豊富であり，フランス相続法の理解を助けるものである。本論文の記述の例もこの書物によるところが多い。
   なお処分されなかった可分債権も残存財産であり，遺産分割の対象となる。
14) C. FARGE, supra note (13), n. 264-64, 2008. 仮想の合算の対象となる贈与は，持戻しを必要とする贈与であるかどうかに関係せずに，原則すべてである。なお，フランス民法 918 条参照。

自由分が算定できれば，自ずと遺留分も算定できることになる（フランス民法918条参照）。親からもらった財産は，残存する相続財産と仮想の合算を行い，自由分を計算する基礎となる財産を構成することになる。このようにして，被相続人はどれだけ自由に無償処分しえたかを知ることができることになる。

4．持戻し

「普通の一般の贈与」，つまり持戻し免除がされていない贈与は，すべて持戻しの対象となっている。これに対して遺贈は，持戻し免除としてなされたものとみなされている（フランス民法843条）[15]。この持戻しは，遺留分減殺と同様，遺産分割の対象たる財産を構成するためになされる。したがって贈与の「持戻し免除」には，本来の原則を贈与者の意思で変更するという重要な意味が込められている[16]。

持戻しは，かつては，現物による持戻しが原則であったが，2006年の相続法改正後は，当事者で別段の取り決めをした場合を除き，原則として価額でなされる（フランス民法843条，858条以下参照）。

持戻しと，仮想の合算の制度は，わが国の持戻しと具体的相続分の制度とは異なっている。わが国の持戻しが，観念的なものであり，現実に返還しなくてもよいのとは異なり，フランス法では，現実に相続財産に返還する作業を伴うのである。

5．充当と遺留分減殺請求

このようにして，自由分と遺留分の額が計算でき，自由に処分可能な財産の額が算出されることになる。

次の重要な作業として，「充当」がある。これは，被相続人がなした処分が，自由分，遺留分のいずれに属するかを判断していく作業である。この点

---

[15] 参考までに述べれば，遺贈はすべて，持戻し不要である。受遺者に対して，余分に与えたいからなされるのが遺贈であると考えられていることを根拠としている。

[16] 5とⅢ2参照。

に関しては，フランス民法には古くから詳細な規定がある。このような割り振りの作業をするのは，自由分を使い果たしたところから，遺留分侵害が始まり，遺留分減殺請求が問題となるからである。被相続人の無償処分は，自由分か遺留分に充当される。自由分の範囲では，自由に無償処分が可能であり，遺留分減殺請求の対象とはならない。

フランス民法典では以下の割合を規定している。子が1人の場合には，自由分は2分の1。子が2人であれば，自由分は3分の1。子が3人以上であれば，自由分は4分の1と規定している[17]。この規定から，遺留分は残りとして計算されることになる。つまり子が1人の場合には，遺留分は2分の1，2人であれば，3分の2，3人以上であれば，4分の3と解釈できる。

すなわち，充当の作業によって，自由に処分できる財産が残っているのか（残っていたのか）どうかを知ることが可能になる。このことは遺留分侵害の有無を知るために重要になるのである。

充当は以下の規則に従って行われる。これは伝統的な充当方法である。「贈与」は遺留分に充当される。「持戻しを免除してなした贈与」は自由分に充当される。「遺贈」は自由分に充当されることになっている[18]。この規則に従い，自由分内での処分がなされたのかどうかが検討されることになる[19]。そしてもしも，自由分の範囲を超過すれば，遺留分侵害となり，遺留分減殺請求が現実化することになる。

無償処分の充当をまとめれば，以下の表のように整理できる。

---

17) フランス民法 913 条。
18) 例えばフランス民法 919 条の1以下参照。Ⅲ参照。
19) 充当の対象となる無償処分の順番は，遺留分減殺請求の対象となる無償処分の順番と逆である。充当は，時間的に古い無償処分から始める。そして最後は遺贈の充当に及んでいく。

これに対して，遺留分減殺請求の対象たる無償処分としては，遺贈から始められる。その後，新しい贈与から古い贈与へと至るのである。時間的に新しい無償処分ほど，被相続人は自由分を使い果たしているおそれが高くなる。つまり，自由分超過部分が遺留分減殺請求の対象となるからである。

		持戻し	充当
①	贈与	持ち戻す〔相続の前渡し〕	遺留分
②	贈与 持戻し免除	持ち戻さない〔相続分外で〕	自由分
③	遺贈	持ち戻さない	自由分

　相続人に対する無償処分は，上記の表で示したように，自由分か遺留分に充当される。充当に関しては以下のように整理できる。

　①　普通の贈与であれば，持ち戻さなければならず，遺留分に充当される[20]。

　②　また，贈与は，「持戻し免除」としてなすことができる。持戻し免除としてした贈与は，文字どおり，持ち戻さなくてよいことになる。しかし，このような処分は，自由分に充当されることになる。

　③　遺贈は，持ち戻す必要性はない。しかし，自由分に充当されることになる。

　この3つが充当の基本である。

　そして，フランス法では，自由分を超えた無償処分は遺留分侵害であり，遺留分減殺請求の対象財産となっていく。特に，相続人間では，「持戻し免除」としてなされた贈与は，自由分に充当されるので，遺留分侵害が問題になる可能性がある。

　このことは，処分する側としての，「被相続人の意思の実現」として，持戻しを免除することによって，無償処分を「相続分外で」[21]した扱いにして，

---

20)　遺留分への充当は，相続人たる受益者の遺留分に充当されることになる。また持ち戻されれば，遺留分減殺は問題とならない。
　　受益者の遺留分に充当される結果，自らは遺留分減殺請求することはなく，遺留分相当額は取得できることになる。その結果，全体的な遺留分に相当する額に，法定相続分をかけての計算が可能となる。なお，遺留分に充当しそれを満たした後は，自由分に充当されることになっている（フランス民法919条の1第1項に規定されている。なお，C. FARGE, supra note (13), n 264-122. 参照）。

自由分に充当させることが可能になる。その結果，持戻しの必要性がなく，自由分の範囲内であれば，遺留分減殺請求の対象にもならないことになる。

　これに対して，持戻しが義務であるとされている普通の「贈与」であれば，持戻しがなされる。すべての財産を相続人の1人に生前贈与すれば，持戻し免除がない以上，持戻しによって遺産分割の対象財産が構成されることになる。このような場合には，遺留分減殺ではなく持戻しにより遺産分割の対象財産とすることによって，遺産分割が図られている[22]。

　「持ち戻さなければならない無償処分」とは，普通の贈与であり，観点を変えて表現すれば，「相続分の前渡し」である[23]。フランス民法ではこの表現が使われることが多い。つまり，「先に相続財産を渡すが，後で，遺産分割のときには，相続財産全体で清算しなさいという意味」といえる。したがって，持戻しによって，遺産分割の対象となる財産を構成し，他の相続人との間で，平等が図られて，遺産分割で修正されていくことになる。

6. 無償処分と遺産分割

　このような充当の作業の後に，無償処分が自由分を侵害しているのかどうかが明確になり，侵害があった場合には遺留分減殺請求がなされることになる。遺留分減殺は，請求しなければ権利の実現はありえないが，公証人が主導する遺産分割実務では，ほぼ当然のように請求をしたことになり，減殺も自動的に計算されていく。

　この結果，被相続人の死亡時に「残存する財産」に加えて，4で述べた「持ち戻された財産」と5で述べた「減殺された財産」とで，「遺産分割の対象財産」が形成されることになる[24]。この対象財産に，法定相続分をかけ

---

21) 2006年の改正前は，"par préciput et hors part"と表現されていた。改正前のフランス民法865条参照。2006年の改正で，この用語はより単純化，明確化され，"hors part succesorale"と表現されている。例えば同844条参照。
22) Ⅲ1【事例3】参照。
23) "en avancement de part successorale"と表現される。例えばフランス民法919条参照。かつては，"en avancement d'hoirie"と表現されていたが（例えば改正前の同864条参照），2006年の改正で，わかりやすい表現に変わった。

て個々の相続人への遺産分割が実現していく。被相続人のした処分は，持戻しと遺留分減殺によって，相続財産を形作ることになり，無償処分をもらった相続人とそうでない相続人の間の平等が図られている。

一方で，遺産分割の対象たる財産に，「持戻し」と「遺留分減殺請求」によって，無償処分が含まれていくことになる。

また他方で，「自由分」の範囲でした無償処分（フランス法ではつまり，持戻し免除でなされた贈与と遺贈）は，「遺留分減殺」の対象にもならないし，原則として「持戻し」も免除されることになる。

自由分の範囲を超過しない限り，無償処分に対する被相続人の意思はこの意味で完全に実現されることになる。自由に処分可能であり，相続財産から完全に切り離すことができるのである。この意味において，被相続人の意思は尊重されているといえる。

このように，相続人に対する無償処分は，「持戻し」と「遺留分減殺」によって，無償処分をした当該被相続人の死亡時に，相続財産を構成する可能性がある。つまり，相続法の観点からは無償処分は3種類考えられる。①自由分の範囲のものであり，持戻しの対象にも遺留分減殺の対象にもならないものと，②自由分を超えた処分であり，遺留分減殺の対象となるもの，③持戻しの対象となるものである。これらが組み合わされていくことも多い[25]。

以上，自由分，遺留分，そして充当の制度を，フランス法の観点から遺産分割と絡めて分析してきた。Ⅲでは，日本法との相違に留意して，具体例で分析，検討を加えることにする。

---

24) 遺産分割の対象財産は，「死亡時に残存する財産」（代償財産や死因処分をしていない財産，それに果実が加わる）に，「持ち戻された財産」と「減殺された財産」と「相続人に対する被相続人の債権」で構成される。フランス民法825条で明確に規定されている。
25) また，このことを受贈者または受遺者たる遺留分権利者の側から見れば，すべての財産を保持できる場合もあれば，すべて持ち戻して，遺産分割しなければならない場合もあるということになる。また遺留分減殺請求の結果，「遺産分割の対象財産に返すことになり」，相続分で最終的に分割されていく場合も生じうる。

Ⅲ．遺留分と充当の具体的な分析

以下では，具体的な事例を分析し，フランスの遺留分制度の理解を深めたい。また同時に，日本法における解釈が紛糾している事柄のいくつかを，フランス法的に分析することを試み，日本法への示唆と，日本法の問題点を探ることにしたい。

1．フランス法における自由分と遺留分

【事例1】 まず第1に，被相続人が何らの無償処分をなすことなく，財産を残して死亡した事例を考えたい。

この事例での分析は，被相続人の死亡時に財産が存在しているが，無償処分が生前にも遺言によっても一切なされていない事例に関係している。例えば3人の子がいれば，残された財産は，法定相続分に従い3分割される。分割の対象となる「相続財産」は，まさに残された現存財産である。ここでの遺産分割は明確である。

遺産分割の際に，被相続人から，何ら無償処分がされていない場合は，可分債権も含め，目の前に残った財産が「遺産分割の対象財産」を構成する。したがって，それを法定相続分に従って分ければ，遺産分割完了となる。

【事例2】 被相続人の死亡時には，財産が残っていたが，生前に，相続人の1人に対して贈与がなされている事例である。

相続人に対する贈与は，持戻し免除でなされたのでない限り，原則として「持ち戻さなくてはならない」ことになっていることに注意が必要である。この事例では，生前に「持戻しの対象となる普通の無償処分（贈与）」がなされている事例を想定している。

ここでは，「持戻しの対象となる無償処分」が価額で持ち戻されて，残存する財産と合わさって，遺産分割の対象財産を構成することになる。死亡時に残存する財産と，持ち戻された財産の2つの財産は，区別されることなく遺産分割の対象財産を構成する。そしてそれが法定相続分に従って，分割されることになる。

この事例の解釈を，日本法との対比で分析すれば，興味深い相違点に気づ

くことになる。わが国では，遺留分減殺請求として論じられることが，遺産分割の過程で，「持戻し」が行われ，遺産分割の対象財産が構成されるに至っている。すでになされた贈与が，現実に持ち戻されて[26]，遺産分割の対象財産を構成することになる。持戻しが，残存する遺産の分割のために単に頭の中で行われるのではなく，現実に行われている。このように，持戻しによって，遺産分割の対象財産が構成されて，分割が行われる。

わが国では，本事例は遺留分減殺請求として論じられる可能性のある事柄である。つまり，フランス法では「持戻し」も現実に持ち戻す点において，わが国の観念的な「持戻し」の解釈と根本的に異なっている。持戻しも，場合によっては，実際に取り戻すという意味で，わが国での遺留分減殺と類似した効果を生じている。この事例では，すべてが法定相続分で解決が可能となっている点に注意が必要である。

つまり，相続人に対してした生前贈与は，自由分，遺留分の問題に加えて，遺産分割と絡めて「持戻し」が問題となってくる。このような場合には，遺留分は問題にならずに，「持戻し」で，贈与した財産を取り返して遺産分割が実現していく。先に贈与を受けた者が得をするという構造は存在しない。相続人に対する生前贈与はすべて，被相続人の財産と関連づけられて，死亡時に持ち戻されて，遺産分割の対象財産となる。この意味において，相続人の平等は徹底しているといえよう。

まとめれば，フランス法を理解するには，日本法で「相続人間での遺留分減殺請求権」として論じられていることの一部が，「持戻し」によって行われていることに注意が必要である。つまり，遺産分割に際しては，普通に贈与した財産は，被相続人の死亡時には，被相続人のもとからなくなっていたとしても，持戻しによって戻されて，「遺産分割の対象財産」を構成することになる。そして，それが法定相続分に従い分割されることになる。

【事例3】 相続開始時には，残存する財産はなかったが，すでに相続人の1人にすべての財産が贈与されている事例。

---

26) Ⅱ4参照。

相続開始時に残存財産のあった【事例2】とは異なり，この事例では，死亡時には，財産が何も残されていないが，すでに「持戻しの対象となる無償処分」が，相続人の1人にされている場合に関係している。

この事例では，無償処分の持戻しがなされて，「遺産分割の対象財産」を構成し，法定相続分に従い，遺産分割が行われる。被相続人の死亡時には，すでに彼の財産は生前に相続人の1人に無償処分されており，残存する財産がなくなっていても，「遺産分割の対象財産」が構成されて，相続分に従い，遺産の分割がなされる。

目の前に財産のあった【事例1】も，目の前に全く財産がなくなってしまっているこの事例も，基本は同じことになる。つまり，遺留分減殺によることなく，「持戻し」によって「遺産分割の対象財産」が構成されて，法定相続分に従い分割されていくことになる[27]。ここでは，遺留分，自由分は問題となることはない。

【事例4】 死亡時には財産はなくなっていたが，すでに自由分に充当される無償処分ですべての財産が相続人の1人に処分されていた事例。

自由分に充当される無償処分とは，「遺贈」と「持戻しを免除してした贈与」である。この2つは，持戻しが免除されているので，持戻しにより遺産分割の対象財産を構成することはない。

このような「持戻しを免除してした贈与」や「遺贈」は，自由分に充当され，自由分を超過する部分があれば，超過部分は遺留分減殺請求の対象となる[28]。この事例は，まさにわが国での，遺留分減殺請求事例に類似している。

遺留分減殺請求の結果であれ，持戻しの結果であれ，最終的には，「遺産分割の対象財産」を構成し，遺産分割で解決されていくことになる。終局的には，相続は，持戻しであれ，遺留分減殺であれ，遺産分割に集約されて完

---

27) 現物ではなく価額による持戻しが原則であるが，いずれにしろ価値という観点からは同じことになっている。
28) 「持戻しを免除してした贈与」や「遺贈」は，「相続分外でなされた処分」であるという意味を有し，このように表現されることもある。843条参照。Ⅱ5参照。前掲注21），23)参照。

了するシステムであるといえる。わが国では，遺留分減殺請求のみで，財産の減殺が行われているのに対して，フランスでは，「持戻し」と「遺留分減殺」の2つの制度で相続財産を再構成している。つまり，二重の構造を持っているといえる。

【事例1】～【事例4】のまとめ　【事例3】と【事例4】は異なる。同じように，死亡時には残存する財産がなくても，遺産分割が問題となっている点に注意が必要である。【事例3】では，「持戻し」によって，遺産分割の対象財産が構成される。これに対して，【事例4】では，「遺留分減殺」によって，遺産分割の対象財産が構成されている。そして，いずれも，この「遺産分割の対象財産」を法定相続分で分割することになる（ただし全員が減殺請求することを前提としている）。

このことから以下の点を重要な視点として整理することができよう。

① 「持戻し」と「遺留分減殺」の2つの制度は，「遺産分割の対象財産」を作るという点において同じ役割を担っている。死亡時に財産が残っていなくても，かつて被相続人の財産であった財産は，相続人に無償処分されている場合には，再度，遺産として分割しなければならない場合が生じうる。

持戻し，遺留分減殺のいずれの制度で，遺産分割の対象財産を構成するかは，無償処分の性質に関わる問題となっている。つまり，「自由分の範囲内の処分であるのか」，「持ち戻すべき無償処分なのか」という問題であり，これは「充当」の制度とも絡んでおり，フランス相続法のひとつの核心をなしている。

ここでは，持戻しと遺留分減殺という制度によって，相続人間の「平等」が実現し，自由分の範囲内での処分や持戻し免除という制度によって，被相続人の無償処分の「自由」が実現している。この2つの要素がうまくかみ合って機能しているといえる。

② 手続はすべて遺産分割を目的としており，遺産分割を経ずに相続人に帰属することになる財産は，自由分の範囲内の無償処分であり，持戻しが免除されている処分でない限り存在しない。持戻しも遺留分減殺も遺産分割の対象財産を構成するためのものである。持戻しも，遺留分減殺も，すべての手続は，遺産分割に一体化されている。

【事例 5】　被相続人は，持戻しを免除して自由分を超える贈与を相続人に対してなしたが，また同時に持戻しの対象となる贈与もしており，残存財産はなく死亡した事例を考える。財産は，「自由分の範囲内の処分」，「自由分を超え遺留分減殺請求の対象となる財産」，そして「持戻しの対象となる財産」の 3 種類ある事例である。

　この事例は，普通にみられる事例であると思われる。

　持戻しを免除してした自由分の範囲内の処分は受益者が保持し，遺産分割の対象財産を構成しない。このような財産は，持戻しの必要性もなく，また被相続人の自由分の範囲内であれば遺留分減殺請求の対象ともならない。受益者たる相続人は，この無償処分された財産を，遺産分割に関係させることはなく，そのまま保持することができる。この意味において，自由分の範囲内の処分は，遺産から出ていってしまっていると表現できよう。

　そして，残る「遺留分減殺請求の対象財産」と「持戻し対象財産」は，遺産分割の対象財産を構成し，法定相続分に基づき，その分割が実現していくことになる。

2. 自由分的発想からの示唆

　わが国で問題になっている事例を，自由分という考え方が明瞭なフランス法的解釈ではどのような解決を導くのかを検討するために，以下で，2 つの事例を検討することにする。

【事例 6】　被相続人の財産が 8000 万円。相続人は子 A，B，C，D の 4 人。被相続人が A に 5000 万円，B に 2000 万円，C に 1000 万円を遺贈し，D には何も残さなかった[29]。

　相続人間で遺留分減殺請求権が行使される際に，どの範囲まで減殺可能かが問われた最高裁判決として，最高裁平成 10 年 2 月 26 日判決（民集 52 巻 1 号 274 頁）がある。この判例は，受遺者たる遺留分権利者は，遺留分の範囲は保持できる旨を判示している。また最高裁平成 24 年 1 月 26 日決定（家

---

29)　この設例は，二宮周平『家族法〔第 4 版〕』（新世社，2013 年）434 頁からの引用。

月64巻7号100頁）もこの問題が関係している。これらの事例を，自由分的発想を用いて解釈すれば，以下のようになる。

子のみの相続であるので，子の遺留分は2分の1である（民1028条2号）。そこから被相続人の自由分を2分の1と考えることになる。

自由分算定のために仮想の合算をすべき財産はなく，8000万円を基礎とするとすれば，遺留分と自由分は以下のようになる。

　遺留分　4000万円

　自由分　4000万円

そして被相続人がなしたのは遺贈であるので持戻しは関係しない。

被相続人の処分は，自由分の範囲内での無償処分であり，その範囲内の処分は全くの自由である。つまり，遺留分減殺請求の対象とならない。自由分の範囲を超える部分が遺留分侵害となる。すると，4000万円が超過しており，これが遺留分侵害となる。

自由分の範囲である4000万円は，A，B，Cに5：2：1で帰属する[30]。つまり，A 2500万円，B 1000万円，C 500万円となる。この部分は自由に処分でき，遺留分減殺の対象とならない処分となる。

遺留分は4000万円であり，これは法定相続分で分割され，各々1000万円となる[31]。

　その結果，A　2500万円＋1000万円＝3500万円

　　　　　　B　1000万円＋1000万円＝2000万円

　　　　　　C　 500万円＋1000万円＝1500万円

　　　　　　D　　　0円＋1000万円＝1000万円　となる。

この事例は，わが国の最高裁判決[32]に従えば，以下のような解釈になる。

受遺者である相続人は遺留分を保持できるという解釈であるので，

A　5000万円－1000万円＝4000万円

---

30) フランス民法926条参照。
31) 自由分超過部分は減殺されることになる（フランス民法919条の2参照）。また，超過部分は相続人たる受益者の遺留分に充当される。なお，前掲注20)参照。
32) 前掲最判平成10・2・26。

B 2000万円 − 1000万円 = 1000万円
C 1000万円 − 1000万円 = 0円
DはAに対して，800万円 = 1000万円 × 4000万円／5000万円
DはBに対して，200万円 = 1000万円 × 1000万円／5000万円減殺請求することになると思われる。

その結果，Aは4200万円，Bは1800万円，Cは1000万円，Dも1000万円となる[33]。わが国の解釈では，例えばCに対して遺贈をしたという意味がなくなってしまっている。

【事例7】 被相続人にはA，B，Cという3人の子がいた。4000万円相当の財産の遺贈をAにした。この遺贈処分以外には，2000万円相当の財産を残して死亡した。

これは，財産が残っている事例である。わが国では，遺留分の侵害があるかどうかは，2000万円の分割をしなければ，判明しない。遺留分減殺で請求していくのか，遺産分割でいくのか，理論は不明瞭であるといわざるを得ない[34]。ただ，先に2000万円をBとCで1000万円ずつ分ければ，遺留分減殺請求の必要性はなくなることは確かである。

自由分的発想であれば，以下のようになる。この事例では，被相続人がなしたのは遺贈であり仮想の合算は必要なく，自由分算定のための財産は，相続開始時に存在する財産である。分割の対象財産は，2000万円 + 4000万円 = 6000万円，自由分3000万円，遺留分3000万円となる。

4000万円の遺贈は1000万円遺留分を侵害している。遺留分減殺することによって，「遺産分割の対象財産」へ戻る。遺産分割の対象財産は，残存する2000万円と遺留分減殺請求の結果の1000万円，合計3000万円である。この3000万円が，法定相続分に従って，遺産分割により分けられることになる。相続分は3分の1であるので，各々1000万円ということになる。

Aは（4000万円 − 1000万円）+ 1000万円 = 4000万円，Bは1000万円，C

---

[33] 二宮・前掲注29)434頁参照。
[34] 島田充子「遺留分減殺請求と遺産分割事件の運営」久貴忠彦編集代表『遺言と遺留分(2)〔第2版〕』（日本評論社，2011年）144頁，157頁参照。松川・前掲注3)126頁。

は 1000 万円と，明確に計算できる。

Ⅳ．むすび

このようにフランス相続法の遺留分制度を，遺留分，自由分，充当，そして遺産分割の観点から分析してきたが，以下のような特徴を指摘し，むすびとする。

① 自由分とは，被相続人が自由に処分しえた財産であり，フランス法では，この自由分の範囲内での処分に関しては，遺留分減殺請求の対象から逃れている。この結果，遺産分割の対象財産になることはない。自由分の範囲内での財産処分は，無償処分するという被相続人の意思が最大限尊重されて解釈されている。

贈与は，原則として持ち戻され，遺留分に充当される。しかし，持戻し免除の意思表示により，自由分の範囲内での処分とすることが可能となる[35]。この持戻し免除によって，自由分の範囲内という限定はあるが，持戻しと遺留分減殺請求から免れさせることが可能となる。被相続人の自由な処分が実現できることになる。この持戻しの免除は，フランス法には古くから存在しており，遺産分割と充当で重要な役割を果たしている。わが国は，条文上，持戻し免除の制度も承継しているが，母法の解釈とは全く異質のものとなってしまっている。フランス法では，持戻し免除が，解釈上の混乱を引き起こすことはない[36]。

ある相続人にたくさんの財産を与えたい，または遺留分の範囲にとどめておきたいと思えば，被相続人は充当を考慮して処分をすればよい。この被相続人の意思実現は，伝統的に公証人の関与で実現されている。

自由分から無償処分を捉えるのであるから，自由分の範囲を逸脱した処分が，遺留分減殺請求の対象となると位置づけられることになる。遺留分を超

---

35) 充当に関しての分析であるⅡ5の表を参照。
36) 持戻し免除に関する最高裁判決として，前掲最決平成 24・1・26 がある。

える部分が遺留分減殺請求の対象という位置づけではないことにも注意を要する。

②　相続は，最終的に遺産分割にすべてが集約されており，遺産分割の対象財産は，持戻しと遺留分減殺で構成されていく。前者だけの場合もあれば，後者だけの場合もあるが，残存財産と合計されて，遺産分割の対象財産を構成する。

特に，無償処分もなされたが，被相続人の死亡時に財産が残っている場合の解釈が明瞭である[37]。自由分に基づき，どれほど処分しえたかで考えれば，その範囲の超過から遺留分減殺請求が可能となるので，どの処分がどれほど遺留分を侵害しているかが，理解できる。

③　持戻しの対象財産も，遺留分減殺請求の対象財産も，同じく遺産分割で分割されることになり，手続的に一体化されている[38]。わが国の，物権法上の共有物分割と遺産分割による区別は存在しないし，必要としない。

まさに「遺産分割は相続のかなめ」であり，すべての遺産は，遺産分割を経ることになる。このことは，遺産分割よりも前に，遺産から当然に流出して，遺産分割を経ることなく相続人に帰属してしまう財産（可分債権など）も存在しないことになる。

④　相続人に対する無償処分と，相続人以外に対する無償処分とで，統一的に解釈が可能である。被相続人の財産の自由分の範囲の処分かどうかが重要であり，この処分可能性を超えると遺留分減殺が問題となるので，区別する必要性はない。また相続人に対する無償処分であれば，それに加えて持戻しが重要となる可能性がある。多くは，「相続分の前渡し」として，持戻しのレベルで解決が可能である[39]。

⑤　フランス法では，遺産分割の対象財産すなわち遺産概念の明確化が実現している。被相続人が相続人である子に対してなした処分は，他の子との間で平等が問題となる。すでに無償処分を受けた子と，受けていない子との

---

37)　Ⅲ2【事例7】参照。
38)　松川・前掲注3)130頁。
39)　前掲注23)参照。

間の平等が，持戻しと遺留分減殺の2つの制度で，いわゆる遺産分割の対象となる財産が構成されることによって，実現している。

　遺産分割では，子がすでに親からもらった財産のすべてを対象とするのか。それともいまあるものを対象とするのか。その相違は，相続人間の平等をいかに尊重するかの差となって現れているといえる。

　またフランス法では同時に，自由に処分できる財産という概念も明確になっている。この範囲内での処分は，遺産分割の対象財産を構成しないので，被相続人の死亡時に，問題になることはない。被相続人の意思は最大限尊重されることになる。

　この意味において，処分の自由と，その制限としての遺産分割の対象財産とすること（持戻しと遺留分減殺）との二面性が絡み合ってフランス相続法は成り立っているといえる。

　⑥　処分できないという意味での遺留分の意味は変遷しつつあるが，公証人介入により，相続人全員参加の下，遺産分割は，持戻し，遺留分減殺請求が行われていく[40]。遺留分減殺は，請求をなすことによって効果を生じ，請求をなす者となさない者が存在することが想定されるが[41]，遺産分割実務では，一般的に，減殺請求は全員がするものとして位置づけられて遺産分割手続が進んでいく。

　持戻しも遺留分減殺も，遺産分割の対象財産を作る法的なテクニックである。減殺請求をすれば，相続人間で紛争が生じているという意識は存在せず，遺産分割への手続的な過程のひとコマであると意識されているといえよう。わが国との相違点として指摘できる。

---

40)　フランスの公証人コースの授業では，配偶者のある者の相続に関しては，相続財産の計算に先立って，夫婦の財産を清算することを実例でもって学ぶ。夫婦の財産の清算と，相続は一連のものとして位置づけて教育がなされている。

41)　前掲注1)のR.A.A.R.の制度など，相続人個人の意思は重要になってきている。

第5章

総　括

12

実務における可分債権の処理

松原正明

Ⅰ. はじめに
Ⅱ. 可分債権についての学説
Ⅲ. 可分債権についての判例
Ⅳ. 学説・判例の検討
Ⅴ. 権利行使後の法律関係
Ⅵ. 私見

Ⅰ. はじめに

　銀行預金等の金銭債権など給付が可分である債権は遺産分割の対象となるかはこれまでもしばしば論ぜられてきた問題であり，実務における取扱いにも一応決着した観がある。しかし，最近，法務省に設置された相続法制検討ワーキングチームが報告書を発表し，同報告書では，遺産分割における可分債権の取扱いを検討することとされている。また，この問題に関して，実務の問題点を指摘するとともに可分債権の遺産分割対象性を肯定する論文が発表されている[1]。そこで，これを機会に，いままでの議論を踏まえつつ，筆者なりにもう一度考えてみたい。その際，①可分債権に焦点があたっているが，他の債権，例えば不可分債権などについても遺産分割対象性を議論する必要はないのか，そもそも遺産分割以外の場面での債権の分割はどのように考えるべきか，②現在の実務を離れて，立法的課題として，可分債権の遺産分割における妥当な処理とはどうあるべきか。③遺産分割前に債権の行使を

---

1) 窪田充見「金銭債務と金銭債権の共同相続」論ジュリ 10 号（2014 年）119 頁以下。

認めつつ，可分債権が遺産分割の対象になるとした場合，債権の行使により債権は消滅するが，それを他の遺産の分割において考慮すべきか，④遺産分割前の債権の行使は遺産である不動産等の譲渡等の処分と同一に処理すべきであるとも思われるが，これらをどのように考えるべきであるか，という視点から検討してみたい。本稿では，可分債権の遺産分割対象性については，総合的分割としての遺産分割の法的性質，相続人の意識などの諸点から肯定すべきことを前提に考察する。私の力量不足で，理論的に整合性がとれた理論を構築することができていないと考えており，ご叱正を甘受したい。

II. 可分債権についての学説

可分債権が遺産分割の対象となるか否かを検討する前提として，まず，共同相続における可分債権の帰属態様やその行使方法など，基本的な法律関係を検討する必要があり，さらに不可分債権など多数の当事者が関係する債権関係一般についても考察する。

1. 合有説[2]

遺産の共同所有関係を合有と解する立場は，可分債権もまた共同相続人間に合有的に帰属することを肯定する。合有説は，遺産は遺産分割がなされるまでは包括的な特別財産を形成して共同相続人全員に帰属し，各相続人は数学的に分割された潜在的な持分を有するにすぎないと解する。この説によれば，債権の取立てや譲渡等は共同相続人全員にしなければならず，債務者も共同相続人全員のために履行しなければならないことになる。後述の分割債権説では共同相続人と債務者との間に共同相続人の人数に応じた複数の債権債務関係が生ずることになるが，合有説では債権債務関係は単一になると思

---

2) 近藤英吉『相続法論(下)』(弘文堂，1938 年) 536 頁，我妻栄＝立石芳枝『親族法・相続法』(日本評論新社，1952 年) 416 頁，我妻栄＝唄孝一『判例コンメンタールⅧ相続法』(コンメンタール刊行会，1966 年) 87 頁，中川善之助＝泉久雄『相続法〔第 4 版〕』(有斐閣，2000 年) 231 頁，泉久雄『総合判例研究叢書(26)』(有斐閣，1965 年) 286 頁など。

われる。

　合有説に従ったとみられる裁判例がある。東京地裁平成7年3月17日判決（金法1422号38頁）は，相続人らが，金融機関に対し，法定相続分に従った預金等の払戻しを求めた事案において，「遺産分割協議成立前の遺産の共有は，民法249条以下に規定している共有の場合とは異なり，各相続人が遺産に属する個別の財産の上に当然に法定相続分に応じた持分を有するものではなく，遺産全体について各相続人の法定相続分に応じた抽象的な権利義務を有しているにとどまるものであると解するのが相当である」と判示して，共同相続人らによる払戻し請求を棄却したが，裁判例としては特異なものである[3]。

2. 不可分債権説[4]

　可分債権であっても，遺産分割までは不可分債権として共同相続人に帰属すると解する立場である。可分債権は遺産分割の対象となるとする。もっとも，柚木・判例相続法論186頁は，「債権は遺産の分割が行われるまでは，その給付の可分と否とを問うことなく，不可分的に共同相続人に帰属し，民法第428・429両条の適用をうくべきものと解するのが，正しいであろう。しかし，不可分債権は債権者の数だけの独立な債権なのであるから，共同相続人の一人がその債権に対する自己の持分を処分し，またはその者の債権者がこの持分に対して執行をなすことはこれを妨げざるものと解すべく」として，不可分債権として，共同相続人が単独で債権全額の履行を請求しまたはそれを受領することを認め，債権者の数だけの独立の債権であるから，一部の共同相続人がその債権に対する持分を処分することも可能であるとする。

　3）　この裁判例は，東京高判平成7・12・21判タ922号271頁によって取り消されている。
　4）　青山道夫『家族法論Ⅱ〔改訂版〕』（法律文化社，1971年）300頁〜301頁は「債権は，共同相続人の共同不可分債権と解することが正しいとおもわれる。そうでないと共同相続人間の担保責任は無意味となるであろう。」とし，柚木馨[旧説]『判例相続法論』（有斐閣，1953年）186頁は，分割債権説について，「可分債権は後に分割せらるべき相続財産に属せざることとなるのであろうが，それは共同相続人自身にとつて頗る不都合のことがあろう」とする。

共同相続人による債権の行使を認めつつ，債権を遺産分割の対象に含めるのであるから，一部の共同相続人が債権を行使し，債権の目的物を受領した場合，これを遺産分割においてどのように考慮すべきかの問題が生ずると思われる。

3. 準共有説[5]

遺産の共同所有関係を，所有権については共有，その他の財産権については準共有と解し，可分債権については準共有の特則である民法427条は適用されないとする。民法264条ただし書の「特別の定め」とは同法427条ではなく，同法898条，906条等の相続法の規定であるとし，同法427条はこれらの規定と矛盾するとする[6]。準共有説によれば，可分債権の履行請求は共同相続人全員が共同して行うべく，債務の履行も共同相続人全員に対してのみなしうる。準共有説は，可分債権であっても遺産分割の対象となると解している。債権の個数については，多数当事者の債権関係において当事者の数に応じて複数あるとするのに対し，準共有債権は1個の債権であって，持分権が複数あるにすぎないとする。準共有説によれば，不可分債権についても共同相続人全員による履行請求を必要と解するものと思われる[7]。

4. 共有説——分割債権説[8]

可分債権は相続開始とともに当然分割され，各相続人に法定相続分に応じ

---

5) 仁井田益太郎『改訂増補親族法相続法論』（有斐閣，1919年）454頁，勝本正晃『債権総論中巻之一』（巌松堂書店，1934年）69頁，品川孝次「遺産『共有』の法律関係」判タ121号（1961年）9頁，米倉明「銀行預金債権を中心としてみた可分債権の共同相続——当然分割帰属なのか」法学雑誌タートンヌマン6号（2002年）46頁，窪田・前掲注1)125頁。

6) 米倉・前掲注5)1頁，41頁以下。

7) 後掲最判平成22・10・8は，「共同相続人は共同して全額の払戻しを求めざるを得ず」と判示している。

8) 梅謙次郎『民法要義巻之五』（有斐閣，1913年）113頁，東北大学民法研究会編『註解相続法』（法文社，1951年）108頁［島津一郎］，柚木馨「共同相続財産の法的性質」中川善之助教授還暦記念『家族法大系Ⅵ』（有斐閣，1960年）169頁など。

て帰属すると解する説である。分割債権説は，学説上も有力たるを失わないとされる。この説は遺産の共同所有関係を共有と捉え，所有権以外の財産権である債権については準共有として，その特則である民法第3編第1章第3節「多数当事者の債権及び債務」以下の規定が適用され，可分債権は原則である同法427条によって分割債権となるとされる。したがって，共同相続人は，自己の法定相続分に応じて単独でその履行を請求でき，他方，債務者は債権者である相続人に対し法定相続分に応じた履行をしなければならない。各相続人と債務者間に生じた事由は他に影響を及ぼさず，債権者は各相続人に分割されたそれぞれの債権を差し押さえることも可能である。すなわち，分割債権説では，可分債権は各共同相続人の分割単独債権であって，共有関係に立つものではないことになり，分割という概念を入れる余地がないとも解される[9]。しかし，多くの学説は，ひとたび，共同相続人に分割帰属した可分債権であっても，遺産分割の対象となるとする[10]。共同相続人に遺産を総合的，合目的的に配分するという遺産分割制度の趣旨を活かすためには，可分債権も遺産分割の対象に含める必要があること，共同相続人間の担保責任を規定する民法912条は可分債権も遺産分割の対象となることを前提にしていることを理由とする。

Ⅲ．可分債権についての判例

1．大審院・最高裁判例

　大審院・最高裁判例は，可分債権は民法427条により法律上当然に分割されて分割債権となり，遺産分割の対象とはならないとの立場にあるとされる。

---

9) この説では，複数の共同相続人が各自債権者となり，債務者との間に個別の債権債務関係が生ずることになる。

10) 甲斐道太郎「共同相続財産」谷口知平＝加藤一郎編『民法演習Ⅴ』（有斐閣，1959年）172頁，柚木・前掲注8)169頁，中川善之助責任編集『註釈相続法（上）』（有斐閣，1954年）185頁［有泉亨］，同148頁［山中康雄］，岡垣学『家事審判法講座(2)』（判例タイムズ社，1965年）85頁など。

第 5 章　総括

　大審院大正 9 年 12 月 22 日判決（民録 26 輯 2062 頁）は，被相続人の保険金請求権を承継したとして，一部の共同相続人が保険金請求権を行使できるかが争われた事案において，上告理由として，民法上債権の共有を認めたことは，民法 264 条において数人が共同して 1 個の債権を有する場合に共有権に関する規定を準用する旨を規定したことから明らかであって，遺産相続において民法 427 条の適用はなく，相続財産である債権も共同相続人の共有に属し，保存行為以外の権利行使は共同相続人全員によらなければならないと主張されたのに対し，「遺産相続人数人アル場合ニ於テ其相続財産中ニ金銭債権存スルトキハ其債権ハ法律上当然分割セラレ各遺産相続人カ平等ノ割合ニ応シテ権利ヲ有スルコト民法第 427 条ノ法意ニ徴シ洵ニ明白ナリ」と判示して，相続財産中の債権についても民法 427 条の適用を肯定し，遺産分割前であっても，一部の共同相続人による権利の行使を認めた。これは以後判例が一貫して採用する立場であり，最高裁昭和 29 年 4 月 8 日判決（民集 8 巻 4 号 819 頁）も，立木の伐採処分を不法行為とする損害賠償請求事件の継続中，原告が死亡し，相続人であるその妻および 3 人の子において訴訟手続を受継した事案で，原審は不法行為の成立を認め，被告に 4 万 5000 円の損害賠償義務ありとし，相続分に応じて妻に対しては 1 万 5000 円，子に対しては各 1 万円の支払を命じたところ，被告から，金銭その他の可分債権が相続財産である場合においても数人の相続人に分割承継されるものではないと主張した事案において，相続財産中に金銭その他の可分債権があるときは，その債権は法律上当然分割され各共同相続人がその相続分に応じて権利を承継すると判示した。以上の判例は，その後の，遺産分割前の相続財産の共有は民法 249 条以下に規定する共有とその性質を異にするものではないとする最高裁昭和 30 年 5 月 31 日判決（民集 9 巻 6 号 793 頁）の基本的立場に合致するもので，この立場に立つ最高裁判例はその後も続く。最高裁昭和 52 年 9 月 19 日判決（家月 30 巻 2 号 110 頁）は，共同相続人が全員の合意によって遺産分割前に遺産を構成する特定不動産を第三者に売却したときは，その不動産は遺産分割の対象から逸出し，各相続人は第三者に対し持分に応じた代金債権を取得し，これを個々に請求することができるとし，遺産の売却代金は遺産分割の対象には含まれない旨を判示し，最高裁昭和 54 年 2 月 22 日判

決（家月32巻1号149頁）は，共有持分権を有する共同相続人全員によって売却された不動産は遺産分割の対象たる相続財産から逸出するとともに，その売却代金は，これを一括して共同相続人の1人に保管させて遺産分割の対象に含める合意をするなどの特別の事情がない限り，相続財産には加えられず，共同相続人が各持分に応じて個々にこれを分割取得すべきものであると判示している。いずれも，前記最高裁判例の立場を前提にする。

　前掲大判大正9・12・22及び最判昭和29・4・8は，相続財産中の債権について民法427条を適用して可分債権と認めていることから，可分債権については，分割を観念することはできないことを前提にしているとも解される。ただ，両判例は相続財産に含まれる可分債権を遺産分割前に行使することを認めたものであって，遺産分割の対象に含まれるか否かを判断したものではないと解する余地もあった。可分債権は共同相続人に持分に応じて分割帰属する立場からすれば，その持分が侵害された場合には損害賠償請求権が発生すると解することになるが，最高裁平成16年4月20日判決（家月56巻10号48頁）は，「相続財産中に可分債権があるときは，その債権は，相続開始と同時に当然に相続分に応じて分割されて各共同相続人の分割単独債権となり，共有関係に立つものではない」とした上，共同相続人が相続財産中の可分債権につき権限なく自己の相続分以外の債権を行使した場合には，他の共同相続人は，前記共同相続人に対し，侵害された自己の相続分につき，不法行為に基づく損害賠償または不当利得の返還を求めることができると判示した。共有関係に立つものではないと判示しており，可分債権の分割対象性を否定している。以上からすると，最高裁判例は，可分債権は相続開始によって当然分割され，遺産分割の対象ではないとする立場で確定していると思われる。

　なお，最高裁平成22年10月8日判決（民集64巻7号1719頁）は，一定の債権についてであるが，債権の準共有的帰属を認める。同判決は，定額郵便貯金債権について，同債権には事務の定型化，簡素化を図るという趣旨から分割払戻しをしないなどの条件が付されており，このため共同相続人は共同して全額の払戻しを求めざるを得ず，単独でこれを行使する余地はないのであるから，同債権は相続開始と同時に当然に相続分に応じて分割されるこ

とはなく、その最終的な帰属は遺産分割の手続において決せられるべきことになるとして、遺産分割の対象となるとする[11]。定額郵便貯金債権の法的性質については、同判決の補足意見において定額郵便貯金債権は全体として1個の債権として扱われるとの理解が示されていることから、準共有説的立場に立つものと思われる。前記の準共有説とは異なり、定額郵便貯金債権についてのみ準共有としたものであり、可分債権については民法427条の適用により分割債権と解する従来の最高裁判例の立場を踏襲していると解すべきであろう。

2. 下級審判例

かつては、可分債権を遺産分割の対象とするか否かにつき、下級審判例は分かれていた。前掲東京地判平成7・3・17が合有説的な判示をしているが、その余の裁判例は分割債権説を採用している。最高裁判例と同旨を判示して遺産分割の対象でないとするものと、分割債権説に従い、遺産分割の対象となることを認めるものがある。

(1) 遺産分割の対象としない裁判例

福岡家裁昭和41年9月29日審判（家月19巻4号107頁）は、自動車損害賠償補償法72条による補償金は可分債権であるから、遺産分割を待つま

---

11) 一般的に債権者・債務者間の契約によって分割払戻しをしないという条件が付されている債権の場合債権の目的は不可分であり、民法428条の不可分債権にあたると思われる。それが金銭債権など可分の給付を目的とするものであれば、同条の「性質上」不可分にはあたらないが、「当事者の意思表示によって」不可分とされる場合にあたる。定額郵便貯金債権は旧郵便貯金法によって規律されるのであるから、意思表示による場合にはあたらないとはいえようが（ゆうちょ銀行の場合には契約による分割禁止とも思える）、当事者の意思表示による不可分債権が遺産に含まれる場合には、その契約の趣旨は相続によって共同相続人に承継され、共同相続人は民法428条に従ってそれぞれ債権全額の請求ができることになると思われる。利害の対立することが多い共同相続人間にこのような民法428条の適用をするのは相当でないとの見解もあるが、利害が対立しない共同相続人も多く、被相続人死亡後直ちに預貯金の払戻しの必要がある場合は決して少なくなく、全員による履行請求を要求するのは相当でない。民法428条は多数当事者間の債権債務関係を早期に解消させることを趣旨としているが、その趣旨はこの場合にも妥当するのではあるまいか。

でもなく，当然に相続分の割合で分割されたものというべきであり，遺産分割の対象とならないと判示して，遺産分割審判の申立てを却下した。同旨の裁判例[12]も多いが，近時の裁判例は(2)のとおり遺産分割の対象とするものが多い。

(2) 遺産分割の対象とする裁判例

（ⅰ） 分割債権説に従い，可分債権を遺産分割の対象とする裁判例

大阪高裁昭和31年10月9日決定（家月8巻10号43頁）は，預金債権は相続開始とともに相続人に分割承継されるが，遺産分割の際，同債権を相続人に分配し直すことは差し支えないとして，可分債権が遺産分割の対象となることを認める。最高裁判例等との関係については，前掲大判大正9・12・22及び最判昭和29・4・8については，両判例は債務者に対して損害賠償請求権を行使する局面で債権が当然分割されることを判示したにとどまり，遺産分割の対象となるか否かを判示したものでないと解することによって抵触を避けることはできよう。しかし，可分債権は分割単独債権であって共有関係に立つものではないことを明言する前掲最判平成16・4・20の判旨に反するといわざるを得ない。同旨の下級審判例[13]があるがいずれも同最判以前のものである。

（ⅱ） 分割債権説に従い，相続人間の合意がある場合には，
　　　遺産分割の対象となるとする裁判例

相続人全員で可分債権を遺産分割の対象に含める合意をした場合には遺産分割の対象となるとする裁判例である。最近の実務での支持が増えつつある見解であり[14]，代償財産および遺産からの果実につき相続人の合意を要件として遺産分割の対象財産性を認める見解と軌を一にするものである。この見解に立つ審判例として，東京家裁昭和47年11月15日審判（家月25巻9号107頁）は，当事者間に可分債権を遺産分割の対象とする内部的な合意が

---

12) その他同旨のものとして，福岡家審昭和38・9・21家月15巻12号171頁，長崎家佐世保支審昭和40・8・21家月18巻5号66頁など。

13) 福岡高決昭和33・2・10家月10巻2号63頁（貸金債権，無尽講債権につき），仙台家古川支審昭和38・5・1家月15巻8号106頁（預貯金につき）。

あり，かつ可分債権を含めて分割を行うことが相続人間の具体的公平の実現を可能ならしめる場合には，債権を遺産分割の対象となしうると判示し，東京家裁昭和52年9月8日審判（家月30巻3号88頁）も，預金債権につき，預金の払戻しについて，相続人全員の同意書などが必要であって，分割の必要性は否定しえないし，特定の相続人に取得せしめるのが合理的な場合もあることを考え合わせると，分割の対象とすることも許されると判示した。その後の裁判例として，福岡高裁平成8年8月20日決定（判時1596号69頁）は，原審は，遺産の一部が相続人の協議により分割され，残存遺産が銀行預金だけである場合に，預金債権は可分債権であるから当然分割されることを理由にして，遺産分割審判の申立てを却下したところ，金銭債権は，相続開始とともに法律上当然に相続人に分割帰属するが，金銭債権の一部だけが未分割のまま残存している場合には，相続人間でその帰属を定める必要性が強く認められ，その場合には，遺産分割手続が最も適切な法的手続であり，本件では当事者もその債権の帰属を遺産分割の審判で定めることに同意していることなどから，金銭債権を遺産分割の対象とすることは，遺産分割の基準を定めた民法906条の規定の趣旨および家事審判制度を設けた趣旨に合致するとし，遺産分割の申立ては適法であるとして，原審を取り消して，差し戻した。また，東京高裁平成14年2月15日決定（家月54巻8号36頁）は，預貯金は，当然には遺産分割の対象となるものではなく，相続人間においてこれを遺産分割の対象とする旨の合意があって初めて遺産分割の対象とすることができると判示する。これらの裁判例は，当事者間の合意のみを要件として，可分債権を遺産分割の対象としているのではないが，遺産分割の必要性や合理性など，その余の要件は一般的に具備されていると思われるので，

14）　東京家裁家事事件研究会昭和57年3月31日協議結果の多数意見の見解（家事審判研究会編『判例家事審判法(3)』〔新日本法規出版，加除式〕3454ノ2頁）。「大阪高裁管内家事審判官有志協議会協議結果（昭和57年7月16日開催分）」家月35巻11号（1983年）190頁も同旨。同旨の論文として，清水節「遺産分割の対象財産性　1　可分債権」岡垣学＝野田愛子編『講座実務家事審判法(3)』（日本評論社，1989年）105頁，日野忠和「金銭債権」判タ688号（1989年）72頁，松原正明「遺産分割の対象財産性――代償財産，遺産から生じた果実及び可分債権について」家月43巻4号（1991年）18頁以下。

実質的には，合意の存在が最も重要な要件といえよう。このように，合意説が下級審の裁判実務の大勢をなしているといって差し支えないであろう。しかし，これらの裁判例に対しては，合意の法的性質が不明確である，相続人の一部の者が反対した場合には遺産分割の対象とすることができず，適切な解決とならないなどの批判がある。

IV．学説・判例の検討

1．合有説

合有は共同事業を営むための継続的な団体関係の存在を前提とすべきであるとする見解[15]もあり，判例[16]も民法上の組合を前提に合有を認めている。遺産の共同所有関係に関して，合有説は実務上とり難いであろう。

2．不可分債権説

不可分債権説は，可分債権であっても共同相続人に不可分的に帰属し，遺産分割の対象となるとするのであるが，民法428条の不可分債権を前提としているとすると，各共同相続人の単独行使を肯定することになり，むしろ遺産分割の対象とはならないとの帰結になるようにも思われる。単独行使を肯定するのであれば，債権消滅という効果を遺産分割においてどのように考慮すべきであるかという問題が生ずる。

3．共有説――分割債権説

民法は，249条以下によって所有権の共有帰属を規定し，それ以外の財産権については，264条の準共有とし，法律に特別の定めがあるときを除き，共有の規定を準用するものとし，準用される規定には256条の分割請求が含まれる。特別の定めについては，民法第3編第1章第3節「多数当事者の債

---

15) 上谷均「債権債務の合有的帰属という構成の有用性はどのように考えるべきか」椿寿夫編『講座 現代契約と現代債権の展望(2)』(日本評論社，1991年) 217頁。
16) 最判昭和43・6・27集民91号503頁。

権及び債務」以下の規定をいうとされるのが一般である[17]。この多数当事者の債権債務関係の規定が適用される場合には、民法256条の分割請求の規定が準用されないことになり、多数当事者の債権債務関係について債権の分割は否定されることになる。可分債権について、債権者が共有ないし準共有分割訴訟を提起することはない。各可分債権者は民法427条により分割された自身の権利を有する。したがって、可分債権者は自身の債権を行使すれば足り、債権の分割を求める必要はなく、それを観念する余地はない。

　不可分債権について分割の余地はあるのであろうか。遺産の共同所有関係において、分割債権説は、可分債権は相続により当然に分割されて遺産分割の対象とならないとするが、反対に、不可分債権は分割の対象となると解しているように思われる。遺産分割に際して特定の債権の目的が可分であるか否かを問題にするが、それは目的が不可分であれば分割の対象となると解するからであろう。しかし、不可分債権については、民法428条により「数人の債権者があるときは、各債権者はすべての債権者のために履行を請求」することができるのであるから、各債権者は自身の債権を行使すれば足り、可分債権と同様に、債権の分割を求める必要はなく、それを観念する余地はないと思われる。民法427条以下の多数当事者の債権債務関係の規定が適用される債権については分割の余地はないというべきであろう[18]。

　民法の共有ないし準共有という財産の帰属形態は以上のとおりであって、この共同所有形態を遺産承継においてもそのまま適用する考え方が共有説で

---

[17] この規定が適用される債権は準共有の状態になるといってよいであろう。他方、この規定以外の多数当事者の債権、例えば、債権者全員で行使しなければならない債権など可分債権・不可分債権のいずれにも属さないと考えられる債権のみが準共有債権とされることもある。もっとも、この場合、当事者ごとに債権債務関係が生ずると解するか、それとも債権債務関係は1個で各債権者が持分を有するのみであると解するかは分かれるところである。後説は、債権においても共有物における持分を観念するものであるが、これは所有権の一物一権主義から導かれるものであり、債権には該当しない。債権は債権者と債務者、債権の目的によって特定され、そのいずれもが異なっても別個の債権である。前説が正当である。したがって、これらは、可分債権・不可分債権であって、その履行請求が債権者全員によらなければならないとの条件が付されていると解すべきである。

ある。その結果，不動産等の不可分物は遺産分割の対象となるが，債権については分割の余地がないと解することになる。

4. 準共有説

準共有説は可分債権については準共有の特則である民法 427 条は適用されないとし，履行請求は共同相続人全員が共同して行うべく，債務の履行も共同相続人全員に対してのみなしうるとするのは前述のとおりである。分割を肯定する理論として，民法 427 条以下の多数当事者の債権債務関係において，債権は債権者ごとに分かれその個数は複数とされているのに対し，準共有説は，単一として持分に応じた（準）共有的帰属を認め，その持分に応じた債権の分割を肯定する[19]。共同相続人全員による履行請求についてであるが，債務者に対しては固有必要的共同訴訟という訴訟形態によって債務の履行を請求することになり，請求の趣旨としては原告である共同相続人全員がそれぞれ債権全額ないし各持分額を請求することになると思われる。判決で認容されれば，その債務名義によって共同相続人各自がそれぞれその債権額について強制執行することとなるが，そこでは個別執行となり，共同相続人全員での履行請求が実現されない可能性もある。その意味では，準共有説がわが法上の訴訟手続および強制執行手続と調和して，その趣旨が貫徹されるか疑問がないわけではない[20]。

準共有説によれば共同相続人による単独での履行請求が否定される結果，

---

[18] 連帯債権，不真正連帯債権についても同様に分割を観念する余地がないであろう。これに対し，複数の債権者全員での履行請求が必要とされる債権については，債権者間での意見の相違により履行請求が不可能な場合には債権の分割の必要があるように思われる。しかし，債権者・債務者全員が契約によってそのような債権を作り出したとすれば，それを分割手続によって解消することが許されるのか疑問なしとしない。実務では地方裁判所における分割請求訴訟は見当たらない。

[19] 一の債権と解し，持分という概念を想定することによって，分割を肯定するという趣旨であると思われる。

[20] ただし，共同相続人全員で請求するのであるから，全員で足並みを揃えるという合意があり，理論的な問題にとどまるともいえよう。

共同相続人は遺産分割によって権利の実現を図らざるを得ず，遺産分割の成立が促進されると思われる。また，共同相続人の単独での権利の行使が認められないため，遺産分割までに遺産分割の対象である債権が散逸することが防がれる。

しかし，同説によれば，遺産分割前の金銭債権の履行請求が困難になることから，現在の実務で行われている一部の共同相続人による預金債権の引き出しや被相続人の死亡に起因する損害賠償請求もすべて否定される結果，共同相続人間の紛争により遺産分割が長期間を要する場合，共同相続人は相当の不利益を受けることとなる。この弊害を避けるためには，遺産分割までの財産について共同相続人全員のための財産管理人を設ける等の制度の創設が必要となろう。たしかに，遺産について具体的相続分に応じた共同相続人間の帰属を定める遺産分割手続によらずに共同相続人による権利行使を認めると公平を欠くとの指摘もある。しかし，権利の総額が確定している預金債権と異なり，交通事故等の損害賠償請求権については，訴訟の提起等によって権利の実現を図る必要がある場合も少なくなく，提訴するか，判決を望むか，和解をするかなどを，権利行使をする個々の共同相続人の意思に委ねることも合理的であって，その結果各共同相続人が得る経済的利益に違いが生じたとしても，共同相続人間の公平に反するとまでいうべきではないとも思われる。

準共有説は不可分債権についても可分債権と同様に準共有債権と解するものと思われるが，不可分債権である不動産等特定物の引渡請求権なども共同相続人全員による共同の履行請求を要求すべきであろうか。また，同説によっても持分の譲渡は認められると思われるから，遺産の一体性にも限界はある。

5. まとめ

これまで述べてきたとおり，可分債権は遺産分割の対象であるかについて，最高裁判例は分割債権説に立ってこれを否定し，下級審の実務の大勢は分割債権説に従い，共同相続人全員の合意を要件にこれを肯定するというのが現在の実務の状態である。可分債権を遺産分割の対象とすることには前述のと

おり合理性が認められるので、立法的課題として、この問題を考えてみたい。

可分債権を遺産分割の対象と解する前記の諸説のうち、合有説を除けばいずれも可分債権の帰属形態と分割の可否を関連させて考えている。可分債権が複数の債権者にどのように帰属しているかによって分割の可否を検討し、肯定された場合に他の遺産とともに遺産分割の対象とする。しかし、様々な種類の財産によって構成される遺産について共同相続人それぞれの事情に応じて帰属者を決定するのが遺産分割の趣旨であることからすれば、遺産を構成する個々の財産権ごとに分割の可否を決定する必要はないと思われる。個々の財産権の権利の行使が問題となる場合には当該財産の帰属形態に応じて考えれば足りる。民法 427 条以下の規定を適用して、当該債権の個別の権利の行使を認めて差し支えなく、それによって遺産分割の対象財産性が失われることはない[21]。また、共同相続人全員で行使する必要がある債権が遺産に含まれることもあるが、遺産分割の対象となることは同じである。財産権の持分を認めた上で、分割を肯定するという考え方は、当該財産の分割の可否を検討することは妥当するとしても、遺産のように、個々の財産を超えた財産の集合体を観念する場合にはこれにとらわれる必要はなかろう。

V. 権利行使後の法律関係

遺産分割前に、共同相続人が可分債権など自己に帰属している債権を持分に応じて行使すると、行使の結果遺産である債権は消滅し、金銭等債権の目的物が相続人のもとに存在することになる。この点をその後の遺産分割手続でどのように考慮すべきか。これは、債権行使の場面でのみ問題となるわけではない。不動産等の不可分物であっても、遺産共有は民法 249 条以下に規定する共有とその性質を同じくするから、共同相続人は物権法上の共有持分を有し、これを譲渡することができる。譲渡によって生じた法律関係を遺産

---

21) 債権を対外的関係と対内的関係とに分けて説明する考え方と同様な結論となるが、この説明では両関係が交錯する場面が見失われる。対外関係である権利の行使が対内関係である遺産分割に及ぼす影響の検討が不十分となる。

分割においてどのように考慮すべきであろうか。理論的には同一の問題であるが，遺産分割前の処分の可能性は不動産の持分と比較して可分債権の行使のほうがはるかに高い。被相続人の死亡後に，諸費用の支払のため，預金債権が払い戻されることも少なくない。可分債権は遺産分割の対象でないとするならば必要はないが，対象とする場合には検討しておかなければならない。

遺産分割前に，共同相続人による可分債権の履行，不動産の持分の譲渡を認めることは，その効果は個々の共同相続人に直接帰属し，後の遺産分割においては考慮されないことになろう[22]。遺産分割においてその効果が取り戻されるのと同様になるのであれば，行使・譲渡を認めないことと同じであるからである。

しかし，これでは，共同相続人の意思による遺産共有の解体を認めることになり，遺産分割制度の崩壊をもたらすおそれがある[23]。

そこで，遺産分割前の債権の行使を認めつつ，遺産分割において行使の結果を考慮することができるかを検討する。遺産分割前の持分の譲渡は，一部の共同相続人が債権を行使したことと同一の法律関係であるから，まず，持分が譲渡された場合の法律関係について考察する。

判例では，共同相続人の1人が遺産分割前に相続財産を構成する財産の持分を第三者に譲渡した場合の分割手続について，下級審判例では，第三者からの共有物分割請求を認めるもの[24]と，これを否定するもの[25]とに分かれていたが，最高裁昭和50年11月7日判決（民集29巻10号1525頁）は，

---

22) 前掲最判昭和52・9・19および最判昭和54・2・22は，このように解していると思われる。
23) 共同相続人全員の合意を要件に可分債権を遺産分割の対象とする実務上の取扱いについて，特別受益を受けている相続人が同意をするはずがないとして批判する考え方がある。しかし，可分債権の遺産分割前の行使を認める説に立っても，同様な立場の共同相続人であれば，遺産分割前に預金を引き出すことによって，同じ結果になる。合意説において黙示の合意を認め，可分債権が遺産分割時に現存しているのであれば分割の対象とし，払い戻されて現存しない場合には分割の対象としないとする実務の扱いとでさほどの違いは生じない。
24) 東京地八王子支判昭和41・10・26判時485号52頁。
25) 神戸地判昭和37・7・25下民集13巻7号1563頁，大阪高判昭和46・10・28判時657号58頁。

共有説の立場から，持分を譲り受けた第三者と共同相続人とは通常の共有関係に立つとした上で，詳細に理由を述べて，その解消の方法は共有物分割訴訟によるべきであるとして，第三者からの共有物分割請求を認めた。その判旨を要約すると，第三者に譲渡された共有持分権は遺産分割の対象から逸出するから，その持分権に基づく分割手続を遺産分割審判とすることは必要・適切でなく，第三者の提起する共有物分割訴訟は，第三者に対する分与部分と持分譲渡人を除いた他の共同相続人に対する分与部分とに分割することを目的とするものであり，残余の持分部分はなお遺産分割の対象にとどまることから，共同相続人の権利を害することはない，ということになる。

この最判の趣旨は明確であるが，その後の遺産分割についての法律関係には困難な問題が残る。相続人が甲，乙，丙，その相続分は各3分の1であり，遺産としては，A，Bの不動産がある事例を想定し，甲が，遺産分割前に，A不動産の持分3分の1を第三者Xに譲渡したとする。この場合，上記最判の趣旨に従うと，A不動産についての，Xの持分3分の1は遺産分割の対象ではないことになるから，遺産分割の対象となる財産は，A不動産についての，残りの乙と丙の持分3分の2と，B不動産である。問題は，遺産分割の当事者となる相続人の範囲である。まず，甲，乙，丙3名の相続人全員が遺産分割の当事者と仮定する。この場合，甲がすでにA不動産の持分3分の1をXに譲渡してその利益を享受していることを考慮する必要があるが，その方法としては一部分割として処理することが考えられよう[26)][27)]。

[26)] 譲渡相続人が得た売買代金を代償財産として遺産分割の対象とすることも考えられるが，贈与等の無償譲渡の場合や売買代金が持分の客観的価値より低い場合には共同相続人間の公平を維持することが困難である。

[27)] 遺産が不動産の場合には相続人が自己の持分のみを譲渡することがほとんどであるが，銀行預金等の債権については，一部の相続人が自己の持分を超えて債権全額の履行を受領し，他の相続人の持分を侵害することも少なくない。その結果債権全部が消滅する。債権についての自己の持分を侵害された相続人は侵害した相続人に対して自己の持分に相当する損害賠償請求権を行使することになるが，この請求は，侵害した相続人がその持分に相当する利益を保持することを前提としている。この場合，自己の持分を侵害された相続人は損害賠償請求権を行使せずに，債権の処分を追認することによって一部分割と同様の効果を生じさせ，残部分割を行うということも可能と思われる。

第5章　総括

　一部分割は共同相続人全員が遺産の一部を先に分割することであり，その後に残部分割をしなければならない。共同相続人の持分の譲渡は全員の合意によるものではないが，譲渡相続人（債権を行使した相続人）が遺産分割前に利益を得ている点を考慮して同様の処理を肯定するものである。その遺産分割において，甲は寄与分を主張して，さらなる遺産の取得を要求できるのか，他方，乙，丙は，それぞれの寄与分を主張し，あるいは甲の特別受益を主張して，甲の具体的相続分がＡ不動産の持分3分の1に満たないとして，甲から代償金等の支払を受けることを要求できるのかが問題となる。そして，甲を相続人として遺産分割の当事者に加える以上，これらの主張を許すほかはないことになろう。しかし，その場合，寄与分の範囲の問題や甲に対する代償金支払を命ずることの可否は困難な問題となろう。
　しかし，そもそも，甲は，物権法上は，Ａ不動産については無権利者であるのに，なぜに，Ａ不動産についての遺産分割の当事者となりうるか疑問が残る。遺産分割とは分割時に存在する遺産を共同相続人の今後の生活に資するべく，具体的相続分に従って公平に分割する手続であると解すると，遺産分割の当事者は分割時に遺産上に権利を有する必要がある。持分を譲渡した相続人甲をなお遺産分割の当事者に加える考えは，分割手続に清算の要素を含めることになるが，その相当性は検討の余地がある。遺産が，Ａ不動産のみであって，甲に続いて乙もその3分の1の持分を第三者に譲渡したと想定すると，丙のみが，Ａ不動産の3分の1の持分を有する権利者となるが，その場合であっても，なお，甲，乙，丙という共有者を想定して，分割を必要とすると解すべきであろうか。持分の譲渡相続人をなお遺産分割の当事者と解することには検討すべき点が多々あるように思う。
　実務では，遺産の持分が譲渡された場合，当該遺産の分割については，譲渡相続人は当事者として扱っていないと思われる。持分の譲渡がなされる事案はバブル期を除けばほとんどなく，遺産分割の理論的においてはともかく，実務的には検討すべき課題ではなかったといってよいであろう。しかし，遺産分割の基本的問題であって，債権の場合には一部の相続人による債権の行使は増えると思われ，検討が必要な課題と思われる。

VI. 私見

　最後に，相続人による遺産上の自己の持分と遺産分割との関係について，私見を述べておく。
　1　遺産分割前に，相続人が遺産上の自己の持分を処分した場合，処分をした相続人は完全にそれによる利益を享受することができる。
　2　処分をした相続人は，法定相続分に基づいて処分をしたのであるから，不当利得等の法理により，享受した利益を剝奪されることはない。
　3　処分された遺産以外に他に遺産がない場合には問題は生じないが，他に分割すべき遺産がある場合には，処分した相続人を含めて全相続人が当該遺産の遺産分割が行われる。その際，処分した相続人の具体的相続分を算定する際には遺産を処分したことが考慮される。ただし，具体的相続分算定の結果，遺産分割によって遺産を取得することはできないとしても，他に遺産がない場合との権衡から，代償金の支払等によって遺産の処分により享受した利益までを剝奪されることはない。
　4　持分の一部が処分された遺産のうち他の相続人の残余の持分については，処分した相続人以外の相続人において遺産分割を行う。
　5　相続人は，遺産分割前に，遺産上の自己の持分を処分し，その利益を完全に享受することができるという考え方は，遺産分割により共同相続人間において遺産の最終的な帰属を決するという遺産分割制度の趣旨と抵触する場合が生ずる[28]。しかし，これは，遺産共有を通常の共有と異ならないと解する以上当然の結果であり，加えて，相続人は法定相続分に応じて相続債務を負担し，遺産分割前においても，その履行の責めを負わなければならないことと権衡を保つ。

---

[28]　相続人は，遺産分割前に遺産を処分してその経済的利益を享受するか，遺産分割により遺産を取得するかを選択することができるということになる。

13

偶感・現代日本における相続法学説

大村敦志

Ⅰ．はじめに——民法学の末子？
Ⅱ．私法学会シンポジウムを素材に
Ⅲ．穂積重遠『相続法』を素材に
Ⅳ．おわりに——協働の場としての相続法

Ⅰ．はじめに——民法学の末子？

　最高裁大法廷の違憲決定（最大決平成 25・9・4 民集 67 巻 6 号 1320 頁）を受けて，2013 年 12 月には民法 900 条 4 号ただし書前段を削るという改正がなされた。この改正が発端になって，現在，相続法の一部改正作業が行われている。考えてみると，戦後 70 年の前半 35 年には，1947 年の大改正は別にしても，1962 年，1980 年と 2 度の相続法改正が行われたのに対して，後半の 35 年には目立った動きがなかった。しかし，この 35 年間に相続法をめぐる諸事情は大きく変化したことを考えるならば，進行中の改正作業だけでなく，より視野を広げて相続法の立法的課題について論ずるというのは時宜にかなったことだろう。
　しかしながら，本稿が検討対象とするのは相続法改正そのものではなく，相続法改正をめぐって展開される相続法学説のあり方である。なお，ここで「相続法学のあり方」ではなく「相続法学説のあり方」と言うのには，若干の理由（ないしこだわり）がある。「相続法学のあり方」と言う場合には，学説はいわばひとつの全体として捉えられているように感じられる。これに対して，本稿で「相続法学説のあり方」という表現を用いるのは，相続法学は一枚岩である，相続法学にはひとつの流れがあるというのではなく，その行方は個々の研究者の営みによって左右されるという，当然であると言えば

当然のことを，いまあえて確認したいと思うからである。集合体としての学説を単数形（Doctrine）ではなく複数形（doctrines）で捉えたいと言えばよいだろうか。もっとも，ここでの「学説」は，ある解釈論・立法論に対する単なる賛否の表明（opinions）を指すものではない。

　学説のあり方ということであれば，相続法学説に限らず，契約法学説や家族法学説についても語れるし，より広く民法学説一般についても語りうるだろう。しかし，相続法学説は，現代における（民法）学説の意義について語るのに，ある意味では適した素材であるように思われるのである。その理由は，相続法に関する研究は民法の他の領域に関する研究に比べて，相対的に遅れているということと関わっている。ここでは細かなデータを挙げることはしないが，例えば，民法総則の概説書の多さに比べると，相続法の概説書の数はかなり少ない。単純に考えて，講義をするにせよ概説書を書くにせよ，民法典の冒頭から始めて最後に置かれた相続編に至るのはそう簡単なことではない。周知のように，富井政章，鳩山秀夫，我妻栄，星野英一……と日本民法学史の主流を形成する著名な著者たちも相続法に辿り着くことはできなかった[1]。こうして相対的に手薄になっている領域だからこそ，学説の存在意義が問いやすくなるのではないか。端的に言って，相続法学においては個々の相続法学説の存在感は，民法の他の領域におけるそれよりも大きなものとなりうるのであり，それは例えば契約法学においては検出が難しくなっている民法学説の存在意義を可視化する（拡大して提示する）手がかりになるのではないか。これが本稿の拠って立つ基本的な前提である。

　別の言い方をすると，本稿では，相続法学説というサンプルを取り出して，

---

1) 穂積重遠は，1946年から1947年にかけて書かれた自著『相続法』を女婿に贈るにあたって，見返しに次の歌を書き記している（この書物を筆者に恵与された岩佐美代子氏には，この場を借りてお礼を申し上げる）。
　　末の子はいとしとぞいふ　火にも焼けず　からく生まれしこの末の子よ
　ここでの「末の子」は末娘とともに自身の最後の学術書を指すものと思われるが，『民法総論』『親族法』『債権各論及び担保物権法』などを書き継いできた著者にとっては，（物権法・債権総論については講義録が残るだけであるが）民法典の掉尾を飾る相続法（末の子）につき，まとまった書物を残しえたという気持ちも込められていたことであろう。

第 5 章　総括

そのあり方を問うことを通じて，民法学説のあり方を考えてみたいのである。その意味では目標は大きいのではあるが，この機会に相続法学説のあり方を徹底的に検討し，それに基づいて堅固な学説論を形成しようなどという野心を持っているわけではない。ごくわずかな手持ちの素材を再利用して，若干の所感を述べようというにとどまる。

　素材は二つある。ひとつは，本書の機縁になった日本私法学会シンポジウムである。同シンポジウムにおいて，私はコメンテーターとして，六つの報告[2]につき，その内容ではなく，そのあり方（議論のスタンス）について言及した[3]。本稿は，このコメントを若干敷衍すること[4]を第 1 の目標としている（Ⅱ）。もうひとつは，前述の相続法の概説書に関わる。これも別の箇所で若干論じたことがあるが[5]，穂積重遠『相続法』といういまから 70 年前に書かれた概説書[6]を，やはりそのあり方という観点から見直してみたい。この古い概説書の存在意義[7]について検討することを通じて，相続法学説のあり方を考える。これが本稿の第 2 の目標である（Ⅲ）。なお，検討にあたっては，それぞれにつき，まず，一般的な所感を述べた上で，そこに「あるもの」と「ないもの」とを対比する形で議論を進めることにする。

Ⅱ．私法学会シンポジウムを素材に

1．序

　これまで日本私法学会は，新たな立法の前後において，学説の観点からそれらを検討する機会を持ってきた[8]。しかし，相続法に関して言えば，最近

---

2)　論ジュリ 10 号（2014 年）に掲載。以下，「資料○○頁」という形で引用。
3)　私法 77 号（2015 年）54 頁〜57 頁［大村発言］。
4)　筆者に依頼されたのは，もともとこのような書き物であった。その出自からして，本稿は本書所収の他の論文とは異なり，ある種の所感を示すエッセイにすぎない。
5)　大村敦志『穂積重遠』（ミネルヴァ書房，2013 年）166 頁，167 頁〜168 頁。
6)　第 1 分冊〜第 3 分冊（岩波書店，1946 年〜1947 年）。
7)　著者は，「六日の菖蒲十日の菊」になりはしまいか（穂積「序」），と謙遜をしていたが，それ以上の自負があったものと思われる（大村・前掲注 5）166 頁）。

は，立法が不活発なことを反映してか，シンポジウムのテーマとなることはほとんどなかった9)。その意味では，私法学会シンポジウムで久々に相続法が取り上げられたことの意味は，それだけですでに大きい。今回のシンポジウム自体は必ずしも立法論を打ち出すことを主眼とするものではなかったが，実際には立法論的な主張も含まれていた10)。それは萌芽的なものであったかもしれないが，相続法改正作業を行っている法務省の関心の対象となったようである。法制審議会民法（相続関係）部会の審議において，当初の検討項目には含まれていなかったいくつかの点が取り上げられたのは11)，その証左であるとも言える。

2. 議論されたこと

(1) では，今回のシンポジウムでは，どのようなことが論じられたのか。また，それにはいかなる意味があったと言えるのか。シンポジウムの内容を簡単に振り返ってみることにしよう。繰り返しになるが，内容そのものの当否を検討するという対象レベルの作業はここでの課題ではない。本稿の関心の対象は，何がどのように問題とされたのか，という点，すなわちメタ・レ

---

8) 最近のシンポジウムとしては，「日本民法典財産法編の改正」「消滅時効法の改正に向けて」（私法 71 号〔2009 年〕），「契約責任論の再構築」（私法 69 号〔2007 年〕），「団体論・法人論の現代的課題」（私法 66 号〔2004 年〕），「生命科学の発展と私法——生命倫理法案」（私法 65 号〔2003 年〕），「『消費者契約法』をめぐる立法的課題」（私法 62 号〔2000 年〕）など。
9) 最近のシンポジウムとしては，「遺言自由の原則と遺言の解釈」（私法 69 号〔2007 年〕）があるのみ。対象をより広くとれば，「家族法改正」（私法 72 号〔2010 年〕）もその一部は相続法に関連していた。なお，古くは，「法制審議会身法小委員会中間報告をめぐって——寄与分を中心として」（私法 39 号〔1977 年〕），「農地相続調査について」（私法 26 号〔1964 年〕），「新法下における相続の実態」（私法 15 号〔1956 年〕）などがある。
10) 本書は，このような暗黙の指向性をより明らかにするものであると位置づけられよう。
11) 例えば，可分債権・可分債務の取扱い（資料 119 頁参照），相続分指定・遺産分割方法の指定と遺贈の関係の整理（資料 105 頁参照）などがその例である。後継ぎ遺贈の問題も，シンポジウムでは，相続法と信託法の関係という形で言及されたと見ることもできる。さらに言えば，遺言の方式に関する問題は，かつてのシンポジウム「遺言自由の原則と遺言の解釈」に，また，貢献に応じた生存配偶者の保護という問題は，かつてのシンポジウム「家族法改正」に，それぞれ触発されていると見ることもできないわけではない。

ベルの考察にある。指摘したい点は3点に分かれる。1つ目は，六つの報告の共通点・相違点，2つ目は，「学説」の役割についての感想，3つ目は，具体的な問題に関する問題提起である。

シンポジウムの「企画の趣旨」という文書には，「原理・原則をめぐる大上段の議論」と「細部についてのきわめて詳細な問題分析や解釈論」が対置された上で，その中間のレベルに位置するものとして「基本的な法的ルールを明確にする」作業が挙げられており，シンポジウムではこのレベルでの議論が企図されていると述べられていた（資料96頁）。この分類を借りるならば，以下の考察は，中間の「基本的な」話から始めて，「大上段の」話，とやや「詳細な」話に及ぶことになる。

(2) 第1に，各報告の共通点・相違点の指摘である。

まず共通点のほうから始めよう。わかりやすいのは，「領域選択」における共通性であろう。相続法の基本要素は，①相続人，②被相続人，そして③相続財産の三つ——あるいは，これに④相続プロセスを加えてもよいかもしれない——であろう。従来，このうち主として（集合体としての学説によって）論じられてきたのは，一方で相続人に関する問題（すなわち相続人の範囲・順位や相続分の割合の問題など），他方で被相続人に関する問題（遺言をめぐる諸問題など）であったように思う。

これに対して，今回のシンポジウムにおける各報告は，相続財産あるいは相続プロセスに重点を置いたものとなっていた。前の二つの要素（①②）は相続の根拠と密接に関連するもので，これらをめぐる議論は「原理・原則をめぐる大上段の議論」になりがちである。これに対して，③相続財産ないし④相続プロセスに関わる問題はより法技術的なものである。このような領域選択を行うことによって，報告者グループは，相続法を財産法に（より一般化して言えば周辺法領域に）開くとともに，大上段になりがちな議論を具体的な問題に繋ぎ止めて，多くの研究者・実務家が参加しうる「共通の議論の場（議論空間）」を創り出すことに成功したように思われる。

次に相違点である。報告者グループが自ら示したのは「基本的な法的ルールを明確にする」作業を行うという方法レベルでの共通性であった。ただ，これが本当に各報告に共通しているかどうかには，異論の余地があったかも

しれない．確かに各報告はいずれも，中間のレベル（メゾ・レベル）に定位しようとしていたのだろう．しかし，その中にあっても，重要な方法上の差異が検出された．その差異はいかなるものか．ここでは二つの側面から考えてみたい．

ひとつの側面は，「方法」に関わる．一方に，内在的な整合性を重視するアプローチを試みるものがあった．この点を明示するのは「制度間競合」の解決を標榜する潮見報告であったが（資料105頁），窪田報告や小粥報告にも同様の指向性が見られた（資料119頁，112頁）．また，狭義の相続法と信託法との関係を整序しようとする沖野報告もこのグループに加えることができる（資料132頁）．これに対して，水野報告・松川報告のアプローチは少し異なっていた．両報告においては日本の相続法の「母法としてフランス相続法」（この理解自体に異論がありうるが，その点はひとまず措く）が呼び出され（資料98頁，126頁），日仏両法の違いが強調された．具体的には遺産分割の一体性が強調され，これと両立しにくい日本法の運用に対して問題提起がなされていた．

もうひとつの側面は，「検討対象」に関わる．この点に関しては，小粥報告が際立った特色を見せた．その他の報告が立法や判例の取扱いを検討の対象としたのに対して，小粥報告は意図的に学説を取り上げた．そこでは，合有説の問題提起を別の仕方で受け止めることにより，間接的な形ではあるが，学説が果たすべき（あるいは果たしうる）役割への注意が促されていた（資料112頁）．

このように，報告者グループは，潮見報告から窪田報告を経て沖野報告へという体系指向的な，しかし，帰納的な展開を中軸にしつつも，一方では水野・松川両報告が別の意味での（演繹的な）体系論を対置し，他方で，小粥報告は異なる位相から学説の意味を問うたわけである．このように多元的・多層的に問われているのは，相続法における「理論」的思考とはいかなるものか——それは，相続法学説とはいかなるものであるべきか，とも言い換えられる——という問いであった．

（3）第2に，やや大上段の話をしておく．六つの報告を通して聴いてまず感じたのは，今回のシンポジウムは，相続法という法領域あるいは研究領

域における「議論空間の構造」を提示するものとなっている，ということである。すでに述べてきたように，各報告は，「基本的な法的ルールを明確にする」作業という点で足並みを揃えつつ，実際には，異なる問題を扱い，異なる方向性を示していた。一方で求心力を生み出す工夫をしつつ，他方でそれぞれが考える方向への展開を図る。こうした緊張関係によって，集合体としての「学説」が多様性を含みつつも求心力を失わずにひとつの議論空間を創り出していた，あるいは，再活性化していたということである。

　このことは非常に重要なことである。解釈論・立法論に具体的・直接的な影響を及ぼすことは，個別の学説にとっては意味のあることである。しかし，今日では様々な事情により，学説がそのような影響力を単独で持ちうる場面は限られてきている。これに対して，集合体としての「学説（doctrines）」は，法（民法，相続法）の存在意義や可能性に関するより深い認識（あるいは再認識）を私たちにもたらす。それだけではなく，多元的・多層的な空間の中に提示された諸要素は，現在あるいは将来において活用可能な知的資源を提供する。私は，学説を個々の主張として捉えるのではなく，このような集合的な営みとして捉えることが必要だろうと考えている。

　（4）　最後に，最も具体的なレベルでは，二つの疑問を持ったので，ささやかな問題提起をしておきたい。

　ひとつは，沖野報告が提起している相続法と信託法との関係に関する問題をどう考えるかということである。沖野報告は一方で，相続法の公序の内容は実は自明ではなく，信託法との接触の中で明らかにされなければならないとした。この考え方の前提には，信託法もまた（広義の）相続法の一部をなすという発想があるようである。同種の指摘は，実は水野報告にもあった。それはフランス法を学ぶ者には親しい発想であるが，贈与法を相続法の一部として扱うという発想である。では，相続法の範囲を広げる際に，贈与法を視野に入れる方向と信託法を視野に入れる方向とはどういう関係に立つのだろうか。両者は両立するのかしないのか[12]。言い換えれば，これは，今日において，相続法の範囲をどのように画定するか（相続法をいかなる法として位置づけるか）ということにほかならない。

　もうひとつは，潮見報告が示した相続分指定に対する評価に関わる。これ

は水野報告にも多少関連する。冒頭で述べたように，2013年9月の大法廷決定に続き12月には相続法の一部改正があった。その際に，配偶者の保護が十分かという問題が提起され，法務省に検討のためのワーキング・チームが設置された。その検討の中で，配偶者相続分の計算方法を複数化し有利なものを選択する仕組みの導入が検討されている。ところが，この仕組みが対象とするのは積極財産だけであって，消極財産については従前同様の相続分によることが考えられている。そうなると，生存配偶者に対する相続分の上乗せに対する処遇は，ある意味で相続分指定の場合の処遇に類似したものとなってくる。相続分指定に否定的な潮見報告の方向性からすると，このような立法論は望ましくないことになるのだろうか。それとも，積極財産の分配の仕方を変えることと切り離した形で消極財産の分配を考えることは，相続分指定の存否とは別に可能なことなのだろうか。より一般的には，これは，遺言による財産処分の態様とその効果との関係をどのように整理するかという問題になる。

3. 議論されなかったこと

(1) ここまで見てきたとおり，今回のシンポジウムは，一方で，①相続

---

12) 本文はシンポジウムでの発言に基づくが，以下は，報告者に渡したメモの一部である。本文の補足になるので，注として掲げる。

　今回のシンポジウムは全体を通じて，相続法の領分の再定義（位置づけ直し）の契機を含んでいたと言える。従来，相続法は親族法の延長線上に位置づけられてきたが，むしろ財産法との連続性を重視すべきではないか，ということを改めて感じさせられた。もっとも，沖野報告も水野報告も，通常は財産法に属すると考えられる信託や贈与を相続法と連続させて捉えようとしている点では共通するものの，新たに想定される（広い意味での）相続法において，沖野報告は（狭い意味での）相続法の優位を当然の前提にしないのに対して，水野報告は贈与法は（狭い意味での）相続法に従属すべきものであるとするかのごとくであった。その意味では，水野報告では相続法の範囲は広がっているものの，その原理が変容を受けることがないのに対して（その延長線上に，たとえ信託を考慮に入れるとしても，それは相続法原理に従属すべきだという発想が出てくる），沖野報告は範囲を広げることが原理の変容（の可能性）につながっているという印象を受けた。そうだとすると，同じように相続法の範囲を拡張する契機を含むものの，二つの報告はずいぶん違うように思われた。

人や②被相続人ではなく，③相続財産と④相続プロセスに関して，重要な問題が存在するという事実に光を当てることになった。他方，そうした問題にアプローチする方法はひとつではないことを示すことにもなった。さらに言えば，こうした議論を通じて，現在進行中の相続法改正作業にも一定の影響を与えているようにも思われる。しかし，そこには，なお十分に議論されずに残された問題や当面の関心の外に置かれた問題もなかったわけではない。以下においては，そのうちのいくつかに言及しておく。

(2) 潮見報告が被相続人の行う処分の整序という観点から，窪田報告が相続財産のうち債権債務の処遇という観点から，それぞれに問題提起をしたことによって，遺産に対する処分の性質および残された相続財産の（分割前の）性質という問題が，より明確な形で問題として意識されることとなった。その上で，小粥報告をもう一度見ると，（相続開始以前の，遺産分割以前の）相続財産とは何か——さらに言えば，相続とは何か——という問題が，より具体的な形で問われている，というのがシンポジウムの成果であるように思われる。その意味では，「基本的な法的ルールを明確にする」作業は「大上段の議論」を誘発していると言える。

反対に，沖野報告・水野報告が示した相続法のもうひとつの（二つの）体系の可能性は，「詳細な問題分析や解釈論」（あるいは立法論）にも影響を及ぼすかもしれない。相続法と信託法，相続法と贈与法の関係如何というのは，理論的には興味深いけれども，そこから具体的な帰結を導くのが難しい問題提起であるが，そこには意外な実用性もある。特に，法制審での検討課題にもされている後継ぎ遺贈について考えるにあたっては，これは不可欠の視点であるように思われる[13]。

(3) 報告者グループは，「大上段の議論」を意図的に排除していた。そこで直接に想定されていたのは，相続人の範囲や相続分に関する議論，あるいは，被相続人の意思をどこまで尊重するかといった議論であろう。これらの点につき，いま改めて検討すべき問題はないかという点については後に一言することとして，ここでは，これらとは別に，「大上段の議論」をしておくべき問題はないか，ということを考えておきたい。今回のシンポジウムとの関係では「無いものねだり」ということになるが，これは決して報告者グ

ループを批判するものではない。今回のシンポジウムにおいて，問題の重点を明示的に移動させようとしたことの意味は大きいし，それによって，残された問題が逆に照射されることになったと言えるからである。

　では，具体的には，どのような問題があるか。第1に必要なことは，相続の役割（および遺産の実態）について改めて考えることではないか。清算と扶養（生活保障）という説明はもはや十分な説得力を持たない。遺留分の妥当性に疑問が呈されるのも，これに代わる説明が与えられていないからであろう。なお，この点を考えるにあたっては，遺産の実態——それは先祖伝来の財産なのか，それとも被相続人一代で（特に婚姻後に）形成された財産なのか——を明らかにすることが望まれる。第2に必要なことは，日常生活における継続的な財産関係をどの程度まで財産法の論理で把握することができるかについて真剣に考えることであろう。事前の局面では契約による処理がなされ，事後の局面では財産関係の変動がある程度までトレースできるならば，相続による清算に訴えるべき局面は減少することになるからである。これによって，相続財産（さらには婚姻前から有する・婚姻後に無償で得た固有財産，婚姻後に獲得・形成された実質的共有財産）の範囲を画することも容易になるはずである。

---

13) 余談ながら，法体系に対する理論的な観点のほかに，基礎的な研究も重要である。特に，若手の研究者による重厚な外国法研究は，基礎的な研究の層が薄い相続法の領域では，その役割が大きい。後継ぎ遺贈については，石綿はる美「遺言における受遺者の処分権の制限——相続の秩序と物権の理念(1)〜(7・完)」法協131巻2号277頁・3号552頁・4号833頁・5号937頁・7号1362頁・8号1475頁・9号1685頁（2014年）が，その一例である。また，これも法制審での検討課題となっている遺留分については，西希代子「遺留分制度の再検討(1)〜(10・完)」法協123巻9号1703頁・10号1945頁・12号2543頁・124巻4号817頁・6号1257頁・7号1513頁・8号1775頁・9号2056頁・10号2309頁・125巻6号1302頁（2006年〜2008年）が，すでにスタンダードとしての地位を占めるに至っている。

III. 穂積重遠『相続法』を素材に

1. 序

　冒頭に述べたように，相続法に関する概説書は少ない。穂積重遠『相続法』はその少ない中の1冊である。その後の類書としては，中川善之助『相続法』[14]がよく知られているほか，伊藤昌司『相続法』[15]が異彩を放つが，そのほかには相続法のみを対象とするものは少なく，鈴木禄弥『相続法講義』[16]，潮見佳男『相続法』[17]が目を引くぐらいである。また，戦後の通説を形成した中川『相続法』の初版が現れてから50年，泉久雄教授による最後の補訂版が現れてから計算してもすでに15年が経過しているが，これに代わる標準的概説書は現れていない[18]。このような状況は相続法学説の展開を阻害していると言わざるを得ない[19]。

2. かつて，書かれたこと

　では，標準的な概説書があることにはどのような意味があるのか。まず，穂積『相続法』（以下，単に『相続法』として引用）の紹介を兼ねて，その内容を簡単に提示した上で，この点について考えてみよう。

　本書は3分冊からなり，総頁数は699頁に及ぶ大著である。ただし，第3分冊は附録2編（「民法改正要綱解説」「判例隠居法」）からなるので，これを除くと本文の頁数は457頁となる。本文の頁数が700頁を超えていた『親族法』に比べると，やや小ぶりな「末子」ということになる。その章立ては

---

14) 有斐閣，初版，1964年，第4版（中川善之助＝泉久雄），2000年。
15) 有斐閣，2002年。
16) 創文社，初版，1986年，改訂版，1996年。
17) 弘文堂，初版，2003年，第5版，2014年。
18) 伊藤のものは中川『相続法』に対するアンチ・テーゼ，鈴木，潮見のものは家族法と財産法の架橋という観点に立つものであり，それぞれに興味深いが，中川学説を踏まえた上で，上記の批判を考慮に入れた総括がなされることが期待されている。
19) これに対して，実務サイドからは，松原正明『全訂判例先例相続法I〜V』（日本加除出版，2006年〜2012年）がまとめられている。

大略以下のとおりである。

起　語　相続は人生の継走
第1章　総論
　　第1節　相続法　第2節　相続
第2章　相続権
第3章　家督相続
　　第1節　家督相続の開始　第2節　家督相続人
　　第3節　家督相続の効力
第4章　遺産相続
　　第1節　遺産相続の開始　第2節　遺産相続人
　　第3節　遺産相続の効力　　　　　　　　　　　　（以上，第1分冊）
第5章　相続の承認と放棄
　　第1節　総論　第2節　承認　第3節　放棄
第6章　財産分離
　　第1節　総論　第2節　相続債権者又は受遺者の請求による財産分離
　　第3節　相続人の債権者の請求による財産分離
第7章　相続人の曠欠
第8章　遺言
　　第1節　総論　第2節　遺言の方式　第3節　遺言の取消
　　第4節　遺言の執行　第5節　遺言の効力　第6節　遺贈
　　第7節　遺留分
結　語　相続法は変遷するか　　　　　　　　　　　（以上，第2分冊）

　言うまでもないが，1947年改正以前に書かれた『相続法』は，旧法（明治民法）を対象としている。そのため「家督相続」の章が設けられており，しかも大きな割合を占めている。その分量は169頁に及び本文（457頁）全体の4分の1（法定相続〔330頁〕に限ればその半分）を超えている。ちなみに，遺産相続の章は45頁で，全体の10分の1を占めるにすぎない。こうして見ると，明治民法の相続法における家督相続のウエイトの大きさ，逆に

293

第5章　総括

言うと，遺産相続のウエイトの小ささが量的にも明らかになる。このことは，明治民法から家督相続を除き，遺産相続に補正（均分相続の強調と配偶者相続権の強化）を加えて成り立っていると言える現行民法の相続法がいかに手薄なものであるかを，改めて認識させる。

　では，家督相続に関する叙述にはもはや全く意味がないかと言えば，必ずしもそうではない。というのは，『相続法』を読むと，遺産相続とはいかなるものであるかが家督相続との関係で説明されていることに気づくからである。例えば，遺産相続人に関する叙述を見ると，家督相続と対比して，その特徴として，①指定相続人・選定相続人が存在しないこと，②放棄の自由があること，③一人相続である必要がないこと，など（ほかに，④同じ家に属する必要がないこと・親族に限ること・日本人である必要がないこと，⑤届出を要しないこと）が挙げられている（『相続法』204 頁～207 頁）。これらは，今日，私たちが当然のことと考えている遺産相続に関する基本原則が，必ずしも当然ではないことを示している。

　また，家督相続に関する叙述の中に，遺産相続にも通ずる興味深い叙述が見出されることもある。典型例は配偶者相続権に関わる。『相続法』は立法論として，家督相続と遺産相続を統合することを提案するが，その際に，配偶者相続権の「量」「質」の双方について論じている（123 頁～126 頁）。「量」に関しては，配偶者に共同相続人1人分の相続分を与えるか，それとも一定割合を与えるか，という選択肢が示された上で，後者が推奨されて4分の1という相続分が提案されている。興味深いのは「質」のほうであり，次のような叙述が見出される。現在の立法課題にとっても示唆の多い叙述である。

　「寡婦に財産を相続させるとして，後家を立て通して死後に其財産が其家に残るのなら結構だが，夫の遺産を実家の方へ廻したり又は其財産を持つて再婚したり実家に帰つたりしてしまつては困る，といふことが心配される。しかし必ずしも財産そのものを相続させるには及ばぬ話で，再婚復籍等をせずに其家に在る間は一定財産の使用収益権をもたせる，といふことにして置けばよからう。民法は『地役権』なるものを認めてゐるが，これ

は一種の『人役権』で，我国の法制としては新例だが，寡婦保護の目的上必要にして且十分だらう。……又住宅の所有権は子に伝はるが，寡婦は4分〔の〕1の住居権を有する。4分〔の〕1の住居権といつたところで，家屋を四つに仕切つて其一隅だけに居るといふ訳ではないが，今まで主婦として住んでゐた住宅に，今度は子の居候としてではなく，やはり自分の権利として住んでゐられるといふことが，寡婦の保護にもなり，又子に対する母親の権威を保たせることにもなると思ふ。」

さらに，手薄である遺産相続に関しても，出発点になる議論の整理がなされている。例えば，現在の論点のひとつである可分債権債務の取扱いについて，『相続法』は次のように述べている（217頁〜218頁）。

「可分の債権債務を数人の遺産相続人が承継する場合については，大に疑問がある。普通の説明では……民法第427条の規定によつて債権又は債務は当初から相続人間に分割され，共同承継の状態は起らない，といふことになつてゐる。即ち債権者たる数人の相続人は各自債務者に対して其相続分に応ずるだけの弁済を請求し得るのであつて，従つて債務者は各相続人に対して其相続分に応ずるだけの弁済を為すべく，其一人に相続分以上の弁済をしたことを以て他の相続人に対抗し得ないことになる。これは債務者に取つてかなり危険なことである。又債務者たる数人の相続人は各自其相続分に応じた弁済をすればよいのであつて，其或者が債務を履行し得なくても他の相続人の負担はこれによつて増加しない。これは債権者に不当な不利益を与へる嫌がある。立法論としては，債権者たる数人の相続人は共同して債権を行使すべきもの，債務者たる数人の相続人は連帯債務を負ふべきもの，と明かに規定すべきではなかつたらうか。そして現行法文の儘でもさういふ解釈が出来はすまいか。それでは相続人に対する相手方の方が有利になり過ぎるといふ非難があらうが，元来相続人側に於ける変動の結果なのだから，相手方の不利益になる解釈よりもむしろ相手方の有利になる解釈を採るべきであらう。」

この後に，注の部分において，梅謙次郎の見解を「通説」として引用した上，可分債権の場合・可分債務の場合のそれぞれにつき，これまでに説かれていた少数説を援用して，それらに対する賛意が示されている（『相続法』218頁～221頁）。なお，債務に法定相続分による当然分割という考え方を採ると，特別受益の計算において不公平な結果が生ずることもすでに指摘されている（同228頁～229頁）。
　このように，『相続法』は当時までに何が知られ，何が論じられていたのかを集約的に示しており，そこからは今日も有益な示唆を引き出すことができる。

3. いま，書かれるべきこと

　(1)　繰り返しになるが，以上のような叙述には，今日においても参照に値するものが含まれている。また，いまから70年前に，すでにこのような議論がなされていたことは，今日，改めて想起されるべきことがらであろう。
　これとは別に，当時としては興味深いが，今日であれば，さらに付け加えるべきことがあるのではないか，と思わせる叙述も見出される。そのひとつとして，今回の私法学会シンポジウムの報告者グループがいったんは括弧の外に括り出そうとした——その試み自体には大きな意義があるが，その試みによって再び光が当てられているとも言えるところの——「大上段の議論」を取り出すことができる。
　ことの性質上，こうした議論は，『相続法』の総論部分（起語・第1章・第2章）に集まっている。具体的には，相続・相続権・相続法に関する議論がそれである。順に，その概略を見ておこう。
　(2)　起語において，穂積は「相続は人生の継走」であるとする。「我々日本人の家は，単なる『横の家』にあらず，連綿たる『縦の家』であつて，取りも直さず人生継走態勢である。……この人生の継走が文字通り『相続』である。……この人生継走を法制化したのが即ち『相続法』である。」としている（『相続法』1頁～3頁）。その上で，相続については，相続の変遷（身分相続から財産相続へ），財産相続に関する基本的な考え方（強制保存・

強制分割・遺贈自由)，財産相続の法的構成（包括承継・個別承継）などが語られている。

　ここで興味深いのは，「純法律観念から財産相続を見ると，個別承継主義の方が論理的なやうでもある。しかし包括承継主義はよく相続といふ制度の精神に適し，且被相続人の債務に対する相続人の責任を認めて債権者を保護する点に於て個別主義より明確であり，殊に家督相続を説明するには個別主義では都合が悪いといふので，我国でも普通に前記の通り『相続ハ包括的権利義務ノ承継ナリ』と定義されるのである。」とした上で，自身の見解として人格承継説を説く点である（『相続法』14頁～15頁）。ここでいう人格承継は「法律上の地位〔の〕承継」であるとされ，「更に又生命権の侵害に対する損害賠償請求権が相続されるか，占有が相続されるか，といふ如き難問題が，此観念によつて従来よりは穏当に解決される。」とされている（同15頁）。

　私たちは，人格承継説を古い観念であると考えてきたきらいがあるが，それは権利義務の包括承継という考え方を前提に現れたものであったのである。家督相続との関係は措くとして，権利義務の包括承継をどのように把握するかは，契約上の地位の移転，営業譲渡・会社合併などとの関係で，改めて検討されてよい問題であろう。

　(3)　相続権に関する叙述に関しては，ソビエト・ロシアにおいて相続権の廃止が結局実現しなかったことが詳しく論じられている。その中に現れる遺産に対する扶養料請求権（『相続法』25頁～26頁），相続権制限としての相続税（同30頁～31頁）に関する部分が興味深い。

　また，これとは別に，相続の存在理由とされてきたものが挙げられているが，そこには「清算」は含まれていない（同27頁）ことに改めて注目するとともに，穂積自身は「相続なる制度の起源は畢竟人類の種族保存性に存するが，その将来に向つての存続理由は人類共同生活の心理的経済的必要に存する。……即ち相続は人類が先祖から子孫へと過去現在未来に亘つての『縦の共同生活』の必然現象である。而して相続は更に又同時代の人類の『横の共同生活』の重大要求でもあり得る。」としている（同27頁～28頁）ことも指摘しておこう。

最後の点の意味するところは些かわかりにくいが，次のような補足がされている。「早い話が，もし相続といふことがなくて生活が個人一代限りだとしたら，人に金を貸すにしても，自分が死ぬか相手が死ねばそれきりになる訳で，うつかり話に乗ることが出来ない。債権債務が相続されればこそ経済的共同生活も成り立つのであ〔る〕」（同 28 頁）と言うのである。

さらに，相続権の制限として人的制限が語られ，「西洋諸国の従来の相続法は所謂『親族無限相続』の主義であつた。……しかしながら……『個人相続制限・国家相続拡張』の主張が段々と具体化し，1907 年のスイス民法及び 1926 年……のイギリス新相続法は相続人を直系卑属・配偶者・直系尊属・兄弟姉妹及び其子孫・伯叔父母及び其子孫のみに限り，……1922 年のロシヤ民法に至つては，配偶者及び直系卑属の外は死亡者によつて扶養されてゐて労働能力や資産を有しない者のみが相続権を有すべきものとした。」（同 29 頁）という歴史的変遷が示されている。

以上に見られるところの相続権の根拠や相続人の範囲に関する議論は，相続法の立法論にあたっては考慮に値する知見であろうと思うが，その後，70 年間の変化が補足されなければなるまい。

（4） 相続法の位置づけに関する叙述も興味深い。まず，特別法主義（相続法を包括的な特別法とするか不動産・動産等の財産ごとに個別の特別法を設ける）と法典主義（民法典に相続法を編入する）とが分けられ，法典主義には，①親族編の一部とするもの（プロイセン），②物権編の一部とするもの（オーストリア・オランダ），③財産取得編の一部とするもの（フランス），④独立の一編とするもの（民法典の最後に置くもの——ザクセン・ドイツ・ロシア，中間の編にするもの——スイスがある）の四つがあるとされている（『相続法』4 頁〜5 頁）。

その上で，次のような考察が示されている。「我国の民法としては身分法を財産法より前に置くべきで，其点は人事編から始めた旧民法が優る，といふ考へもあるのであつて，それならば総則・親族・相続・物権・債権となり，スイス民法は其傾向だが，相続は何と言つても死亡を主因とする人生の限界であつて，身分関係のみならず財産関係についてもそこで一段落故，やはり最後に持つて来ないと具合が悪るからう。さりとて又親族法と相続法との間

を財産法で割るのも連絡が面白からぬ故，もし身分関係に重きを措くといふならば，親族法と相続法とを併せて『人事法』とでも標題する別法典にするのも一案であらう」（同 5 頁～6 頁）。また，結論としては現行法の編成を是としつつも，「遺言は元来意思表示の一方式に外ならぬ故，其原則的規定は，契約の原則的規定と併せて，総則法律行為の部に収められてもよい訳である。……且遺言の実用上最も重きをなす遺贈を我民法は相続と見ないのだから，相続編中に遺言を規定するのは些か其所を得ないやうな感じもある。」（同 6 頁）との指摘もなされている。

民法典中の相続法の位置づけを実際にどうするかという問題は措くとしても，今日の考え方が必ずしも普遍的なものではないことがよくわかるだろう。特に，法定相続と遺言相続が合わさったものが相続であるという観念は必然的なものでないという指摘は興味深い。今日，実際の民法典の編成を動かすのは至難の業であるが，学理的な検討によって現在の編成を相対化することを通じて，現実の立法に影響が及ぶ可能性はないわけではない。この点に関しては，生前から死後に向けての財産管理のプロセスをどのように把握するか，という問題を今日どのように考えるかも問われなければならないだろう。

Ⅳ．おわりに——協働の場としての相続法

甚だまとまりのないことを述べてきたので，最後に若干のまとめを試みておきたい。

本稿が指摘したいと考えたのは，まず，以下の 2 点であった。第 1 に，フォーラムとしての「私法学会シンポジウム」の意義について考えることを通じて，学説による「議論空間の創出」の重要性を指摘することであった。もっとも，このような議論の集約を支えるためには，そこから派生する基礎研究を充実させることが必要であることにも注意しなければならない。穂積重遠風の表現を用いるならば，これは，相続法学説の「横の結集」（同時に「横の拡大」）を図る必要があるということである。第 2 に，アーカイブとしての「概説書」の必要性を指摘することであった。さらに言えば，「次世

のための集約」のためには，ある種のメタ概説書もあったほうがよいのかもしれない。やはり穂積重遠風の表現を使うならば，相続法学説の「縦の結集」（同時に「結集の重層化・相対化」）を図ることが必要だろうということになる。

次に，基礎研究を行うにせよ学説史を試みるにせよ，様々な変化を考慮に入れることが望まれる。具体的には，最近35年における「家族」の変化そのものが把握されなければならない。相続に即して言えば，遺言数（普通証書・公正証書）の変化，家族経営協定の変化などが出発点になろうが，そのほかにも求められている知見は多々あるはずである。あわせて求められるのが，「家族」法制の変化である。この点に関しては，相続税率の変化や贈与税配偶者控除・相続時精算課税など税法上の変化に対して立ち入った検討を加えることが望まれる。また，外国法制（欧米・アジア）の変化についても，十分なフォローがなされていかなければなるまい。

最後に，相続法学説の活動がこれまで必ずしも活発でなかったことの得失についてである。この事実は遺憾ではあるが，同時にそれゆえに，民法中の他の部分における学説に比べて，個々の相続法学説は相対的に大きな影響力を有しているとも言えるのである。繰り返しになるが，このことを相続法学説の未発達と捉えることもできるのだが，同時に，それは民法学説がこれから生きのびていくための途を探る手がかりではないかとも思う。現在，相続法学説は未発達であるがゆえに，ある学説が現れれば（立法）実務はこれに一定の関心を払ってくれる。この状況は相続法学説が発達することによって徐々に失われていくかもしれない。しかし，発達した相続法学説が一定の集約性・一覧性を保つならば，個々の学説の影響力は相対的に後退するとしても，集合体としての相続法学説は，その影響力（利用可能性）を維持することができるかもしれない。相続法学説が市民社会にとって有益な存在であり続けるためには，（開放性・重層性を増しつつも）集約性・一覧性の保持に努めることが必要なのではないか。

私たちが，民法学と社会（実務，立法，市民の法意識）との接続を図ろうとするならば，「国民にわかりやすい民法学」が目指されなければならない。相続法はそのためのひとつの場（試験の場，試練の場）たりうるのではなか

ろうか。この場において，まず学説が相互に協働することにより，学説と社会との協働もやがて実現することになるだろう。そして，同様の協働が民法の他の領域にも及んでいくことだろう。

事項索引

あ行

後継ぎ遺贈
　……… 3, 25, 26, 51, 187, 188, 207, 285, 290
遺言事項 ……………… 37, 39, 50, 186〜188
遺言執行者 ……………… 43, 146, 147, 149
遺言自由（の原則）
　…………………… 19, 21, 186, 188, 235, 285
遺産確認の訴え ……………………… 17, 18
遺産共有 ……… 12, 13, 127, 137, 145, 148, 167,
　　　　　　　　　　　　　182, 277, 278, 281
遺産分割協議書 …………………… 14, 162
　――の偽造 ………………………………… 144
遺留分減殺請求 ……… 13, 17, 18, 25, 44, 47, 49,
　　　　　　　137, 154, 158, 175, 213〜, 238〜
　信託を対象とする―― …………………… 45
遺留分放棄
　……………… 16, 21, 22, 197, 198, 218, 219, 223
印鑑証明 …………………………… 10, 143
欧州人権裁判所 …………………………… 95

か行

外観法理 ………………………… 135, 140, 149
家督相続 ………… 4, 11, 12, 16, 22, 72, 293, 297
管轄（訴訟事項・審判事項） …… 16〜19, 118,
　　　　　　　　　　　　160, 162, 182, 265, 266, 270
居住権 ……………… 57, 59, 60, 63, 66, 110
寄与分 ………… 59, 104, 111, 112, 118, 162, 164,
　　　　　　　　　　　　180, 181, 221, 224, 280
具体的相続分 …… 18, 19, 63, 111, 第2章5, 162,
　　　　　　　　　　　　164, 241, 276, 280, 281
　――の算定 ……………………………… 121

――の法的性質 ……………………… 117
――率 …………………………… 120, 121
継伝処分 ……………… 5, 190〜194, 196〜198
恵与（無償処分） ……… 5, 46, 189, 190, 192〜195,
　　　　　　　　　　　　　197〜199, 237〜
欠格 …………………………………… 139, 148
限定承認 ………………………………… 155, 158
権利能力 ………………………… 31〜33, 35, 206
公証人 ………………………… 12, 15, 22, 257, 259
　――慣行 ……………………………… 9, 13, 23
合有 ………………………… 12, 13, 264, 273, 277
戸籍 ………… 8〜11, 14, 15, 138〜141, 145, 148
固定資産税 ………………………………… 134
固有財産 ……………………… 60, 62, 64, 291
婚外子の相続分
　→非嫡出子の相続分

さ行

債権の相続（金銭債権） ……… 17, 18, 125,
　　　　　　　　　　第3章7, 第5章12, 290, 295, 296
財産分与 ………………… 64, 69, 71, 73, 74, 76
財団法人の設立 ……………………… 30, 43
債務（消極財産）の相続（債務の清算）
　………… 17, 18, 65, 第3章7, 179, 181, 183,
　　　　　　　　　　　　　　　290, 295, 296
死因贈与 ………………… 19〜21, 141, 226
私生子 ……………………………………… 82
実質的夫婦共有財産 ………… 60〜64, 70, 291
指定相続分 …… 12, 17, 114, 115, 117, 120〜123,
　　　　　　　　127, 128, 145, 149, 152〜159, 162,
　　　　　　　　　　　　　164, 167, 第4章8, 288, 289
社団法人の設立 ……………………… 187

充当 …………………………………… 237～
自由分 ………………………………… 237～
受益権説 ……………………………… 45～49
受益者連続型の信託
　　　　　…………… 28, 29, 31, 37, 51, 52, 188
取得時効 ………………… 13, 14, 134, 135, 149
準共有 ………… 166, 266, 269, 270, 274, 275
順次相続 …………………………………… 4, 6
庶子 ……………………………………… 82, 83
所有権の絶対性 ……………………………… 4
信託 …………………………………………… 187
　――の性質決定 …………………………… 46
信託遺贈 ……………………………… 172, 191
信託財産説 ………………………… 45, 46, 48, 49
信託法 ………………………………… 11, 44, 188
　――と相続法 ……………… 6, 24, 285, 288
　――91条 ……………………… 28, 31, 36, 37
責任財産 ……………………… 12, 25, 27, 154, 157
潜在的持分の清算 …………… 69, 73, 74, 101
相続回復請求権 ……………………… 14, 149
相続債権者 ……………………… 65, 154, 155, 157
「相続させる」（旨の）遺言 …… 17, 122, 123,
　　　　　137, 143, 144, 147～149, 174,
　　　　　178, 181～183, 214, 217, 219, 230
相続証書 ……………………………… 141, 142
相続税 ………………………… 14, 15, 64, 297, 300
相続と登記 ………… 16, 136, 140, 141, 147, 150
相続分皆無証明書 …………………………… 162
相続分の譲渡 ………………………………… 18
相続放棄 ………… 21, 139, 168, 174, 184, 219
相続法制検討ワーキングチーム報告書
　　　　　………… 58, 60, 65, 66, 69, 212, 263
相続法の公序 …… 4, 5, 21, 25～27, 50～52, 209
贈与の撤回 …………………………………… 19
損害賠償請求権の相続 ……………… 163, 164

た行

第三者のためにする契約 ………………… 32
代襲 ………………………… 174, 176, 183, 184
担保権（抵当権）の設定 …… 37～44, 188, 208
嫡出でない子の相続分
　→非嫡出子の相続分
ドイツ（民）法 ………… 5, 12, 15, 21, 22, 61,
　　　　　103～107, 142, 184, 235
同時存在の原則 …………… 26, 28～37, 50, 206
特別受益 …… 17, 19, 114～, 162～164, 180, 181,
　　　　　226, 230, 231, 296

な行

内助の功 ………………………… 73, 76, 78, 79

は行

配偶者相続権 ………… 5, 6, 第2章5, 289, 294
　――の趣旨 ……………………… 69, 71～76
廃除 …………………………… 139, 148, 214, 217
非嫡出子の相続分 ………… 6, 57, 58, 68, 75,
　　　　　第2章4, 212, 229～236
表見相続人 ……………………………… 138～140
夫婦財産制 ……………………………… 76, 78
不可分債権 ……………… 166, 263, 265, 273, 274, 276
不可分債務 ……………………………… 153, 155
負担付遺贈 ………… 3, 43, 44, 51, 173, 180, 184,
　　　　　第4章9
物権的効力 …………………………………… 124
物権法定主義 ……………………………… 199, 201
不動産登記 ………… 8, 10, 14, 137, 141, 145, 146,
　　　　　148, 185, 232
　――簿 ……………………………………… 133

303

フランス（民）法 …… 5, 12, 13, 15, 21, 22, 59, 115, 116, 192〜199, 第4章 *11*, 287
分割承継の原則
　　　　　………… 151〜155, 157, 159, 160, 166
包括遺贈 …… 122, 124, 143, 153, 159, 第4章 *8*
包括受遺者 ……………………… 123, 147
法制審議会民法（相続関係）部会
　　　　………………… 58, 59, 61, 64, 66, 68, 69,
　　　　　　　　　　　77, 111, 113, 212, 285
法律婚主義 ……………… 88, 94, 97〜99, 110

ま行

みなし相続財産 ……………………… 114〜
民法（債権関係）の改正 ………… 32, 151, 166
民法の一部を改正する法律案要綱
　（平成8年〔1996年〕法制審議会答申）
　　………………………………………… 68, 84
明治民法 ……………… 7, 11, 33, 71, 73, 82, 293

や行

用益権 …… 5, 38, 40, 41, 43, 188, 192, 193, 195

判例索引

大審院・最高裁判所

大判明治 32・3・15 民録 5 輯 3 巻 20 頁	200, 201
大判明治 45・5・9 民録 18 輯 475 頁	201, 203
大判大正 5・11・8 民録 22 輯 2078 頁	124
大判大正 6・10・10 民録 23 輯 1564 頁	201〜203, 205
大判大正 9・12・22 民録 26 輯 2062 頁	268, 269, 271
大判大正 15・7・6 民集 5 巻 608 頁，法律学説判例評論全集 15 巻諸法 318 頁	202
大決昭和 5・12・4 民集 9 巻 1118 頁	153
最判昭和 29・4・8 民集 8 巻 4 号 819 頁	125, 160, 268, 269, 271
最判昭和 30・5・31 民集 9 巻 6 号 793 頁	268
最判昭和 34・5・12 民集 13 巻 5 号 576 頁	4
最判昭和 34・6・19 民集 13 巻 6 号 757 頁	153
最大判昭和 36・9・6 民集 15 巻 8 号 2047 頁	76
最判昭和 38・2・22 民集 17 巻 1 号 235 頁	118, 128, 138, 144〜146
最判昭和 39・3・6 民集 18 巻 3 号 437 頁	143
最判昭和 42・1・20 民集 21 巻 1 号 16 頁	140, 168
最判昭和 43・6・27 集民 91 号 503 頁	273
最判昭和 45・1・22 民集 24 巻 1 号 1 頁	125
最判昭和 46・1・26 民集 25 巻 1 号 90 頁	146
最判昭和 47・5・25 民集 26 巻 4 号 805 頁	20
最大判昭和 48・4・4 刑集 27 巻 3 号 265 頁	90
最判昭和 50・11・7 家月 28 巻 5 号 26 頁	278
最判昭和 51・3・18 民集 30 巻 2 号 111 頁	120
最判昭和 52・9・19 家月 30 巻 2 号 110 頁	268, 278
最判昭和 54・2・22 家月 32 巻 1 号 149 頁	127, 268, 278
最判昭和 57・4・30 民集 36 巻 4 号 763 頁	20
最判昭和 58・1・24 民集 37 巻 1 号 21 頁	20
最判昭和 58・3・18 家月 36 巻 3 号 143 頁	3, 187
最判昭和 58・3・24 民集 37 巻 2 号 131 頁	14
最判昭和 61・11・20 民集 40 巻 7 号 1167 頁	187
最判昭和 62・4・23 民集 41 巻 3 号 474 頁	146
最判平成 3・4・19 民集 45 巻 4 号 477 頁	123, 124, 159, 178

最判平成 5・7・19 判時 1525 号 61 頁 ………………………………… 17, 128, 145, 146, 185
最大決平成 7・7・5 民集 49 巻 7 号 1789 頁 ……………………………………………… 81〜
最判平成 7・12・5 判時 1562 号 54 頁 ……………………………………………………… 14
最判平成 7・12・15 民集 49 巻 10 号 3088 頁 ……………………………………………… 14
最判平成 8・1・26 民集 50 巻 1 号 132 頁 ………………………………………………… 182
最判平成 8・11・12 民集 50 巻 10 号 2591 頁 ……………………………………………… 14
最判平成 10・2・26 民集 52 巻 1 号 274 頁 …………………………………… 172, 254, 255
最判平成 10・6・30 民集 52 巻 4 号 1225 頁 …………………………………………… 161
最判平成 12・1・27 判時 1707 号 121 頁 ………………………………………………… 85
最判平成 12・2・24 民集 54 巻 2 号 523 頁 ………………………………… 116〜119, 163
最判平成 13・7・10 民集 55 巻 5 号 955 頁 ……………………………………………… 18
最判平成 14・6・10 判時 1791 号 59 頁 …………………………………………… 17, 143, 178
最判平成 15・3・28 家月 55 巻 9 号 51 頁 ………………………………………………… 85
最判平成 15・3・31 家月 55 巻 9 号 53 頁 ………………………………………………… 85
最判平成 16・4・20 家月 56 巻 10 号 48 頁 ………………………………………… 269, 271
最判平成 16・10・14 判時 1884 号 40 頁 ………………………………………………… 85
最決平成 16・10・29 民集 58 巻 7 号 1979 頁 …………………………………………… 115
最大判平成 20・6・4 民集 62 巻 6 号 1367 頁 …………………………………………… 93
最判平成 21・3・24 民集 63 巻 3 号 427 頁 …………………………………… 154, 157, 178, 183
最決平成 21・9・30 家月 61 巻 12 号 55 頁 ……………………………………………… 85
最判平成 22・10・8 民集 64 巻 7 号 1719 頁 …………………………………… 125, 160, 266, 269
最判平成 23・2・22 民集 65 巻 2 号 699 頁 ……………………………………… 174, 184
最決平成 24・1・26 家月 64 巻 7 号 100 頁 …………………………………… 158, 175, 254, 257
最大決平成 25・9・4 民集 67 巻 6 号 1320 頁 ……………………… 6, 57, 81〜, 212, 235, 282
最判平成 25・9・26 民集 67 巻 6 号 1384 頁 …………………………………………… 109
最判平成 26・2・14 民集 68 巻 2 号 113 頁 ……………………………………………… 18
最判平成 26・2・25 民集 68 巻 2 号 173 頁 …………………………………………… 125

高等裁判所

大阪高決昭和 31・10・9 家月 8 巻 10 号 43 頁 ………………………………………… 271
福岡高決昭和 33・2・10 家月 10 巻 2 号 63 頁 ………………………………………… 271
仙台高秋田支判昭和 36・9・25 下民集 12 巻 9 号 2373 頁 …………………………… 216
大阪高判昭和 46・10・28 判時 657 号 58 頁 …………………………………………… 278
仙台高判昭和 49・11・27 高民集 27 巻 7 号 944 頁 …………………………………… 214
仙台高判昭和 56・8・10 家月 34 巻 12 号 41 頁 ………………………………………… 222

判例索引

東京高判平成 3・7・30 民集 50 巻 1 号 147 頁	224
東京高判平成 4・2・24 判時 1418 号 81 頁	218
東京高決平成 5・6・23 家月 45 巻 6 号 104 頁	84
東京高決平成 6・11・30 判時 1512 号 3 頁	84
大阪高判平成 7・8・24 判時 1559 号 53 頁	230
東京高判平成 7・12・21 判タ 922 号 271 頁	265
福岡高決平成 8・8・20 判時 1596 号 69 頁	272
大阪高判平成 11・6・8 高民集 52 巻 1 号 1 頁	224
東京高判平成 12・3・8 判タ 1039 号 294 頁	226
東京高決平成 14・2・15 家月 54 巻 8 号 36 頁	272
広島高判岡山支決平成 17・4・11 家月 57 巻 10 号 86 頁	124
東京高判平成 21・12・21 判時 2073 号 32 頁	224
東京高判平成 22・3・10 判タ 1324 号 210 頁	86, 230
大阪高決平成 23・8・24 判時 2140 号 19 頁	86
名古屋高判平成 23・12・21 判時 2150 号 41 頁	86, 231
大阪高判平成 26・3・20 金判 1472 号 22 頁	16

地方裁判所

東京地判昭和 35・8・6 昭和 33 年 (ワ) 第 8059 号	78
神戸地判昭和 37・7・25 下民集 13 巻 7 号 1563 頁	278
松山地八幡浜支判昭和 40・7・23 金判 44 号 19 頁	232
東京地八王子支判昭和 41・10・26 判時 485 号 52 頁	278
徳島地判昭和 46・6・29 判時 643 号 84 頁	225
名古屋地判昭和 51・11・30 判時 859 号 80 頁	215, 216
東京地判平成 3・7・3 金法 1310 号 32 頁	227
東京地判平成 4・5・27 金法 1353 号 37 頁	214
東京地判平成 4・6・26 家月 45 巻 8 号 90 頁	229
東京地判平成 7・3・17 金法 1422 号 38 頁	265, 270
神戸地判平成 14・3・6 平成 13 年 (ワ) 第 856 号	222
東京地判平成 15・6・27 金法 1695 号 110 頁	219
東京地判平成 16・3・25 平成 15 年 (ワ) 第 21767 号	227
東京地判平成 16・5・27 平成 14 年 (ワ) 第 24516 号	217
東京地判平成 16・11・12 平成 16 年 (ワ) 第 461 号	222, 228
東京地判平成 16・12・28 平成 16 年 (ワ) 第 9978 号	230
東京地判平成 17・2・14 平成 14 年 (ワ) 第 22631 号	221

東京地判平成18・5・26平成14年(ワ)第15325号	218
東京地判平成18・7・11平成14年(ワ)第17657号	228
東京地判平成19・1・31平成18年(ワ)第15865号	217
東京地判平成19・2・8平成17年(ワ)第24730号	215, 216
東京地判平成19・6・29平成16年(ワ)第8043号	216
東京地判平成20・4・14平成18年(ワ)第27067号	221
東京地判平成20・4・25平成17年(ワ)第19438号	226
東京地判平成24・10・12平成22年(ワ)第39818号	221
静岡地浜松支判平成24・11・9平成24年(ワ)第115号	231
東京地判平成25・2・28平成21年(ワ)第37603号	215
東京地判平成25・3・15判時2190号53頁	213, 232
東京地判平成26・8・28平成26年(ワ)第3784号	228
東京地判平成26・10・31平成25年(ワ)第7356号	227
東京地判平成26・11・6平成23年(ワ)第3915号	225

家庭裁判所

仙台家古川支審昭和38・5・1家月15巻8号106頁	271
福岡家審昭和38・9・21家月15巻12号171頁	271
長崎家佐世保支審昭和40・8・21家月18巻5号66頁	271
福岡家審昭和41・9・29家月19巻4号107頁	270
東京家審昭和47・11・15家月25巻9号107頁	271
東京家審昭和52・9・8家月30巻3号88頁	272

相続法の立法的課題
Towards the Future Legislation of Japanese Succession Law

2016年2月25日　初版第1刷発行

編著者	水　野　紀　子
発行者	江　草　貞　治
発行所	株式会社　有　斐　閣

郵便番号 101-0051
東京都千代田区神田神保町 2-17
電話　(03)3264-1311〔編集〕
　　　(03)3265-6811〔営業〕
http://www.yuhikaku.co.jp/

印刷・株式会社精興社/製本・牧製本印刷株式会社
© 2016, MIZUNO Noriko.
Printed in Japan
落丁・乱丁本はお取替えいたします。

★定価はカバーに表示してあります。

ISBN 978-4-641-13733-2

[JCOPY] 本書の無断複写(コピー)は、著作権法上での例外を除き、禁じられています。複写される場合は、そのつど事前に、(社)出版者著作権管理機構(電話03-3513-6969, FAX03-3513-6979, e-mail：info@jcopy.or.jp)の許諾を得てください。